家事审判改革背景下婚姻诉讼程序研究

Research on Matrimonial Proceedings under the Background of Family Trial Reform

郝晶晶 著

图书在版编目(CIP)数据

家事审判改革背景下婚姻诉讼程序研究/郝晶晶著.—武汉：武汉大学出版社,2023.9
国家社科基金后期资助项目
ISBN 978-7-307-23856-5

Ⅰ.家… Ⅱ.郝… Ⅲ.婚姻家庭纠纷—民事诉讼—诉讼程序—研究—中国 Ⅳ.D925.118.4

中国国家版本馆 CIP 数据核字(2023)第 126214 号

责任编辑：张　欣　　　责任校对：李孟潇　　　版式设计：韩闻锦

出版发行：**武汉大学出版社**　（430072　武昌　珞珈山）
（电子邮箱：cbs22@whu.edu.cn　网址：www.wdp.com.cn）
印刷：武汉邮科印务有限公司
开本：720×1000　1/16　印张：14.5　字数：252 千字　插页：1
版次：2023 年 9 月第 1 版　　2023 年 9 月第 1 次印刷
ISBN 978-7-307-23856-5　　定价：68.00 元

版权所有，不得翻印；凡购我社的图书，如有质量问题，请与当地图书销售部门联系调换。

目 录

导论 ··· 1
  一、问题的缘起 ·· 1
  二、立法现状 ·· 2
  三、研究现状 ·· 4

第一章　婚姻诉讼程序概述 ·· 7
  第一节　婚姻诉讼的内涵 ·· 7
    一、婚姻诉讼的概念 ·· 7
    二、婚姻诉讼与相关概念之辨析 ······································ 8
  第二节　婚姻诉讼程序的特征 ·· 14
    一、人事诉讼的基本共性 ·· 14
    二、婚姻诉讼的独有特征 ·· 17
  第三节　婚姻诉讼程序的性质 ·· 20
    一、廓清婚姻诉讼程序性质的意义 ·································· 20
    二、婚姻诉讼程序属于特殊的诉讼程序 ······························ 21

第二章　家事审判改革背景下婚姻诉讼程序的司法理念与程序原理 ··· 23
  第一节　家事审判改革背景下婚姻诉讼程序之司法理念 ················ 23
    一、家事正义理念 ·· 23
    二、柔性司法理念 ·· 26
    三、积极司法理念 ·· 28
    四、全面保护理念 ·· 29
  第二节　家事审判改革背景下婚姻诉讼之程序原理 ···················· 30
    一、程序相称原理 ·· 30
    二、程序多样化原理 ·· 31
    三、诉讼程序非讼化原理 ·· 32

四、婚姻诉讼程序应符合比例原则 …………………………………… 33

第三章 我国婚姻家庭制度及相关诉讼规则之发展沿革 35
第一节 我国古代婚姻家庭制度概述 …………………………………… 35
一、奴隶制社会的宗法制度 …………………………………… 35
二、封建社会的婚姻家庭立法 ………………………………… 36
第二节 我国近代的婚姻家庭制度之沿革 …………………… 38
一、清末和北洋军阀政府的相关立法 ………………………… 38
二、国民政府时期的婚姻家庭立法 …………………………… 41
三、民主革命时期根据地的婚姻家庭制度改革 ……………… 42
第三节 新中国婚姻家庭制度的确立与发展 ………………… 43
一、1950年《婚姻法》………………………………………… 43
二、1980年《婚姻法》………………………………………… 45
三、2001年《婚姻法修改决定》……………………………… 46
四、2021年《民法典》婚姻家庭编 …………………………… 49

第四章 域外婚姻诉讼程序考察 51
第一节 英美法系国家和地区的婚姻诉讼程序 ……………… 51
一、英国 ………………………………………………………… 51
二、美国 ………………………………………………………… 56
三、澳大利亚 …………………………………………………… 61
四、我国香港地区 ……………………………………………… 65
五、英美法系国家和地区婚姻诉讼程序立法的基本特点 …… 69
第二节 大陆法系国家和地区的婚姻诉讼程序 ……………… 71
一、德国 ………………………………………………………… 71
二、日本 ………………………………………………………… 76
三、法国 ………………………………………………………… 83
四、我国台湾地区 ……………………………………………… 86
五、大陆法系国家和地区婚姻诉讼程序立法的基本特点 …… 94

第五章 我国婚姻诉讼程序之规则及实践概况 96
第一节 我国婚姻诉讼程序之规则现状 ……………………… 96
一、现行规则概述 ……………………………………………… 96
二、现行规则的特点 …………………………………………… 97

第二节　家事审判改革开展前我国婚姻诉讼案件的运行状况 ……… 99

第六章　我国婚姻诉讼程序之分类考察Ⅰ——婚姻无效之诉 ……… 102
第一节　婚姻无效之诉的现有规定 ……………………………………… 102
一、婚姻无效的法定情形 ………………………………………………… 102
二、婚姻无效的宣告程序 ………………………………………………… 104
第二节　我国婚姻无效诉讼的性质界定 ………………………………… 105
一、婚姻无效案件应为诉讼案件而非讼案件 …………………………… 105
二、婚姻无效诉讼应为形成之诉而非确认之诉 ………………………… 107

第七章　我国婚姻诉讼程序之分类考察Ⅱ——婚姻撤销之诉 ……… 110
第一节　《婚姻法》及司法解释的相关规定 …………………………… 110
第二节　《民法典》关于婚姻撤销程序的修改内容 …………………… 111
一、删除了《婚姻法》关于婚姻撤销主体之双轨制的规定 …………… 111
二、《民法典》第1053条新增隐瞒疾病的可撤销婚姻 ………………… 114
第三节　疾病婚姻效力修订对弱势群体婚姻权利的保障 ……………… 115
一、《婚姻法》无效婚姻制度有碍弱势群体的权益保护 ……………… 115
二、同案不同判：疾病婚姻无效案件的实践痛点 ……………………… 118
三、《民法典》为疾病婚姻当事人提供双重权利保障 ………………… 121

第八章　我国婚姻诉讼程序之分类考察Ⅲ——离婚之诉 …………… 125
第一节　我国离婚之诉的现有规定 ……………………………………… 125
一、离婚程序的种类 ……………………………………………………… 125
二、离婚的实质要件 ……………………………………………………… 126
三、法定离婚标准 ………………………………………………………… 126
四、离婚诉讼案件的程序规则 …………………………………………… 129
第二节　现有规定的不足之处 …………………………………………… 132
一、离婚事由中的例示条款未发挥应有功能 …………………………… 133
二、离婚调解制度应予完善 ……………………………………………… 133
三、对离婚案件之缺席审判缺乏救济程序 ……………………………… 134
第三节　对生效的离婚判决不能再审之质疑 …………………………… 135
一、生效离婚判决不能再审的规则现状及立法理由 …………………… 135
二、生效离婚判决可以再审的学理分析 ………………………………… 137
三、离婚判决可以再审的现实阐释 ……………………………………… 144

四、对生效离婚判决进行再审的制度探讨与域外借鉴……………… 147

第九章 家事审判改革中婚姻诉讼程序的实践成果………… 151
第一节 家事审判改革成果概述……………………………………… 151
一、家事审判改革的多维角度………………………………… 152
二、家事审判改革的创新举措——以深圳市宝安区法院
为例的展开………………………………………………… 153
第二节 家事调查员制度……………………………………………… 156
一、在家事审判中引入家事调查员的必要性………………… 157
二、家事调查员的主要职能…………………………………… 157
三、家事调查员的法律地位与选任资格……………………… 159
四、家事调查的主要步骤……………………………………… 161
第三节 诉讼离婚冷静期制度………………………………………… 163
一、离婚冷静期概述…………………………………………… 163
二、诉讼离婚冷静期的设置意义……………………………… 164
三、诉讼离婚冷静期的比较法考察…………………………… 165
四、离婚冷静期之试点经验总结……………………………… 167
五、离婚冷静期的应然建构…………………………………… 169

第十章 家事审判改革背景下我国婚姻诉讼程序之完善建议………… 173
第一节 我国婚姻诉讼程序立法的应然模式之选择………………… 173
一、现有立法模式之比较……………………………………… 173
二、我国婚姻诉讼程序应采用单独立法模式………………… 174
第二节 我国婚姻诉讼程序应确立的特殊原则……………………… 176
一、职权主义原则……………………………………………… 176
二、强制调解与禁止调解相结合原则………………………… 178
三、不公开审理原则…………………………………………… 179
四、本人诉讼原则……………………………………………… 180
五、全面解决原则……………………………………………… 181
六、未成年人最大利益原则…………………………………… 183
七、检察机关参与诉讼原则…………………………………… 184
第三节 我国婚姻家事纠纷审判组织的专业化建构………………… 186
一、家事审判机构专业化的必要性分析……………………… 186
二、实现家事审判机构专业化的有益基础…………………… 188

三、婚姻诉讼案件审判专门化的应然构建⋯⋯⋯⋯⋯⋯⋯ 190
第四节　完善我国婚姻诉讼程序的具体设想⋯⋯⋯⋯⋯⋯⋯⋯ 191
　一、婚姻诉讼程序的适用范围应予扩充⋯⋯⋯⋯⋯⋯⋯⋯⋯ 191
　二、确认婚姻无效程序设置之完善⋯⋯⋯⋯⋯⋯⋯⋯⋯⋯⋯ 193
　三、可撤销婚姻诉讼程序之完善⋯⋯⋯⋯⋯⋯⋯⋯⋯⋯⋯⋯ 195
　四、离婚诉讼程序之完善⋯⋯⋯⋯⋯⋯⋯⋯⋯⋯⋯⋯⋯⋯⋯ 200
第五节　家事审判改革背景下婚姻纠纷的多元化解机制⋯⋯⋯ 206
　一、建立婚姻家事纠纷处理信息平台⋯⋯⋯⋯⋯⋯⋯⋯⋯⋯ 207
　二、提升非诉力量的参与力度⋯⋯⋯⋯⋯⋯⋯⋯⋯⋯⋯⋯⋯ 207

结语⋯⋯⋯⋯⋯⋯⋯⋯⋯⋯⋯⋯⋯⋯⋯⋯⋯⋯⋯⋯⋯⋯⋯⋯⋯ 210

参考文献⋯⋯⋯⋯⋯⋯⋯⋯⋯⋯⋯⋯⋯⋯⋯⋯⋯⋯⋯⋯⋯⋯⋯ 212

导　　论

一、问题的缘起

婚姻关系纠纷是特定自然人在身份关系方面的权利义务纠纷，不仅涉及当事人双方，更事关社会安定和公序良俗，故不同于财产法上的法律关系，婚姻关系纠纷的处理需要对当事人的处分权进行适度限制。不仅如此，与其他身份关系相比，婚姻关系涉及的感情、伦理、隐私等状况更为复杂，且婚姻关系又常作为亲子、监护、收养等他类身份关系的基础，故不宜与其他身份关系纠纷适用完全相同的程序规则，设置专门的婚姻纠纷解决机制势在必行。

当前，在我国法院处理的民事案件中，婚姻家庭案件所占的比重较大，最新数据显示：2020年全国各级法院审结的一审民事案件1330.6万件，其中婚姻家庭案件164.9万件，占同期审结一审民事案件总数的12.39%。① 根据《中华人民共和国民法典》（以下简称《民法典》）婚姻家庭编等规定，婚姻家庭案件具体包括婚姻诉讼案件、离婚后夫妻共同财产分割案件、未成年子女的抚养案件、扶养案件、赡养案件、收养案件、遗产继承案件、亲子关系案件、监护案件等。上述案件有的是财产型争议，有的是身份型争议。② 其中，财产型争议适用普通民事诉讼程序处理；而身份型争议案件的自身性质决定了其应当适用专门的诉讼程序，婚姻诉讼案件即是其中最具代表性的案件类型。③

---

① 周强：《最高人民法院工作报告——2021年3月8日在十三届全国人大三次会议第四次全体会议上》，载《人民法院报》2021年3月16日第3版。
② 有些婚姻诉讼案件如离婚诉讼中也会涉及夫妻财产分割问题从而兼有身份型争议和财产型争议，在此类案件的审理中，针对身份型争议，应当适用婚姻诉讼程序之法理与规则，针对财产型争议，则适用普通民事诉讼法理与规则即可。
③ 需要指出的是，在与婚姻家庭有关的身份型争议中，"重婚"这一事由不仅是判断夫妻感情确已破裂继而判决离婚的情形之一，同时可能在满足法定要件的前提下构成《中华人民共和国刑法》上的"重婚罪"而涉及刑事诉讼程序。该种情形不在本书的讨论范围之内。

目前我国的婚姻诉讼依附于普通民事诉讼制度，这一模式已不能适应婚姻诉讼程序的理论和实践发展的需要。鉴于家事审判的实践需求和家事诉讼的程序特点，最高人民法院已于2016年在全国范围启动了家事审判方式和工作机制改革工作，该类改革工作成效如何？对我国婚姻诉讼程序的构建有何裨益？2018年发布的《最高人民法院关于进一步深化家事审判方式和工作机制改革的意见》有何种创新举措？我国婚姻诉讼程序如何在吸收改革之有益成果的基础上作进一步发展完善？这均是我国婚姻诉讼程序构建中需要关注和探讨的问题。

二、立法现状

现行《中华人民共和国民事诉讼法》（以下简称《民事诉讼法》）中涉及婚姻纠纷的程序规定一共有7个条款，分别为代理（第65条）、调解（第98条第1款）、起诉（第124条第7款）、不公开审理（第134条）、判决的宣告（第148条）、判决的效力（第209条）、终结诉讼（第151条第3款）。其中有一条涉及婚姻诉讼程序的独特规定，即第209条："当事人对已经发生法律效力的解除婚姻关系的判决、调解书，不得申请再审。"该项规定早在我国1991年施行的《民事诉讼法》（仍为"现行《民事诉讼法》"）中即已存在。① 2015年《最高人民法院关于适用〈中华人民共和国民事诉讼法〉的解释》（以下简称《民诉法解释》）中，在婚姻诉讼方面有别于1991年最高人民法院出台的《民诉法适用意见》的规定有两处，分别是第297条关于第三人撤销之诉②以及第329条关于二审法院一并审理离婚请求③的相关内容。

涉及婚姻家庭诉讼的主要程序性规定还有1989年最高人民法院颁布的《关于人民法院审理离婚案件如何认定夫妻感情确已破裂的若干具体意见》（以下简称《感情破裂具体意见》）列举了14种可视为夫妻感情确已破裂的判断标准之具体情形。2002年4月1日起施行的最高人民法院《关于民事诉讼证据的若干规定》（以下简称《证据规定》）第8条规

---

① 1991年《民事诉讼法》第181条规定：当事人对已经发生法律效力的解除婚姻关系的判决，不得申请再审。

② 第297条规定："对下列情形提起第三人撤销之诉的，人民法院不予受理：……（二）撤销或者解除婚姻关系等判决、裁定、调解书中涉及身份关系的内容。"

③ 第329条规定："一审判决不准离婚的案件，上诉后，第二审人民法院认为应当判决离婚，可以根据当事人自愿的原则，与子女抚养、财产问题一并调解；调解不成的，发回重审。双方当事人同意由第二审人民法院一并审理的，第二审人民法院可以一并裁判。"

定了自认不适用于身份关系案件，该项规定在2020年《证据规定》中仍予保留。2003年12月1日起施行的最高人民法院《关于适用简易程序审理民事案件的若干规定》（以下简称《简易程序规定》）要求人民法院审理婚姻家庭案件，应当在开庭审理时先行调解。

在我国的婚姻实体法及相关司法解释中，也涉及了对婚姻诉讼程序的特殊规定：经2001年修订的《婚姻法》对离婚案件的调解和提起离婚诉讼的限制等方面作了规定，并正式引入了"婚姻无效"制度和"可撤销婚姻"制度。对于这些实体法上的变化，《民事诉讼法》及其司法解释在其后的修改中均未涉及。2001年12月27日起施行的《最高人民法院关于适用〈中华人民共和国婚姻法〉若干问题的解释（一）》（以下简称《婚姻法解释（一）》）则明确规定了申请婚姻无效的主体、对申请婚姻无效案件不适用调解。2004年4月1日起施行的最高人民法院《关于适用中华人民共和国婚姻法若干问题的解释（二）》（以下简称《婚姻法解释（二）》）继续扩充了对申请婚姻无效程序的规定。① 2011年8月13日起施行的《最高人民法院关于适用〈中华人民共和国婚姻法〉若干问题的解释（三）》（以下简称《婚姻法解释（三）》）进一步完善了婚姻无效的申请以及撤销结婚登记的"双轨制"。② 2020年《民法典》婚姻家庭编对婚姻身份关系案件之特殊规则在上述规定的基础上作出了较大幅度的调整，主要内容集中于以下几个方面：第一，修改禁止结婚的条件，不再禁止"患有医学上认为不应当结婚的疾病者"缔结婚姻，并在此基础上一并修改了婚姻无效的法定情形；第二，修改了因受胁迫请求撤销婚姻的受理机关和受理时限；③ 第三，新增患有重大疾病未如实告知的可撤销婚姻的规定，赋予疾病婚姻之善意主体的知情权；第四，在婚姻无效或

---

① 第5条规定，夫妻一方或者双方死亡后一年内，生存的一方或者利害关系人依据婚姻法第10条的规定申请宣告婚姻无效的，人民法院应当受理。第6条规定，利害关系人依据婚姻法第10条的规定，申请人民法院宣告婚姻无效的，利害关系人为申请人，婚姻关系当事人双方为被申请人；夫妻一方死亡的，生存的一方为被申请人；夫妻双方死亡的，不列被申请人。第7条规定，人民法院就同一婚姻关系分别受理了离婚和申请宣告婚姻无效案件的，对于离婚案件的审理，应当待申请宣告婚姻无效案件作出判决后进行。

② 第1条规定，当事人以婚姻法第10条规定以外的情形申请宣告婚姻无效的，人民法院应当判决驳回当事人的申请。第2条规定：当事人以结婚登记程序存在瑕疵为由提起民事诉讼，主张撤销结婚登记的，告知其可以依法申请行政复议或者提起行政诉讼。

③ 将"受胁迫的一方可以向婚姻登记机关或人民法院请求撤销该婚姻"修改为"受胁迫的一方可以向人民法院请求撤销婚姻"；受胁迫方请求撤销婚姻的期限由"自结婚登记之日起一年内提出"改为"自胁迫行为中止之日起一年内提出"。

被撤销的法律后果上，确立婚姻无效或被撤销的无过错方之损害赔偿请求权；第五，调整了协议离婚的法定程序，增加离婚冷静期制度；第六，增加准予离婚的法定理由：经人民法院判决不准离婚后，双方又分居满一年，一方再次提起离婚诉讼的；第七，将"有其他过错"增加为离婚赔偿请求的法定情形；第八，对离婚诉讼中的"久调不判"问题，第1079条第5款增加规定："经人民法院判决不准离婚后，双方又分居满一年，一方再次提起离婚诉讼的，应当准予离婚。"2021年起施行的《最高人民法院关于适用〈中华人民共和国民法典〉婚姻家庭编的解释（一）》（以下简称《民法典婚姻家庭编解释（一）》）在此前司法解释的基础上对上述调整后的规则作出进一步细化。

综上所述，我国婚姻诉讼程序的立法规定较为散乱，不具有系统性，相关规定散布于实体法和程序法以及它们的司法解释之中，具体规则混杂规定于普通诉讼程序中，特有的程序法理尚未形成。不仅如此，已有规定中也存在不合理之处，例如关于解除婚姻关系的判决、调解书不可再审的规定，由此创制了通过再审程序纠正错误判决、调解书的例外，这一规定是否合理？确有错误的离婚判决、调解书应当如何救济？诸如此类的问题，目前尚待研究解决。

三、研究现状

（一）国内研究现状

目前国内着眼于"婚姻诉讼"的研究成果十分有限，更多学者关注的是对其上位概念"人事诉讼"或"家事诉讼"以及其下位概念"离婚诉讼"的研究。虽然婚姻诉讼的某些内容已有一定数量的研究成果，但总体而言研究状况并不理想，主要表现在：

第一，学者们并未将婚姻诉讼程序作为单独命题进行专题研究，大多将其置于"人事诉讼程序"或"家事诉讼程序"的构建之中。从文献检索的结果中可以看出，无论是专著、硕博论文还是期刊论文，以"人事诉讼"和"家事诉讼"为关键词的检索结果数量均远超"婚姻诉讼"（这三者的关系将在论文正文进行详细探讨）。正是因为将婚姻诉讼程序置于人事诉讼程序或家事诉讼程序中进行研究，故关于婚姻诉讼程序的现有成果更多地乃是关注婚姻诉讼案件与其他案件的共性，而忽视了婚姻诉讼案件与其他家事诉讼案件或人事诉讼案件彼此间的直接区别，对婚姻诉讼程序的独有特点关注不够。

第二，对婚姻诉讼进行专题研究的学者有限，且大部分成果仅涉及婚姻诉讼的实务操作或某一方面的理论探究。例如，前已述及，以婚姻诉讼为题的专著多是以法律知识普及、诉讼指引及相关案例汇编为主，对婚姻诉讼进行系统研究的仅有一本，作者的身份为湖北省宜昌市中级人民法院高级法官、三峡大学政法学院兼职教授，但其写作内容仍偏重实务指导而理论分析不甚充足。① 在学位论文方面，博士论文空缺，硕士论文中对婚姻诉讼程序进行系统研究的仅有两篇。② 在期刊论文方面，以婚姻诉讼为主题的文章主要关注婚姻诉讼的制度沿革及域外经验、③ 婚姻诉讼中诉的变更与合并、④ 程序衡平⑤等具体问题，还有学者研究新中国成立初期婚姻诉讼特点⑥及我国内地与香港婚姻诉讼的对比等内容。⑦

第三，对婚姻案件进行诉讼法上类型化研究的成果较少。我国现行立法中规定的婚姻诉讼包括三种类型：离婚之诉、可撤销婚姻之诉、宣告婚姻无效之诉。对于离婚诉讼的研究成果均只侧重于离婚诉讼中的某一方面，如调解、反诉等。而对于另外两种婚姻诉讼案件的程序规则亦鲜有学者关注。尽管在"民商法"之学科分类下的论文内容也会部分涉及到相关诉讼制度，但是这一诉讼法研究上的忽视现状仍然值得引起注意。

（二）域外研究现状

相较于我国婚姻诉讼的零散立法而言，域外国家和地区的婚姻诉讼制度则较为完善。

1. 大陆法系

德国早在1877年《德国民事诉讼法》第六编"婚姻事件与禁治产事件"中即规定了人事诉讼的内容。在2001年的修订中该编标题变更为

---

① 参见王礼仁：《婚姻诉讼前沿理论与审判实务》，人民法院出版社2009年版。
② 分别为陈国华：《婚姻诉讼特别程序研究》，安徽大学硕士论文，2009年。陈黛锦：《论婚姻纠纷的司法解决机制》，华东政法大学2009年硕士学位论文。两者均围绕婚姻诉讼的基本理论、域外经验和我国的制度完善展开，但未明确区分婚姻诉讼与家事诉讼的概念。
③ 参见孙宗龙：《从诉讼档案看民国时期婚姻纠纷及其裁断》，西南政法大学2016年博士学位论文。全路辰：《13—15世纪英格兰婚姻诉讼研究》，河南大学2019年硕士学位论文。金艳：《论韩国的婚姻关系诉讼》，延边大学2019年硕士学位论文。
④ 参见张晓茹：《论婚姻诉讼中诉的变更与合并》，《政治与法律》2007年第10期。
⑤ 参见余文唐：《论婚姻诉讼之程序衡平》，《福建法学》2009年第4期。
⑥ 参见曾琼：《建国初期婚姻诉讼制度之渊源分析》，《求索》2009年第5期。
⑦ 参见姬新江：《中国内地与香港诉讼离婚法律制度比较研究》，《政法学刊》2005年第4期。

"家庭事件程序",内容包括:婚姻事件(离婚事件、撤销婚姻事件、确认婚姻存在与否事件)、其他家庭事件、同居关系事件。其婚姻事件由家庭法院主管,在当事人、诉的合并、案件审理、诉讼中止及终结等方面均有不同于普通诉讼程序的特殊规定。德国于2008年颁布并于2015年10月最新修订的《家事事件与非讼事件程序法》,将婚姻事件与非讼程序合并立法,体现了家事事件非讼化的趋势。

日本是世界上最早将人事诉讼程序与民事诉讼程序进行分别立法的国家。1898年颁布的《人事诉讼程序法》第一章即规定了婚姻案件程序。2001年,在对前项立法进行大范围修改的基础上颁布了《人事诉讼法》,并于2013年作了进一步完善,在婚姻诉讼方面新增了家庭法院的专属管辖、调查官制度、参与员制度等特殊规定。

我国台湾地区的人事诉讼立法受德、日的影响较大,但也有一些自身特色。台湾地区的婚姻事件程序规定于"民事诉讼法"第九编"人事诉讼程序"的第一章,包括婚姻无效之诉、婚姻撤销之诉、确认婚姻成立与否之诉、离婚之诉以及夫妻同居之诉,并且规定了专属管辖、诉讼能力扩张、判决既判力主观范围的扩张等特殊程序。2012年颁布的"家事事件法"又对婚姻诉讼程序做了更进一步的制度扩充。

2. 英美法系

从立法上来看,英国是非成文法国家,未设专门的人事诉讼程序法,但在婚姻诉讼领域却有较多的法令和规则。英国在1857年即制定了《离婚诉讼法》,之后的相关法律文件有1977年《婚姻诉讼规则》、1984年《婚姻和家庭诉讼法》、1996年《家事法令》、1997年《法律援助(家事调解)规则》、2010年《家事程序规则》等,其中对于婚姻诉讼的调解、管辖和审判方面都作出了特殊规定。

美国对于婚姻诉讼案件的处理并非适用与普通案件相同的程序,因此在《美国联邦民事诉讼规则》中几乎找不到一处关于婚姻诉讼的规定,其关于婚姻诉讼的特殊规定主要体现在家庭法中,且渊源主要来自各州的家庭法、州和联邦宪法以及司法判例等。美国于1971年颁布的《统一结婚离婚法》,"到1993年有8个州全部或部分采用,同时对未采用的州也产生了重要的影响。"[①] 美国关于婚姻诉讼的特殊规定主要有:宪法可作为法官审理案件的依据、部分州和地区的专属管辖、离婚诉讼中的调解和仲裁等。

---

① 夏吟兰:《美国现代婚姻家庭制度》,中国政法大学出版社1999年版,第13页。

第一章 婚姻诉讼程序概述

第一节 婚姻诉讼的内涵

一、婚姻诉讼的概念

从字面意义上看,婚姻诉讼是指以婚姻关系为诉讼标的的一类诉讼,我国迄今为止在立法及学理上均未权威界定"婚姻诉讼"的概念。"婚姻,是男女双方以永久共同生活为目的,以夫妻的权利和义务为内容的结合。"①(随着社会的发展和宽容度的增加,域外一些国家和地区承认了同性婚姻的合法性,如荷兰、比利时等。我国的婚姻实体法尚不承认其为合法,"一夫一妻"是《民法典》第1041条规定的基本婚姻制度,因此笔者对于"婚姻"的概念界定仍仅限于异性婚姻。应当注意的是,本书对婚姻诉讼程序的探讨不因婚姻双方为异性或同性而有所区别,即便日后我国立法上承认同性婚姻的合法性,其在婚姻诉讼之程序适用上也不存在障碍)。此种结合便形成了夫妻之间的婚姻法律关系,夫妻双方在财产上的权利义务往往是附随于其身份上之权利义务的,因此,婚姻法律关系在本质上是一种身份关系。

婚姻诉讼程序以婚姻关系为诉讼标的,涉及婚姻关系的产生、变更及消灭。依据我国《民法典》的规定,婚姻关系的产生采用形式婚主义,且采登记制,婚姻登记是产生婚姻关系的唯一形式要件,男女双方在婚姻登记机关依法进行结婚登记,取得结婚证,即确立了婚姻关系,② 因此婚

---

① 杨大文:《亲属法》,法律出版社2003年版,第66页。
② 具体法条为《民法典》第1049条:"要求结婚的男女双方应当亲自到婚姻登记机关申请结婚登记。符合本法规定的,予以登记,发给结婚证。完成结婚登记,即确立婚姻关系。未办理结婚登记的,应当补办登记。"

姻关系的成立并不涉及民事诉讼程序。与此同时，我国的婚姻关系采一夫一妻原则，① 同一个符合法定条件的自然人在特定的时间段仅允许存在唯一的婚姻关系。婚姻关系仅有存在或消灭两种状态，因此，婚姻关系的变更即意味着既存婚姻关系的消灭。在《民法典》正式颁布施行前，我国关于婚姻诉讼的立法规定主要集中在《婚姻法》及相关司法解释中，在程序法中较为鲜见。《婚姻法》自1950年颁布至《民法典》正式施行前，先后经历了1980年和2001年两次修改，修改后的《婚姻法》共六章五十一条，主要涉及婚姻家庭生活中可能发生的以下纠纷：解除非法同居关系纠纷、婚姻无效纠纷、可撤销婚姻纠纷、夫妻财产关系纠纷、离婚纠纷、离婚财产纠纷、离婚损害赔偿纠纷、抚养纠纷、扶养纠纷、赡养纠纷、家庭成员侵害纠纷等。在上述诸项纠纷中，涉及诉讼的关于婚姻关系之变更及消灭的具体种类有：确认婚姻无效之诉、可撤销婚姻之诉、离婚之诉。《民法典》婚姻家庭编共五章七十八条，在上述纠纷类型的基础上，新增了收养关系纠纷的相关内容。在上述涉及婚姻关系之变更、消灭的诉讼种类方面，《民法典》调整了婚姻无效及可撤销的情形，新增了解除婚姻关系的法定情形，在婚姻诉讼方面作出了较大范围的变动。在司法解释方面，2016年最高人民法院发布《关于开展家事审判方式和工作机制改革试点工作的意见》（法［2016］12号，以下简称"《家事改革意见》"）明确了婚姻案件的范围包括离婚、婚姻无效、婚姻撤销等，也即确认了我国的婚姻诉讼包括离婚诉讼、婚姻无效之诉和婚姻可撤销之诉。

二、婚姻诉讼与相关概念之辨析

（一）婚姻诉讼、人事诉讼、家事诉讼的关系

1. 人事诉讼、家事诉讼的概念

在我国，以家事诉讼和人事诉讼为对象进行研究的著作及论文已有很多，但对于两者之间的关系，学者们往往莫衷一是。鉴此，如欲厘清两者的关系，首先需要从两者的概念入手。

（1）人事诉讼的概念

"人事诉讼"是关于身份上权利义务关系的诉讼，是大多数大陆法系

---

① 一夫一妻原则，是指一男一女结为夫妻，互为配偶，任何人不得同时有两个或两个以上的配偶，有配偶者在婚姻终止之前不得再行结婚，一切公开的或者隐蔽的一夫多妻或一妻多夫的两性关系都是非法的。参见余延满著：《亲属法原论》，法律出版社2007年版，第60页。

国家和地区较为常用的一个概念，其最早在1898年的《日本人事诉讼程序法》中作为一个专有名词出现。① 由于各国法律制度的差异，即便在大陆法系各国及各地区之间，对人事诉讼这一概念也存在相异的理解。

日本的人事诉讼制度最初的调整范围较为广泛，1898年颁布的《日本人事诉讼程序法》不仅用于调整身份关系的有关案件，还用于调整禁治产、准禁治产等涉及身份能力的事件。后一类有关身份能力的事件在1947年《日本家事审判法》颁布后已经另按家事事件处理。2003年《日本人事诉讼法》第2条规定："人事诉讼是指以身份关系的形成或确认为目的的诉讼。"由此一来，日本现行的人事诉讼程序便只调整身份关系事件，而不包括身份能力方面的事件。②

我国台湾地区的人事诉讼程序是指以自然人之身份关系或身份能力为标的之特别诉讼程序。该程序的适用范围具体包括婚姻事件、亲子事件、禁治产事件和宣告死亡事件。该程序在"民事诉讼法"中独立成编，以区别于普通诉讼程序。

值得注意的是，"人事"虽然是指与自然人的身份相关的事，但其范围却并非包含全部身份关系，③ 而是专指法律明确规定的若干案件类型，如婚姻关系事件、亲子关系事件、扶养关系事件等，除此之外的身份关系诉讼案件则适用通常程序或其他程序。④

（2）家事诉讼的概念

相较于"人事诉讼"概念仅在大陆法系若干国家和地区适用，"家事诉讼"概念适用得更为广泛。大陆法系中除了法国、日本及我国台湾地区，其他国家和地区更多地采用"家事诉讼"的称谓，英美法系国家也多采"家事诉讼"而非"人事诉讼"的概念。家事诉讼，是指家庭成员以司法程序预防家事纠纷的发生或解决已经发生的纠纷，范围较为广泛，既可能发生于夫妻之间，也可能存在于父母与子女或其他亲属关系之间，包括婚姻、亲子、家庭财产等多个方面。⑤ 值得注意的是，英美法系与大陆法系所言的家事诉讼在适用范围上并不完全相同，前者的范围要大于后

---

① 参见郭美松：《人事诉讼程序研究》，西南政法大学2005年博士学位论文，第8页。
② [日] 冈恒学、吉村德重：《注释人事诉讼手续法》，日本青林书院1987年版，第6页。
③ 如台湾地区"民事诉讼法"第九编并未悉数规定"民法"所规定之身份法律关系的全部，而是以列举方式加以限制。参见陈荣宗、林青苗：《民事诉讼法》，台湾三民书局出版公司1996年版，第936页。
④ 参见张晓茹：《家事裁判制度研究》，中国法制出版社2011年版，第10页。
⑤ 参见 Janet Halley, What is Family Law? A Genealogy Part II, Yale Journal of Law & the Humanities, Vol. 23: 2, 2011, p. 189.

者。英美法系国家一般并未区分诉讼事件和非讼事件,只要是与婚姻家庭相关的案件均可作为家事诉讼的审理对象,其适用范围不仅包括家事身份关系案件,还包括家事财产关系事件以及家庭暴力、流产、生育限制等案件,范围非常广泛。① 而大陆法系国家和地区的家事事件则是包括"诉讼事件"和"非讼事件",主要包括:诉讼事件中的身份关系事件;非讼事件中的监护、继承、禁治产等家事事件;其他与婚姻、家庭密切关联的民事事件,包括财产分割、扶养费请求等。②

2. 人事诉讼与家事诉讼的联系

从概念辨析中可以看出,家事诉讼和人事诉讼均是用于解决婚姻家庭纠纷的程序设置。立法中存在这两种诉讼制度的国家和地区将其具体诉讼规则与普通的民事诉讼程序区分开来,在诉讼程序的诸多环节给予特别规定,以便适应婚姻家庭相关案件在性质上的特殊性。两者的适用范围及适用程序存在交叉之处。这一特征尤其体现于兼采家事诉讼程序和人事诉讼程序的若干大陆法系国家和地区,如日本和我国台湾地区等。

关于家事诉讼与人事诉讼的关系,我国学界尚未形成统一的认识,学者们的观点并不一致,主要观点有三种:第一种观点并未严格区分这两个概念,认为两者只是在不同国家和地区对婚姻家庭纠纷解决机制的不同称谓,就概念本身来说代表的是同一类诉讼程序。③ 持该种观点的学者取家事诉讼最狭义的含义,将其界定为调整婚姻家庭纠纷中特定身份关系的诉讼。另外两种观点均承认二者范围的不同,并且承认家事诉讼的范围远大于人事诉讼,其分歧主要在于家事诉讼是否能够完全包含人事诉讼。④ 笔者认为,在英美法系国家和地区,因其不存在"人事诉讼"的概念,因此两者的关系也无从谈起;在大陆法系国家和地区,两者的关系也因"人事诉讼"的外延大小而有不同:若人事诉讼只调整身份关系事件,则

---

① 参见 Olivia Egdell-Page, The Concept of Family Law: Understanding the Relationship between Law and Families, North East Law Review, Vol. 3: 1, 2015, pp. 68-74。
② 参见郭美松:《人事诉讼程序研究》,西南政法大学 2005 年博士学位论文,第 11 页。
③ 如有学者认为:"家事诉讼程序在性质上属于诉讼程序,其诉讼标的是基于婚姻家庭而产生的身份关系争议,其诉讼目的就是要形成(包括变更、解除)或确认身份关系。……在日本,与家事诉讼程序相当的程序是日本《人事诉讼法》中的人事诉讼程序……"刘敏:《论家事诉讼程序的构建》,载《南京大学法律评论》2009 年秋季卷,第 128 页。
④ 如有学者认为:人事诉讼的标的仅是家庭身份关系,不涉及家庭财产关系,家事诉讼处理的事件则既包括家事身份关系事件又包括家事财产关系事件,人事诉讼的适用范围要小于家事诉讼的适用范围。参见张晓茹:《家事裁判制度研究》,中国法制出版社 2011 年版,第 11 页。

可以被家事诉讼完全囊括，如日本；若人事诉讼在身份关系事件外，还调整身份能力事件如禁治产事件、宣告死亡事件等，此时的"人事诉讼"便无法被"家事诉讼"的概念所完全包含，如我国台湾地区。

3. 人事诉讼与家事诉讼的区别

首先，在适用范围上，采"家事诉讼"概念的国家和地区要多于采"人事诉讼"的国家和地区；其次，在规制对象上，人事诉讼与家事诉讼最主要的不同即在于人事诉讼仅处理家庭身份关系事件，而家事诉讼既处理家事身份关系事件又处理财产关系事件，家事诉讼明显大于人事诉讼；① 最后，在程序设置上，家事诉讼中不仅包含特殊的诉讼程序，也有一些案件需要适用普通的诉讼程序进行审理，而人事诉讼案件一般均按照区别于普通程序的特殊诉讼程序审理。

综上所述，根据我国现有规定，笔者认为家事事件应是关于家庭成员的身份关系、身份能力、财产关系在内的所有民事事件，具体包括：婚姻事件、亲子事件、收养事件，宣告死亡、确认当事人无行为能力、确认当事人限制行为能力事件，财产分割、未成年子女监护、抚养费请求等三大类案件。其中，涉及身份关系的事件即为我国的人事事件，适用人事诉讼程序，而婚姻诉讼程序是其中的重要组成部分；涉及身份能力的事件在我国现行立法中由《民事诉讼法》中的特别程序进行规制；涉及财产关系的事件则可通过普通民事诉讼程序进行规制。

4. 婚姻诉讼与人事诉讼的关系

相较于家事诉讼与人事诉讼彼此关系的复杂性来说，婚姻诉讼与人事诉讼的关系则相对简单。在采取人事诉讼制度的国家和地区，婚姻诉讼均是人事诉讼制度中最重要、最核心的组成部分。如：德国人事诉讼案件的范围即包括婚姻事件、其他家庭事件及同居关系事件；日本在1898年《人事诉讼程序法》中就设专章规定了婚姻案件程序，现行立法中人事案件的范围具体包括婚姻关系案件、收养关系案件、亲子关系案件；我国台湾地区"民事诉讼法"中的"人事诉讼程序编"之第一章即为婚姻事件程序。由此可见，人事诉讼与婚姻诉讼即为包含与被包含的关系；人事诉讼中包含了婚姻诉讼，婚姻诉讼则是人事诉讼程序中最为主要且重要的内容。②

---

① 参见张晓茹：《家事裁判制度研究》，中国法制出版社2011年版，第11页。
② 在国内学者关于人事诉讼的专著或论文中，婚姻诉讼一般会被作为文章的一部分进行阐释。

5. 婚姻诉讼与家事诉讼的关系

婚姻关系是家庭关系中极重要的关系之一，婚姻诉讼与家事诉讼同样存在紧密的联系。在采取人事诉讼及家事诉讼并行模式的若干大陆法系国家和地区的立法中，家事诉讼、人事诉讼、婚姻诉讼表现为广义上的逐级包含关系，而在其他大陆法系及大多数英美法系国家和地区，虽然没有人事诉讼的专门概念，但均未妨碍立法上对于婚姻诉讼的系统规制。如：《法国民事诉讼法》第三卷中规定了"关于家庭案件的司法程序"，婚姻案件诉讼程序便是其中的重要部分。与此同时，其实体法《法国民法典》中，第一卷第六编第二章则设有"离婚程序"的详细规定；英国没有专门的家事诉讼程序立法，但却有诸多相关的法令与规则，所涉对象以离婚案件为核心，具体包括离婚、婚姻无效、别居、扶养、同居等；我国香港特区并没有统一的家事诉讼程序法，实践中家事诉讼事项表现为以离婚为核心的家庭案件，依照《婚姻诉讼条例》进行处理。由此可见，在采用家事诉讼制度的国家和地区，不论其家事案件的规制范围大小抑或程序设置繁简，婚姻诉讼均是其中最主要、最核心的诉讼类型，其他的家事诉讼案件大多围绕着婚姻诉讼案件而展开。

(二) 婚姻诉讼与非讼事件的关系

家事诉讼及人事诉讼区别于普通民事诉讼案件的一个重要特点即为诉讼程序的非讼化处理，如适用不公开审理原则、采用职权探知主义等，而该特点在婚姻诉讼中体现得尤为明显。

1. 非讼程序的概念及特征

根据当事人要求法院裁判的请求是否涉及权益争议，可将民事案件分为诉讼案件和非讼案件。其中，诉讼案件是指平等主体之间的民事权利义务存在争议，需要通过诉讼程序，请求法院居间裁判的讼争案件；① 而非讼案件则是"利害关系人在没有民事权益争议的情况下，请求人民法院确认某种事实是否存在，从而使一定的法律关系发生、变更或消灭的案件。"② 处理非讼案件的程序一般称为非讼程序或特别程序。该类程序的特殊之处在于，其在处分原则、辩论原则、公开审判原则等规定的适用方面有所保留，并且在一定程度上提倡职权干预主义、职权探知主义、书面

---

① 参见赵钢、占善刚、刘学在著：《民事诉讼法》（第三版），武汉大学出版社2015年版，第5页。

② 江伟主编：《民事诉讼法学原理》，中国人民大学出版社1999年版，第713页。

主义等原则。①

我国没有专门的非讼事件立法,对该类案件的散见规定亦相对简单,目前我国非讼程序的相关内容主要规定于现行《民事诉讼法》第十五章"特别程序"之中,案件范围具体包括:宣告失踪、宣告死亡案件,认定公民无民事行为能力、限制行为能力案件,认定财产无主案件,确认调解协议案件、实现担保物权案件、监护人不服指定的案件,失踪人的财产代管人申请变更代管的案件等。非讼案件的自身特征与审判规律仍较为明显:第一,适用对象是非讼案件,其仅就某种法律事实进行确认,如失踪或死亡的事实等,而不涉及对民事权益争议的解决。第二,案件本身通常无权利义务争议,只有申请人,没有被申请人,因此,非讼程序不存在对立的双方当事人,② 非讼程序中不设置反诉、辩论等与被告有关的程序。第三,实行职权主义原则。非讼案件往往与公共利益密切相关,会涉及当事人以外的不特定多数人的利益,因而有必要在相关程序设置中对当事人的程序权利进行适当的限制,同时赋予法官较大的自由裁量权,以促使其充分发挥主观能动性、积极进行事实调查而不囿于申请人的陈述范围。第四,实行不公开审理。非讼程序仅是为了确认某种事实或法律状态,故不存在公开审理的必要性。第五,非讼程序禁止调解,考虑到非讼程序可能会涉及第三人利益或者社会公益,所以不实行意思自治,进而也不宜适用调解程序。第六,非讼案件系以简易之裁定程序加以处理,并且以裁定方式结案,而诉讼程序则是以较为繁杂的判决程序加以处理,并以判决方式结案。第七,非讼程序裁定对法院的拘束力较弱,相较于诉讼程序注重判决结果的稳定性,非讼程序更强调结果的合目的性和妥当性,故其裁定不具有终局效力,可随时在事实变化或结果错误的情形下进行变更或撤销。③

2. 婚姻诉讼与非讼程序的关系

婚姻诉讼虽然有其自身的特点,但其本质上还是属于诉讼程序的范畴,因此,婚姻诉讼与非讼程序的区别也主要是集中在与非讼程序诸项特征的比较上,如:婚姻诉讼的适用对象是婚姻案件,具有争讼性;婚姻诉讼存在对立的双方当事人;婚姻诉讼的目的是化解纠纷,而不是预防纠纷

---

① 参见江伟主编:《民事诉讼法学原理》,中国人民大学出版社1999年版,第721页。
② 在域外有些国家的非讼程序立法上,某些特殊类型的非讼事件也存在双方当事人,但是其没有民事权益争议,仅是为了预防将来发生纠纷而利用非讼程序的,如夫妻财产契约登记。
③ 参见赵蕾:《非讼程序论》,中国政法大学出版社2013年版,第101页。

的发生;婚姻诉讼不仅应适用调解,有些案件还以调解作为审判的前置性程序;婚姻诉讼不适用一审终审,裁判结果对法院有较强约束力等。

婚姻诉讼与非讼程序的关系重点在于两者的联系。作为普通诉讼程序中的一种特殊类型,婚姻诉讼在现存的诉讼程序框架中也具有一些与非讼程序相类似的特征。这主要体现在:在审理原则方面,婚姻诉讼程序采用职权主义原则,不公开审理;在程序价值方面,婚姻案件具有很强的公益性;在证据制度方面,婚姻诉讼程序限制自认等制度的适用而采用职权探知主义等。这些联系可以概括为婚姻诉讼案件的非讼化处理,即诉讼案件的非讼化。[①] 值得注意的是,婚姻诉讼案件的非讼化与婚姻非讼案件是完全不同的。2015 年《最高人民法院关于婚姻民事案件 49 个审判实务问题的解答》中将宣告婚姻无效案件定性为非讼案件,适用特别诉讼程序的规定进行裁决,[②] 这一观点是值得商榷的。一方面,我国的特别程序规定的案件中未有与宣告婚姻无效案件性质相近或可通用或参见的类型,另一方面,虽然法院拥有司法裁量权,对婚姻诉讼案件实行非讼化处理,但婚姻诉讼程序包括宣告婚姻无效程序中有对立的双方当事人、存在民事权益争议,在本质上仍是诉讼案件,故其上述特征并不会改变其诉讼案件的本质。

第二节 婚姻诉讼程序的特征

婚姻诉讼作为人事诉讼的一个"亚种",自然具有人事诉讼的基本共性。与此同时,作为人事诉讼中最重要的一种,相较于其他类型的人事诉讼而言,婚姻诉讼自身独有的特殊性也较为明显。

一、人事诉讼的基本共性

人事诉讼程序的基本特征应以普通民事诉讼程序为参照进行归纳。

---

① 诉讼案件的非讼化,就是将依诉讼程序处理的两方当事人对立的纷争事件依据具体案件的性质,按一定的原则或规范,而采用非讼程序来处理。邱联恭:《诉讼法理与非讼法理之交错适用》,载《民事诉讼法之研讨》,台湾三民书局出版公司 2008 年版,第 8 页。

② 原文中第 7 个问题:对宣告婚姻无效的案件应适用什么程序?答:宣告婚姻无效属非讼案件,人民法院可适用特别诉讼程序的规定予以裁决。将财产问题、子女抚养问题与婚姻无效问题分开处理。

（一）诉讼标的范围特定且具有公益性

适用人事诉讼程序审理的案件主要是部分身份关系案件，包括婚姻、亲子等。[①] 身份关系是建立于婚姻关系和亲属关系之血统上的社会自然之事实关系，往往涉及未成年人、老年人和妇女的权益保护问题，若允许其随意形成或变更，则必然扰乱公共秩序，甚至影响社会治安、引发刑事案件，对社会的安全稳定带来威胁。因此，既存身份关系的变更或处分必须征得国家同意方可发生效力。凡此种种皆表明，人事诉讼的诉讼标的具有公益性，不能实行"私法自治"。日本学者即认为："人事诉讼是以社会基石——身份关系的形成、存否的确认为目的的一种诉讼形式，之所以要对其进行妥当解决，就是因为它具有公益性。"[②]

（二）适用特殊的程序法理

为追求案件处理上的实体正义，保护家庭整体利益，人事诉讼程序自有一套特殊法理，当事人主义之程序法理如辩论主义、处分权主义等在此并不适用或不完全适用。为求客观真实，法官可以依职权为其认为合适的行为，包括依职权主动调解、依职权开展证据调查，在当事人提供的证据资料范围外作出裁决等，以上做法均体现了职权主义的要求。作为诉讼程序的一种，人事诉讼程序亦具备诉讼程序的一般要求，即具备诉讼的两造对立结构，从这一维度上看，其与非讼程序是截然对立的。人事诉讼诉讼标的的公益性又决定了其须采用诉讼程序非讼化的处理，这也是两种程序的交叉部分。

值得注意的是，虽然人事诉讼程序和非讼程序均适用与通常诉讼程序中当事人主义相对应的职权主义，但两者的适用理由是截然不同的。人事诉讼中的职权主义是为维护家庭和社会的健康稳定，力求实现实体真实；而非讼程序中适用职权主义的法理依据有二：一是非讼程序并不涉及当事人的实体权益争议，在审理过程中，法院可依职权在当事人提供的证据材料外调取证据及查证事实，并大量使用推定对有关法律事实及权利状态作

---

① 依据我国民事实体法及程序法的相应规定，我国婚姻家庭范畴的身份关系案件主要涉及婚姻案件、监护案件、抚养案件等。
② 参见［日］小野濑厚等编著：《新人事诉讼制度（新法、新规则解说）》，商事法务出版社 2004 年版，第 87 页。转引自郭美松：《人事诉讼制度研究》西南政法大学 2005 年博士学位论文。

出确认裁判。① 二是非讼程序没有争讼的双方当事人,需要解决的问题比较单纯、程序周期较短,对案件处理的基本要求是:职权容易发动,配合迅速简易的要求,有利于保密,以及便利非讼法院通权达变,发现真实。② 总之,以较少的成本投入获得与诉讼方式同样的效果乃是非讼法理的要旨所在,正如日本学者棚濑孝雄所说:"无论审判能够怎样完美地实现正义,如果付出的代价过于昂贵,则人们往往只能放弃通过审判来实现正义的希望。"③ 由此可见,保护诉讼标的的公益性、努力实现实体真实乃是人事诉讼程序适用职权主义的出发点,而快速、高效、简便的价值追求则是非讼程序适用职权主义的理由所在。

(三) 具体庭审规则上的特点

1. 案件审理不公开。在人事诉讼中,由于案件本身与自然人的身份关系密切相关,多涉及名誉、隐私等人身权利,从维持身份关系稳定的角度来看,将当事人的隐私公之于众,不仅不利于彼此间误会的消除,甚至可能会进一步激化矛盾,无助于纠纷的平和解决。因此,人事诉讼程序以不公开审判为原则。④

2. 当事人诉讼能力的扩充。⑤ 在普通诉讼程序中,当事人的诉讼能力受到严格控制,不得随意扩大。与此相反,因人事诉讼中诉讼标的的特殊性质,人事诉讼尤其尊重当事人自主独立人格之特殊性,故在其诉讼能力上有所扩张,以便使当事人本人能够最大限度地直接参加诉讼。即便行为人本人不具备诉讼行为能力,但只要具有意思能力,未经法定代理人的同意也应使其得为诉讼行为。如我国台湾地区"民事诉讼法"第570条规定:"未成年之夫或妻,就婚姻无效或确认婚姻不成立之诉,亦有

---

① 参见蔡虹:《非讼程序的理论思考与立法完善》,载《华中科技大学学报(社会科学版)》,2004年第3期。
② 参见邱联恭:《诉讼法理与非讼法理之交错适用》,载《民事诉讼法之研讨(二)》,台湾三民书局出版公司,第439页。
③ [日]棚濑孝雄著:《纠纷的解决与审判制度》,王亚新译,中国政法大学出版社2004年版,第267页。
④ 如日本《人事诉讼法》第22条第3项就特别规定:"……法院可以做出决定,对该事项的询问不公开进行,并命公众退出法庭,待该事项询问结束后,再使公众重新入庭。"参见[日]松本博之著,郭美松译:《日本人事诉讼法》,厦门大学出版社2012年版,第368页。
⑤ 诉讼能力,又称诉讼行为能力,是指当事人能够以自己的名义和行为独立实施诉讼行为,并承担对方当事人所实施的诉讼行为引起的诉讼法上效果的能力。赵钢、占善刚、刘学在:《民事诉讼法》,武汉大学出版社2015年版,第98页。

诉讼能力。"①

3. 当事人适格的特殊规定。在普通诉讼程序中，当事人适格即正当当事人的判断依据是特定当事人与诉讼标的的关系，即适格当事人需要与诉讼标的有直接联系。当然，这一原则性规定也有例外，体现为当事人诉讼担当制度，具体包括："对他人的权利或法律关系依法享有管理权的人；为保护死者利益而提起诉讼的近亲属；确认之诉中对诉讼标的有确认利益的人。"② 在人事诉讼中，适格当事人则不囿于与诉讼标的有直接利害关系的要求，也不限于上述三种例外情形，在当事人适格的扩张方面，范围更加广泛。《民法典婚姻家庭编解释（一）》中即明确了申请宣告婚姻无效的当事人范围扩张的具体规定。③

4. 调解程序的特殊规定。在我国民事诉讼的规则设计和司法实践中，调解制度一直占据重要位置，是各类纠纷解决机制中的关键环节。调解制度的重要性在人事诉讼尤其是婚姻诉讼程序中体现尤甚，调解程序是大多数人事诉讼案件的必经程序。采用人事诉讼程序的国家和地区大多要求人事诉讼案件在进入法院的正式裁判前均须经过调解。有些国家的人事诉讼程序甚至明确规定，未经调解官调解的案件不予受理，如日本。④ 美国的人事诉讼案件以离婚为主，一般均属于法院建议以调解或和解解决的案件范围。⑤

二、婚姻诉讼的独有特征

我国的民事诉讼立法未设置人事诉讼的专门概念，一般将其统称为婚姻家庭案件。在婚姻诉讼之外，我国婚姻家庭案件的范围一般还包括监护

---

① 林家祺：《例解民事诉讼法》，台湾五南图书出版有限公司2013年版，第687页。
② 李浩：《民事诉讼法学》，高等教育出版社2007年版，第88页。
③ 第9条规定，"有权依据民法典第1051条规定向人民法院就已办理结婚登记的婚姻申请宣告婚姻无效的主体，包括婚姻当事人及利害关系人。利害关系人包括：1. 以重婚为由申请宣告婚姻无效的，为当事人的近亲属及其基层组织；2. 以未到法定婚龄为由申请宣告婚姻无效的，为未达法定婚龄者的近亲属；3. 以有禁止结婚的亲属关系为由申请宣告婚姻无效的，为当事人的近亲属；4. 以婚前患有医学上认为不应当结婚的疾病，婚后尚未治愈为由申请宣告婚姻无效的，为与患病者共同生活的近亲属。"第16条又规定："人民法院审理重婚导致的无效婚姻案件时，涉及财产处理的，应当准许合法婚姻当事人作为有独立请求权的第三人参加诉讼。"
④ 如日本《家事审判法》第18条规定，人事诉讼之当事人必须在起诉前向家事法院申请调解。
⑤ 美国大约有一半的州在立法中明确：判决离婚前要进行调解。参见夏吟兰：《美国现代婚姻家庭制度》，中国政法大学出版社1999年版，第170页。

案件、抚养案件等。婚姻诉讼作为其中最为重要的诉讼种类，与婚姻家庭案件中其他的诉讼种类相比，也具有显著的自身特点：

（一）婚姻诉讼与家庭伦理道德最为相关

与其他的家庭关系相比，婚姻关系是家庭伦理道德中的基础关系，是其他关系如监护关系、扶养关系的基础，且婚姻诉讼多包含当事人的感情纠葛，因此，对比其他类型的婚姻家庭案件，婚姻诉讼案件的家庭伦理及个人感情特征更为明显。婚姻诉讼案件的当事人既希望顺利解决纠纷、分清是非，又存在亲情受损等顾虑；既要求案件得到公正审理，又出于保护隐私的考虑而不愿公开庭审过程。婚姻诉讼案件涉及的浓厚道德因素、各国在相关法律规范方面的历史沉淀、风俗习惯等都决定了婚姻诉讼与普通家事诉讼的不同特征。

（二）相关程序规定更加完善

我国立法上尚无涉及婚姻家庭案件的专门程序立法，有关规定此前大部分集中于《婚姻法》以及随后陆续出台的三部司法解释中，自2021年起，上述规定被《民法典》婚姻家庭编及相关司法解释整合，其他规定则散见于《民事诉讼法》及相关法律文件。从总体上看，我国婚姻家庭方面的程序立法不仅在数量上明显不足，而且也存在重实体轻程序、人身关系与财产关系混淆等问题。然而，在此种立法前提下，对比其他两类婚姻家庭案件（即监护案件和扶养案件），婚姻诉讼案件在我国现有的涉及婚姻家庭纠纷处理程序之相应规定中明显更为完善。如：我国《婚姻法》中涉及程序性事项的条文有9条，① 其中有5条为婚姻诉讼的相关内容，1条为夫妻财产分割的相关内容，1条为刑事诉讼程序的相关内容，1条为执行程序的内容，仅有1条规定涉及被遗弃的受害人请求支付相关费用的程序规定。之后的三部司法解释中，也分别有10条、7条和3条内容涉及对婚姻诉讼程序性事项的进一步明确。《民法典》婚姻家庭编中涉及

---

① 分别为第10条关于婚姻无效的规定，第11条关于可撤销婚姻的规定，第12条关于无效或被撤销婚姻的法律后果，第32条关于离婚诉讼的相关规定，第44条关于遗弃家庭成员受害人请求法院判决支付扶养费、抚育费、赡养费的相关规定，第45条关于重婚、家庭暴力、虐待、遗弃犯罪之刑事责任的规定，第46条关于离婚损害赔偿的规定，第47条关于隐匿、转移共同财产之法律后果的规定，第48条关于相关婚姻家庭案件强制执行的规定。

家事诉讼之程序性规定有 15 条,[①] 其中有 7 条为婚姻诉讼的相关内容,有 5 条涉及夫妻财产分割及共同债务的处理,有 2 条涉及亲子关系确认之诉和解除收养关系之诉,另有 1 条涉及遗产继承纠纷诉讼。我国现行《民事诉讼法》中对婚姻诉讼方面的规定一共有 7 条,[②] 分别涉及代理、调解、起诉、不公开审理、判决的效力、终结诉讼、再审程序的排除适用等七个方面的问题。另外,关于收养的内容有 3 条,分别涉及起诉、调解及诉讼终结;关于抚养的程序性事项有 3 处,均是涉及扶养费的处理问题。2015 年《民诉法解释》中,涉及婚姻诉讼相关规定的有 17 条,[③] 关于收养的内容有 2 条,分别涉及约定管辖和调解协议的司法确认问题;关于抚养的内容有 4 条,分别涉及管辖、强制措施、二次起诉及小额诉讼问题,以上内容在最新的立法及司法解释中均予以保留。

(三) 婚姻诉讼案件的内容相对复杂

这里所说的案件内容的复杂性主要是从两个方面体现的:一是我国立法明确规定的婚姻诉讼案件的类型相对多样,包括确认婚姻无效案件、可撤销婚姻案件、离婚案件三类;另一方面是指上述三种类型的案件虽然均属身份关系案件,但在诉讼过程中,不可避免地要涉及相关财产关系纠纷的处理,且司法实务中此类财产纠纷呈现出了愈加复杂的趋势。值得注意的是,离婚诉讼中还有一类涉及财产纠纷的特殊情形,即符合特定条件的离婚案件中无过错一方当事人享有的离婚损害赔偿请求权的提出及其处理问题。

[①] 分别为第 1052 条婚姻撤销之诉,第 1053 条新增隐瞒重大疾病的婚姻撤销权,第 1054 条新增婚姻无效或可撤销中无过错方的损害赔偿权,第 1066 条夫妻共同财产分割请求权,第 1073 条新增亲子关系确认之诉,第 1079 条离婚诉讼先行调解、应当准予离婚的情形,第 1084 条离婚案件子女抚养问题的裁判原则,第 1087 条离婚案件财产分割问题的裁判原则,第 1088 条至第 1090 条离婚案件共同债务的处理,第 1091 条离婚损害赔偿请求权,第 1092 条离婚财产分割中对恶意一方的特殊规定,第 1114 条解除收养关系诉讼,第 1132 条遗产继承纠纷诉讼。
[②] 分别为第 62 条离婚案件本人出庭问题,第 98 条不予制作调解书的情形,第 124 条起诉情形的分别处理,第 134 条不公开审理,第 148 条离婚判决宣告前当事人不得另行结婚的规定,第 151 条诉讼终结的规定,第 202 条离婚判决不得再审的规定。
[③] 分别为第 12~17 条关于离婚诉讼管辖的规定,第 34 条约定管辖的规定,第 143 条、147 条、148 条调解的规定,第 214 条起诉的规定,第 217 条、第 234 条缺席判决的规定,第 297 条第三人撤销之诉的规定,第 329 条关于二审中提出离婚请求的规定,第 382 条离婚案件财产问题再审的规定,第 414 条检察院抗诉的规定。

（四）婚姻诉讼的程序规则更加特殊

婚姻诉讼程序涉及的三类纠纷虽然在总的程序法理上具有相似性，但不同种类之间的具体诉讼规则却有明显的区别，例如：在离婚诉讼中，调解程序是我国现行立法明确规定的前置程序，在可撤销婚姻诉讼中，调解程序的适用与否法律尚未规定；而在确认婚姻无效诉讼中，调解程序则被排除适用。再如，解除婚姻关系的判决、调解书在《民事诉讼法》上被明确排除在可通过再审程序进行救济的案件范围之外。与婚姻诉讼程序的此类特殊规则相比较，我国立法上规定的其他两类婚姻家庭诉讼案件的程序规则较为简单，不具有明显的特殊性。

第三节 婚姻诉讼程序的性质

一、廓清婚姻诉讼程序性质的意义

婚姻诉讼程序与人事诉讼程序、家事诉讼程序联系紧密，从而不可避免地要在人事、家事两类诉讼程序现有成果的基础上进行论述。而上文对于婚姻诉讼程序独有特征的分析，又使其区别于同属人事诉讼程序的监护案件诉讼和扶养案件诉讼等，此处廓清婚姻诉讼程序的本质属性，有助于进一步将其与相近的诉讼种类在性质上进行区分，从而明确本主题的创新意义。

（一）廓清婚姻诉讼程序的性质有助于对其诉讼规则的完整构建

在民事诉讼程序中，依据各类程序的不同性质，要求适用不同的程序法理、诉讼制度、具体规则等，也即程序相称原理。如，诉讼程序与非讼程序须适用差别较大的程序法理；普通诉讼程序与特别程序要适用不同的诉讼制度；不同种类的程序在调解、证据、管辖、审判组织等方面亦有不小的差别。由此，要对婚姻诉讼程序的各项具体规则进行分析与把握，将其与他类人事诉讼案件进行规则区分，就必须以其程序性质的准确界定为基础。

（二）廓清婚姻诉讼程序的性质有益于我国民事程序的类型化设置

我国民事诉讼程序上有关婚姻诉讼的相关规定尚不成体系，目前主要分散于具体诉讼规则如调解的特殊适用、是否公开审理、是否允许再审等问题上，制度层面的设计不够详尽，且具体诉讼规则的设定方面也有不妥。廓清婚姻诉讼程序的性质，无疑便于对现有诉讼规则的设置进行检验，从而发现不符合婚姻诉讼程序性质的规则设置，以便对其进行探究与修正，包括后文中对于我国婚姻诉讼程序提出的完善建议，其实均是以婚姻诉讼程序性质的准确界定为前提的。

二、婚姻诉讼程序属于特殊的诉讼程序

（一）婚姻诉讼程序在基本性质上属于诉讼程序

婚姻诉讼程序属于诉讼程序这一基本性质的界定是相对于非讼程序而言的。前文已述，诉讼案件是指平等主体之间的民事权利义务存在争议，需要经由诉讼程序请求法院居间裁判的讼争案件；① 而非讼案件一般被认为是利害关系人在没有民事权益争议的情况下，请求人民法院确认某种事实是否存在，从而使一定的法律关系发生、变更或消灭的案件。② 我国非讼案件的处理程序集中规定于《民事诉讼法》第十五章"特别程序"中。婚姻诉讼纠纷符合诉讼案件的构成要件，当然属于诉讼程序。

（二）婚姻诉讼程序在具体性质上属于特殊的诉讼程序而非"特别程序"

《民事诉讼法》尚未明确设置和使用"非讼程序"这一概念，取而代之的是"特别程序"。"特别程序"并非"特殊的诉讼程序"，后者的本质仍为诉讼程序，"特殊"仅是表示该种诉讼程序的"与众不同"，也即在诉讼规则上与普通的民事诉讼案件相比较为特殊，婚姻诉讼即为此类。而我国民诉立法上规定的"特别程序"，是与普通程序相对而言的。大部分内容属于非讼程序的范畴。

1982年《民事诉讼法（试行）》中正式确立了"特别程序"，此前民事诉讼方面的规范性文件，如1950年《中华人民共和国诉讼程序试行通则（草案）》、1956年最高人民法院《关于各级人民法院民事案件审判程序总结》和1979年发布的《人民法院审判民事案件程序制度的规定

---

① 参见赵钢、占善刚、刘学在著：《民事诉讼法》（第三版），武汉大学出版社2015年版，第5页。
② 参见江伟主编：《民事诉讼法学原理》，中国人民大学出版社1999年版，第713页。

（试行）》，均未出现"特别程序"的相关规定。① 我国的民事诉讼特别程序立法借鉴自苏联，② 亦将选民资格案件这一行政关系案件归入其中。③ 1982年《民事诉讼法（试行）》中规定了"特别程序"，具体范围包括选民名单案件、宣告失踪人死亡案件、认定公民无行为能力案件和认定财产无主案件；1991年修法时，将"特别程序"的适用范围修改为选民资格案件、宣告失踪或者宣告死亡案件、认定公民无民事行为能力或者限制民事行为能力案件和认定财产无主案件；2007年修法时对"特别程序"的范围未作修改；2012年修法时，在"特别程序"的适用范围中增加了确认调解协议案件和实现担保物权案件。2022年12月提请审议的《民事诉讼法修正草案》在特别程序中拟新增"指定遗产管理人案件"。综上所述，我国"特别程序"的适用范围实际上即为非讼程序案件加上属于行政关系案件的选民资格案件。因此，婚姻诉讼案件无论是在案件类型上还是案件性质上，均必然不属于特别程序的适用范畴，而应当是普通民事诉讼程序中较特殊的一种。

---

① 参见章武生：《非讼程序的反思与重构》，载《中国法学》2011年第3期。
② 1964年《苏俄民事诉讼法典》第245条规定法院依特别程序审理的案件有：具有法律意义事实的确定；认定公民失踪和宣告失踪人死亡；认定公民限制行为能力或无行为能力；对财产无主的认定；确定户籍登记制度，对公证行为或拒绝实施公证行为的申诉；丢失不记名凭证的复权（公示催告程序）。参见梁启明、邓曙光译：《苏俄民事诉讼法典》，法律出版社1982年版，第85~95页。
③ 参见章武生：《非讼程序的反思与重构》，载《中国法学》2011年第3期。

第二章 家事审判改革背景下婚姻诉讼程序的司法理念与程序原理

有鉴于婚姻家庭的伦理性、相关纠纷的公益性、法律关系的差异性等特征，婚姻诉讼程序之司法理念应充分考虑家事审判改革的司法背景及指导原则，确立符合婚姻诉讼审判特点的司法理念和程序原理，方能让家事审判方式改革更加契合婚姻纠纷之实际解决需求，凸显司法的刚性裁判和柔性社会治理之双重功能。

第一节 家事审判改革背景下婚姻诉讼程序之司法理念

司法理念是在认识司法客观规律过程中形成的一系列科学的基本理念，在整个司法活动中居于关键地位，是对司法活动具有的中立性、强制性、确定性的客观规律的深刻认识、高度凝练和集中反映。[①] 婚姻诉讼司法理念即在家事审判改革背景下指导婚姻诉讼案件审判之制度设计和实践运作的基础理论和主导价值观，是对该类诉讼的系统化思考。该类司法理念聚焦婚姻纠纷的独特属性，理性认识并宏观把握婚姻诉讼程序不同于一般民事诉讼案件的特质及规律，从有效解决婚姻身份关系纠纷出发，对法的精神和价值进行解读与诠释。

一、家事正义理念

正义是社会永恒的价值追求，以平等、自由、公平等为主要内容。亚里士多德将正义分为形式正义和实质正义，如果以同一规则适用于所有类似的行为，这种司法过程体现的就是形式正义；如果针对案件自身的不同特点寻找最佳的审判方式，而不是利用一般规则来解决纠纷，这种司法过

[①] 参见蒋惠岭：《现代司法理念基本问题·一》，载《人民法院报》2003年1月20日。

程体现的就是实质正义。① 通说认为,正义的制度和程序比不正义的制度和程序能够产生更加正义的结果,因此,在形式正义和实质正义发生价值冲突的场合,形式正义具有优先性,因其可由法定的程序或者制度予以保证。然而,我国延续已久的法律传统和法律思维始终偏向实质正义。不仅如此,严格意义上的形式正义也并非完美无缺,其不考虑司法实践中个体在诉讼能力、经济地位、知识结构等因素上的差异,在某种程度上是对个案正义的牺牲。在家事审判改革的大背景下,婚姻诉讼程序的完善不应仅追求形式上的正义,而应将形式正义与实质正义作以统合,努力实现实质法治的社会效果。②

(一) 社会正义:弱势群体家事权益之倾斜性保护的需要

罗尔斯在社会制度层面探讨正义:"一个社会体系的正义,本质上依赖于如何分配基本的权利义务,依赖于在社会的不同阶层中存在着的经济机会和社会条件。"③ 根据罗尔斯的正义观,"最不利者"是正义的归宿,最大的平等体现在社会制度对"最不利者"处境所作出的最大努力,即制度对"最不利者"最大程度地倾斜性保护。④ 婚姻家庭关系中的妇女、老人、未成年人、患特定疾病之主体等弱势群体,由于生理条件、健康状况、经济能力等限制性因素,相较于其他主体而言,在婚姻家庭生活中的话语权和参与度较低,其权益更易受到侵害,在诉讼中也易处于弱势地位。"我国家事诉讼领域的相关规则同样关注弱势群体保护。婚姻家庭法通过一系列的可行措施对弱者实行保护就显得尤为重要。婚姻家庭法以保护弱者为其价值取向之一,这就是它的理念。"⑤ 因此,在家事审判制度之构建中,对家庭弱势群体的权益实行倾斜性的保护,有利于在家庭成员之间均衡地分配权利义务,进而弥补形式正义的缺陷,实现家事审判对实质法治的追求。

1. 未成年人利益最大化原则

在家庭生活中,由于未成年人心理、生理发育不成熟,无论是合法权

---

① 参见肖建国:《程序正义的理念及其实现》,载《法学研究》1999年第3期。
② 实质法治以法治为属概念,包含着形式正义的理性因素和实质正义的正当性追求。参见江必新:《严格依法办事——经由形式正义的实质法治观》,载《法学研究》2013年第6期。
③ [美] 约翰·罗尔斯:《正义论》(修订版),何怀宏、何包钢、廖申白译,中国社会科学出版社2009年版,第6页。
④ 李宁:《社会正义视角下弱势群体的保护》,载《东岳论丛》2015年第4期。
⑤ 马忆南:《婚姻家庭法的弱者保护功能》,载《法商研究》1999年第4期。

益还是心理状态均极易被父母的感情纠葛、利益纷争所裹挟，尤其是在涉及离婚、抚养权、探望权等与婚姻关系有关的家事案件中。《欧洲儿童权利运用公约》第 1 条即明确规定：影响未成年人的司法诉讼是指家事诉讼尤其是指那些履行父母责任，如儿童居住权和探视权的诉讼。在此类诉讼中，未成年子女虽然不是婚姻家庭纠纷的当事人，但是其作为重要的利害关系人，却往往无法在上述与之权利密切相关的重要事项的决定过程中占据主动地位，其合法权益、情感需求、精神慰藉容易在纠纷解决过程中被忽略。"未成年人利益最大化"正是国际人权公约组织和各个国家基于未成年人主体的特殊性考量而对其进行特别保护的重要原则。未成年人利益最大化原则发端于 1989 年联合国《儿童权利公约》，其中第 1 章第 3 条规定：有关儿童的一切行为，不论是由公私福利机构、法院、行政当局或立法机构执行，均应以儿童的最大利益为一种首要考虑。在家事审判中，法院应当以未成年子女为核心，设计相应的程序规则以抵消家事诉讼对未成年人潜在的二次伤害，为其提供充分的表达意见和作出决策的机会。法院也应从未成年人的立场出发，对各个家事诉讼案件中未成年人的个人情况和家庭关系作综合评判和把握，以最大化地保护未成年人的合法权益。《民法典》的修订同样体现了未成年人利益最大化原则，第 1084 条是关于离婚抚养权的原则性规定，其中第三款明确指出，抚养权的确定应体现最有利于未成年子女的原则，子女已满 8 周岁的，应尊重其真实意愿。

2. 依法保障妇女合法权益

随着女性独立意识的觉醒和社会制度的不断优化完善，我国的女性地位获得较大提升。然而，不可否认的是，考虑到生理心理差异、传统封建观念、社会保障不足等多方因素，女性在社会生活尤其是家庭生活中的地位及发展机会等仍与男性存有较大差距，实现男女平等的目标依旧是任重道远。保障妇女权益是《民法典》实现男女平等和实质正义的必然要求，在总则编、婚姻家庭编、物权编、人格权编等相关制度构建中都体现了对妇女合法权益的关注和保护，考虑其特殊需要和诉求，增进妇女福祉，充分彰显了立法的时代精神和人文关怀。[①] 为更好地保障妇女权益，除了在婚姻事件之财产关系纠纷方面如共同财产分割、离婚经济帮助、家务劳动补偿、离婚损害赔偿、出嫁女财产继承权等给予一定程度上的倾斜性保护，也应同时关注其在婚姻撤销权、离婚案件再审权等身份关系纠纷方面

---

① 参见马忆南：《民法典时代妇女权益保障的进展与挑战》，载《中华女子学院学报》2021 年第 1 期。

的正当权益，贯彻追求实质正义的司法理念。

3. 充分保障患特定疾病弱势群体的合法权益

在弱势群体家事权利保障的大背景下，《民法典》婚姻家庭编新增对"患特定疾病弱势群体"的保护内容，主要集中在无效婚姻和可撤销婚姻制度。在此前的《婚姻法》中，"患特定疾病"一直是法定的禁止结婚事由并为确认婚姻无效的情形之一。《民法典》删去了对此类弱势群体之婚姻缔结权的绝对限制，允许其在如实告知婚姻另一方当事人的前提下缔结婚姻。与妇女、未成年人相比，患特定疾病的主体并非通说意义上的婚姻家庭关系中的弱势群体，但此前不加区分地剥夺其婚姻缔结权，使之长期无法享有合法的受宪法保护的基本权利，此类主体实际上陷入了婚姻家庭关系中的弱势地位。《民法典》的修改不仅还原了此类主体的婚姻缔结权，同时考虑了婚姻对方当事人的知情权，充分保障疾病婚姻之双方主体的合法权益。

（二）实体正义：维护婚姻家庭关系和谐稳定的需要

在追求实体正义的过程中，程序正义作为实现实体正义的基础，被现代文明社会所公认，成为诉讼的首要遵循。① 但是，与一般的财产纠纷之民事审判不同，家事审判若严格遵循审判程序、明确厘清是非对错往往难以达到实体正义的最优实现。对民事主体而言，婚姻家庭关系是一种长期、稳定的社会关系，婚姻家事矛盾也与当事人的人身关系、经济条件、夫妻情感等因素密不可分。为保障家事审判之实体正义的实现，法院需要对上述因素作全面系统的考量，对当事人之间争议的社会关系作出符合情理的、具有前瞻性的调整，在解决纠纷的同时尽量地维护甚至优化其与纠纷相关的社会关系，使之能够更好地面对未来的生活。在此过程中，严格的是非认定并非最重要的因素。因此，在案件的审理过程中追求实体正义，需要通过赋予法官较大的职权并充分发挥调解组织、基层自治组织等主体的司法职能和社会职能，合理化解家庭矛盾、及时调处家事纠纷、一并处置家事事件。

二、柔性司法理念

有别于以财产关系为诉讼标的的普通民商事审判，婚姻家事审判更加侧重于社会职能的发挥，力争通过各类活动帮助当事人修复情感、解决矛

---

① 参见肖建国：《程序正义的理念及其实现》，载《法学研究》1999年第3期。

盾，体现家事审判的柔性修复功能。顾名思义，柔性司法是指在婚姻家事审判的实践中，在刚性的制度构建之外充分重视柔性的、缓和的、适当的多元化纠纷解决手段之适用。譬如，通过心理咨询、心理疏导等来解开当事人的心结；通过婚姻家庭咨询、家事调查员制度等消除隔阂、修复关系。在中国语境下，这一理念亦为"能动司法"的具体表现。能动司法是指法官应充分发挥个体智慧，通过审判以及各种替代性纠纷解决方式，有效解决各种复杂的社会纠纷，实现司法之政治效果、社会效果和法律效果统一。① 为彰显实质正义，司法能动的理念要求法官在家事审判中积极地介入纠纷解决，以维护家庭稳定为基本价值导向，发挥主观能动性，综合运用调解、和解、心理辅导等柔性手段缓和当事人之间的激烈对抗，修复婚姻家庭关系，妥当解决纠纷。

柔性司法理念契合我国婚姻家庭关系的自治传统。我国封建社会长期以小农经济为主导，形成了相对封闭的家庭自治体系，"法不入家门"的观念深入人心。个人权利往往依附于家庭、集体甚至家族，血缘、亲情和宗族伦理使家庭成员之间比一般社会成员具有更亲密的关系。与此相对应，封建社会的婚姻家庭关系也简单且稳定，即便发生纠纷，由于婚姻家庭内部的个体权利意识淡薄且缺乏维权途径，个体往往无法获得有效的权利救济。随着市场经济的发展，相对封闭的家族家庭体系被打破，公民的个体意识逐步觉醒，基于习惯立场、价值理想等方面的不同，家庭成员间的差异和矛盾凸显，家庭矛盾和不稳定因素也开始增多。家庭作为社会细胞，是社会稳定的基石，若婚姻家庭纠纷无法得到妥当解决，不仅会影响家庭秩序，更可能有损于社会秩序的稳定。婚姻家庭关系并非权利义务简单明晰的契约关系，若家事审判活动仅满足于在法律上解决纠纷，却并未化解案件背后的矛盾、修复当事人之间的情感，使当事人继续保持僵化甚至破裂的家庭关系，这便会使此前的审判活动陷入"案结事未了"的困境。因此，家事审判除了要发挥定分止争的司法职能，还被赋予了修复情感、解决矛盾、维护弱者利益的社会职能之期待。通过两种职能的结合，法官在审理纠纷的同时，借助调解、心理疏导、婚姻咨询等柔性手段对案件当事人的婚姻家庭关系进行救治和修复，凸显法院除刚性裁判功能之外的柔性社会救治功能。②

---

① 参见苏力：《关于能动司法与大调解》，载《中国法学》2010年第1期。
② 参见柯阳友、李琼：《我国家事审判改革的重点》，载《辽宁师范大学学报（社会科学版）》2019年第9期。

在婚姻家事诉讼中，法官需要在客观事实与家庭关系两者之间相互调和、重新寻找契合点，平衡客观真实和修复亲情两者之间的关系，积极为当事人搭建沟通对话的平台，努力修复亲情间隙，达到法理和情理的统一。柔性司法理念在婚姻关系诉讼、抚养关系、收养关系等均有体现，尤其是在涉及监护权、抚养权、探望权的司法实践中。抚养关系的司法裁判应综合考虑地域、生活方式、未成年子女心理状况、学业情况等多种因素，尽可能地弥合或消解父母感情破裂对其造成的情感创伤，维护和修复未成年子女与双方尤其是未直接抚养子女一方的亲情关系。与此同时，法院也要力争为未成年子女提供相对稳定的成长环境，最大限度地保障未成年子女的感情需求及人文关怀。

三、积极司法理念

在家事审判改革开展之前，我国法院在审判理念上并未对婚姻家事案件和普通财产案件作明显区分，婚姻家事案件的审理也遵循辩论主义和处分原则，施行当事人主义诉讼模式。在此类模式下，法院秉承不告不理原则，保持充分的中立和克制，当事人在诉讼中占据主导地位并对自己的民事权利和诉讼权利享有较宽泛的处分权限。此种财产纠纷的审判思路忽视了婚姻家庭案件的公益属性，也会造成"离婚随意化"的不良社会效果。如，法官在离婚诉讼中仅判断夫妻感情是否破裂，不参与修复当事人之间的婚姻关系，不积极探究婚姻关系纠纷背后的深层原因，亦不主动查明婚姻纠纷背后是否有弱势群体权益侵害、其他家庭矛盾纠纷等情形。此种司法理念显然不利于婚姻家事纠纷的全面化解。最高院咨询委员会杜万华副主任也曾指出，家事审判中应转变机械遵循财产纠纷审判思路，根据家事诉讼对法官职权干预的特殊需求，强化法官的职权探知、自由裁量和对当事人处分权的适当干预。

在家事审判中体现积极司法理念，是指构建以法官为主导的职权主义诉讼模式，实现必要的司法干预。职权主义诉讼模式能够适应家事案件的审判需求，将权利的配置重心向法官倾斜，允许法官进行必要的职权干预，在事实查明、证据调查、审理期限、人身保护令申请等重要事项上发挥能动作用。家事案件具有伦理性、情感性、社会性和公益性等特征，为求法院裁判与事实相符，并保护受裁判效力所及之利害关系第三人，并便于统合处理家事纷争，需要法官在审理过程中主动考量弱势群体利益和社会公共利益，不宜由当事人全权决定。我国台湾地区于2012年出台"家事事件法"，也体现了积极司法的特殊理念。该文件第10条第1项规定，法院审理家事事件，认为有必要时，得斟酌当事人所未提出之事实，并依职权调查证据。第33条规定，当事人就不得处分之事项合意申请法院为裁定者（特别的家事非讼程序），法院为裁定前，应依职权调查事实及必要的证据。

为更好地体现积极司法理念，发挥职权探知主义之事案解明机能，应当加强法院的证据收集手段。比如，在家事审判相关规则中明确相关机关及个人的协助调查义务，并设置具备专业知识的家事调查官，了解当事人的性格、经历、家庭状况、财产状况等必要事项，帮助法官厘清事实。

四、全面保护理念

在婚姻家事诉讼的审判程序中应当追求家事纠纷的全面解决，避免因当事人及利害关系人重复争讼导致婚姻家庭关系乃至相关社会秩序长期处于不稳定的状态。婚姻家事纠纷不仅同时涵盖身份关系和财产关系，还要求法院在解决既有矛盾的基础上对婚姻家庭关系中的潜在问题作出协调。婚姻家事纠纷的解决应以全面保护理念为指导，对有限的司法资源进行合理配置。

第一，应统筹处理身份关系和财产关系。婚姻家庭法律关系包括身份关系和财产关系。不同于普通的财产关系，家庭财产关系依附于基础身份关系。虽婚姻诉讼案件从严格意义上看仅包含身份关系案件，但婚姻家庭关系中的财产关系同样不容忽视，由此产生的矛盾往往是阻碍婚姻诉讼之案结事了的主要症结。家事纠纷虽以身份关系为本位，但最终仍需回归到以财产分割为核心的具体权利义务分配上来。因此，在婚姻家事诉讼中，不仅要维护当事人的身份利益，也要对财产纠纷的解决给予充分重视。

第二，应同时关注既有矛盾和潜在矛盾。与普通民商事纠纷不同，婚姻家事诉讼在追求个案案结事了的司法职能之外，还承担着维护家庭关系和谐稳定的社会职能。后一社会功能的实现便要求法院着眼于家事关系的连续性和长期性，对具体的婚姻家事纠纷作出妥当的、合乎目的的处理。鉴于婚姻家事纠纷均为熟人纠纷，特定纠纷的发生也无法改变其天然的亲属关系和抚养、赡养义务，当事人及利害关系人在诉讼之后大多仍要共同生活。因此，家事纠纷的解决不能只考虑个案的是非对错，还需关注纠纷解决之后的家庭关系修复。

第三，应充分重视其他利害关系人的利益保护。婚姻家庭关系是以两性关系和血缘关系为基础而形成的人类社会最基本的社会关系。① 婚姻家庭关系的稳定是社会稳定的关键和根基。婚姻家事纠纷以自然人的身份关系为主,具有对世性和社会性,可能影响其他利害关系人的利益和社会公益。以离婚诉讼为例,其不仅会产生婚姻关系解除、夫妻共同财产分割等直接涉及夫妻双方权利义务的法律后果,还可能涉及未成年子女的照顾和抚育等问题。为全面化解纠纷,家事审判需要兼顾其他利害关系人的利益保护,以维护家庭关系的稳定。

第二节 家事审判改革背景下婚姻诉讼之程序原理

一、程序相称原理

有学者对程序相称原理作如下定义:"程序的设计应当与案件的性质、争议事项的重要性、复杂程度、争议的金额等因素相适应,由此使案件得到适当的处理。"② 民事诉讼程序的设置和具体诉讼法理的适用需要依待解决之具体案件的特性不同而有所区分,程序相称原则的贯彻落实也是民事纠纷多元化发展的必然要求,正如我国台湾地区学者邱联恭所言:"立法者及法院须因应各该事件之特性需求,设立相当之程序制度。"③

前已述及,婚姻纠纷是以婚姻关系的缔结、变更、消灭为内容而产生的纠纷,属于身份性纠纷,与普通民事纠纷明显不同。日本学者我妻荣认为:"身份关系是家事纠纷的基础,虽然其从表面上看有财产分割、养育费等支付金钱的要求,但在根本上则是夫妻间、亲属间在感情心理上的纠葛,即埋藏着非理性因素,适用理性的一般基准对待这些因素是不适当的。"④ 反观我国现行的民事诉讼程序,以财产性纠纷为解决对象,实行以当事人为主导的诉讼模式,以此种民事诉讼程序来解决婚姻纠纷显然不尽协调。

---

① 参见李徐州、王道强:《家事审判的司法理念与运行原则》,载《人民司法(应用)》2016年第34期。
② 刘敏:《论我国民事诉讼法修订的基本原理》,载《法律科学》2006年第4期。
③ 邱联恭:《程序保障之机能》,载《台大法学论丛》第17卷第1期,第172页。
④ [日]我妻荣:《家事调停序论》,载《家族法的诸问题(穗积先生追悼论文集)》,有斐阁1952年版。

程序相称原理在我国婚姻诉讼程序的构建中主要体现在两个方面。一是应当针对婚姻事件的自身特性设置有别于普通民事纠纷解决程序的特殊诉讼程序即婚姻诉讼程序。作为家事事件的重要组成部分，婚姻事件的处理涉及社会公共利益，强调实体真实的发现，且由于其中的权利义务关系较为复杂，纠纷的解决往往不限于简单地分清是非，而是将促进双方当事人恢复感情、消除对立、化解矛盾作为根本目标。二是应在婚姻诉讼程序内部针对不同的婚姻事件设置不同的程序规则。我国现有的婚姻事件包括确认婚姻无效事件、婚姻撤销事件、离婚事件，婚姻无效的事由涉及社会公益，婚姻撤销的事由限于被胁迫，后又新增疾病婚姻的特殊情形，离婚的事由则较为复杂且判断标准相对主观，以上三类婚姻诉讼程序在起诉条件、正当当事人、法院依职权调查的权限、调解原则的适用等具体诉讼规则的设置方面存在较大差异。

二、程序多样化原理

在近代国家确立以前，民事纠纷的解决机制呈现多元化状态：根据矛盾冲突之性质和程度的不同，选择武力对抗或和平协商，有依赖国家公权力直接介入，也有依靠民间组织间接解决。随着社会现代化程度提高，社会主体之间的关系由亲近走向陌生，"法"得到了更高程度的利用，诉讼也即成为最终的解纷方式，诉讼法开始从实体法中分离出来，"近现代的诉讼制度所提供的正是一种正统的、公开的、最符合形式和理性的程序，其结果是使解纷方式呈现出一元化的局面"。[①] 与此同时，在一元化的诉讼机制之内，基于纠纷数量和种类的激增，不同民事纠纷在主体、表现形式等方面都日益多元，客观上要求根据民事纠纷的不同性质给予不同的制度安排，即诉讼程序的多样化。

程序多样化原理至少包含两方面的内容：一是在传统的诉讼程序之外构建多元化的纠纷解决机制、增设替代性纠纷解决方式，在婚姻诉讼中即体现为审前程序、调解程序、案件分流等机制的适用；二是根据案件的不同类型在诉讼程序内部进行不同的程序安排，如制定有别于普通民事诉讼程序的特殊程序规则、设立专门的纠纷解决机关、配备专业的纠纷解决人员等，在婚姻诉讼方面则体现为制定婚姻诉讼程序规则，设立家庭法院或婚姻案件法庭，配备专门的家事法官等。

[①] 陈爱武：《人事诉讼程序研究》，法律出版社 2008 年版，第 82 页。

根据处分原则，① 诉讼程序的设置应满足当事人的诉讼需求，充分尊重当事人的意思自由，使之实体利益和程序利益得到有力保障。"应当强调当事人在诉讼中的主观能动性，激励当事人选择于己最有利的程序，以实现利益的最大化。"② 当事人行使程序选择权的前提是存在两种以上的诉讼程序，而在我国现行民事诉讼规则框架下，不仅没有可供婚姻诉讼当事人选择的专门程序，而且现存的诉讼程序规则也与婚姻纠纷的性质不相匹配。因此，依据程序多样化原理，应为婚姻纠纷当事人提供可选择的诉讼模式，设置婚姻诉讼专门程序，是保障当事人诉讼利益的应有之义。

三、诉讼程序非讼化原理

诉讼程序和非讼程序的区分设置是程序相称原则的客观要求。需要明确的是，在具体案件的审理中，诉讼法理和非讼法理并非全然分割。王亚新教授指出"'二战'后日本等一些国家的司法中出现了'诉讼案件非讼化'的倾向"，③ 主要体现在原来在普通法院适用诉讼程序处理的案件如婚姻费用分担等案件改为由家庭裁判所管辖的非讼案件。从这个意义上来说，"诉讼案件非讼化"是指传统上依诉讼程序审理的诉讼案件，改为依非讼程序适用非讼法理的案件。我国台湾地区的邱联恭教授对"诉讼案件非讼化"的定义作了进一步明确，并将其细分为"程序上的非讼化"和"实体上的非讼化"：前者是指在程序上不采用传统的诉讼法理如处分权主义、辩论主义等，而是采用职权主义色彩浓厚的非讼程序法理如职权主义等；后者是指将实体法上规定的法律要件及法律效果抽象化，从而赋予法官较大的自由裁量权。④

将诉讼案件转为非讼案件从而适用非讼程序进行审理的情形，仍旧是将诉讼法理和非讼法理进行严格区分，不能完全符合"诉讼程序非讼化"的定义。日本学者三月章教授认为，诉讼程序非讼化不是用非讼取代诉讼，而是"传统诉讼原则的适用领域的缩小"，这是与非讼案件的范围扩大同时发生的现象。⑤ 从此种意义上说，"诉讼程序非讼化"以诉讼程序

---

① 处分原则，是指当事人有权在法律规定的范围内，自由支配和处置自己的民事权利和诉讼权利。参见赵钢、占善刚、刘学在：《民事诉讼法（第三版）》，武汉大学出版社2015年版，第48页。
② 郭美松：《人事诉讼程序研究》，西南政法大学2005年博士学位论文，第44页。
③ 王亚新：《社会变革中的民事诉讼》，中国法制出版社2001年版，第246页。
④ 参见孙永军：《诉讼事件非讼化新探》，载《现代法学》2014年第1期。
⑤ [日] 三月章：《诉讼事件非讼化及其界限》，载《民事诉讼法研究（第五卷）》，有斐阁1972年版，第49页。

和非讼程序的交错适用为基础,可以理解为"非讼法理在诉讼程序中的适用",即弱化传统的诉讼原则对法官权力的制约,赋予法官在事实认定、程序进行等方面更多的自由。

在以婚姻诉讼程序为主体的人事诉讼程序中,"诉讼程序非讼化"体现得尤为突出。日本学者新堂幸司认为:"家事案件常介于诉讼与非讼的两极间,处于中间地带,应当根据案件的争讼程度等情况,选择对应的程序。"① 婚姻诉讼案件不同于普通民事诉讼案件,也不同于非讼案件。与普通程序相比,婚姻诉讼程序的设置更倾向于采用非讼法理,但与严格意义上的非讼案件相比,其又设置了更为复杂的诉讼程序。因此,婚姻诉讼必将呈现诉讼法理和非讼法理交错适用的状态,构建独立于普通诉讼程序亦不同于非讼程序的婚姻诉讼程序实为必须。②

四、婚姻诉讼程序应符合比例原则

近年来,发端于行政法领域的比例原则呈蔓延适用之势,对诉讼法、刑法、民法等部门法逐渐发挥重要影响,继而成为普遍适用的法律原则。通说认为,比例原则包括三个子原则:适当性原则、必要性原则和狭义比例原则。适当性原则是指采取的手段必须有助于目的的实现;必要性原则是指应从符合适当性的手段中选取对公众造成更小损害的最温和的措施;狭义比例原则,是指采取的必要措施与追求的目的之间应当具有合理的相称性。③

婚姻家事诉讼程序的构建可纳入比例原则的逻辑框架中进行考量:第一,根据适当性原则,首先明确婚姻诉讼之司法效果与社会效果统合之目的,为具体规则的制定提供合理的目标指引。婚姻诉讼的程序规则应以"有益于矛盾纠纷的妥当解决、有利于相关家庭身份关系的良性发展、有助于社会和谐稳定"为目的。第二,必要性原则在程序规则的筛选中发挥作用,对婚姻诉讼程序的构建应遵循必要性原则,在能够满足前项规则目的之手段中,选取对于当事人的诉讼权利干预最少、诉讼成本最低、司法资源负担最小的措施。第三,狭义比例原则关注结果与目的的关系,强调诉讼规则之结果与规则目的之实现应呈适当比例,若婚姻诉讼之特殊规则的设置造成的司法成本和当事人负担大于其保护的法益,则该项具体规

---

① [日]新堂幸司:《诉讼与非讼》,载《民事诉讼法的争点(〈法律家〉增刊)》,有斐阁1979年版,第12页。
② 参见郭美松:《人事诉讼程序研究》,西南政法大学2005年博士学位论文,第47页。
③ 参见陈景辉:《比例原则的普遍化与基本权利的性质》,载《中国法学》2017年第5期。

则即不应被采纳。

　　婚姻诉讼程序的规则建构应以上述基本原则为指引，在诉讼规则的专业化和审判主体的专门化等方面探索建立契合家事审判之规则和目的、在权利限制和法益保护方面呈恰当比例的规则体系。

第三章 我国婚姻家庭制度及相关诉讼规则之发展沿革

家庭关系是社会的组成基础，而婚姻关系则是家庭关系中最为重要的维系纽带，故我国关于婚姻家庭的强制性规范自古有之。恩格斯曾针对婚姻家庭的演进形态指出："我们有三种主要的婚姻形式，与人类发展的三个主要阶段大体适应，群婚制与蒙昧时代相适应，对偶婚制与野蛮时代相适应，专偶制与文明时代相适应。"① 从奴隶社会、封建社会到社会主义社会，我国婚姻家庭制度的发展大体与此相印证，当然在各个时期亦分别有着不同的规制重点。

第一节 我国古代婚姻家庭制度概述

婚姻制度通常与家庭宗法制度相关联。在我国古代的相关文献中，"婚姻"亦作"昏姻"，东汉郑玄注本《礼记·经解》注称："婿曰昏，妻曰姻。"《礼记·昏义》称："昏姻之道，谓嫁娶之礼。"又称："昏礼者，将合二姓之好，上以事宗庙，而下以继后世也。"②

一、奴隶制社会的宗法制度

我国古代的婚姻家庭立法在时间维度上纵跨奴隶社会、封建社会，有着两千多年的历史。同世界上其他古老的国家一样，我国曾经历过漫长的原始氏族社会，仅依靠氏族首领的权威和族群的原始习惯来维持和调整各种社会关系。自五千多年前我国进入父系氏族公社阶段，私有财产制度和婚姻制度便相继出现，继而形成一夫一妻的小家庭，以及最初依原始习惯

---

① 《马克思恩格斯选集》第 4 卷，人民出版社 1995 年版，第 73 页。
② 意思就是婚姻是夫妻结合之礼，目的在于合二姓之好，以敬祖宗延后代。参见张希坡：《中国婚姻立法史》，人民出版社 2004 年版，第 3 页。

进行调整的婚姻家庭关系。① 公元前 21 世纪夏朝的建立标志着我国历史上第一个奴隶制国家的产生，中华民族继而由原始氏族社会进入到了阶级社会，此后所产生的"法"也有其自身的特点。奴隶主阶级为了巩固其统治，又将许多原始习惯法或"礼"的规则以国家强制力为后盾，用"法"和"刑"的形式加以确认，婚姻家庭中的各类习俗、制度便借此转化为律法调整的范畴，"'礼'、'法'相互渗透，是我国古代法律文化的突出特点。"②

在婚姻关系的缔结方面，西周礼制规定男 20 岁、女 15 岁为成年，可以结婚。缔结婚姻的程序称为"六礼"③ 于西周时期初步形成，这一制度对以后各朝婚姻的缔结形式均具有重要影响，并在汉朝称为定制。在婚姻关系的解除方面，我国奴隶社会解除婚姻的决定权完全操控在父系家长手中，并开始形成一套较为完整的制度，即"七去三不去"。④ "七去"，是男子休妻的七种情形，妻子有其中任一情形，丈夫即有合法的理由休妻，这些理由虽然受到"三不去"的限制，但总体上只是保护男子离婚权利的规定，是男尊女卑等级制度的必然反映。这一先秦时期的原则一直为后世封建法典所沿用。⑤

二、封建社会的婚姻家庭立法

（一）封建社会户婚律

中国的封建婚姻家庭制度有两千多年的历史，一直延续到半殖民地、半封建社会，它是新中国成立初期婚姻家庭制度改革的主要对象。在封建社会，婚姻家庭规范被载入诸法合体的统一法典中，对婚姻家庭关系转变为以礼为主、以法为辅的特定调整方法。⑥ 相关立法在秦汉时期初具规模，汉《九章律》中"户律"一章，便设定了户籍、婚姻等相关规范。

---

① 参见张希坡：《中国婚姻立法史》，人民出版社 2004 年版，第 11 页。
② 张希坡：《中国婚姻立法史》，人民出版社 2004 年版，第 12 页。
③ 据《礼记·昏义》所载："纳采，问名，纳吉，纳征，请期，皆主人筵几于庙，而拜迎于门外。入，揖让而上，听命于庙，所以敬慎重正昏礼也。"张希坡：《中国婚姻立法史》，人民出版社 2004 年版，第 20~21 页。
④ 据《大戴礼记·本命篇》所载："妇有七出：不顺父母，去；无子，去；淫，去；妒，去；有恶疾，去；多言，去；窃盗，去。"三出的情况有："有所取无所归，不去""尝更三年丧，不去""贱取贵，不去。"
⑤ 参见张希坡：《中国婚姻立法史》，人民出版社 2004 年版，第 22 页。
⑥ 此处的"法"中并没有独立的婚姻家庭法存在，其相关内容集中规定于刑律的户婚篇，以刑罚的形式表现出来。而"礼"，则具体表现为习惯法、礼俗、乡规民约、族规等形式。参见金眉：《中国亲属法的近现代转型——从〈大清民律草案·亲属编〉到〈中华人民共和国婚姻法〉》，法律出版社 2010 年版，第 23 页。

其后的三国、两晋、南北朝时期承继汉制。唐代的立法起到了承前启后的作用，《唐律·户婚》不仅集封建时代前期各代户婚立法之大成，还为其后各朝代的婚姻家庭立法提供了蓝本。宋代的相关律条载于《宋刑统》之中，明律中的"户律"是关于婚姻的法律规范，清律基本承袭明律的体例。① 除律之外，封建时期的其他法律形式，如"户令""例"等，也是处理婚姻家庭案件的直接依据。

（二）中国封建社会婚姻家庭制度的主要特征

第一，当事人并无婚姻自由。在婚姻的缔结方面，"父母之命，媒妁之言"是常见的形式；在婚姻的解除方面，乃是以"出妻"为主要方式的专权离婚主义、② 强制离婚主义和自由离婚主义的结合，为此设立的相应制度有"七出"③ "义绝"④ "和离"⑤ 与呈诉离婚⑥。⑦ 第二，男尊女卑，夫权统治。在封建社会，"夫为妻纲"是封建伦理纲常的重要组成部分。第三，家长专制，漠视子女利益。封建社会的家庭制度以家长制为核心，家长在家庭中享有至高无上的权力，家长统治全家，其与家庭成员彼此之间是主从、尊卑、依附而非平等关系，并以"父为子纲""夫为妻纲"等信条调整家庭关系。⑧ 不仅结婚需要父母做主，而且结婚后，无论夫妻双方感情如何，也要由父母决定去留。⑨

我国封建社会的婚姻家庭制度亦有一些具有程序法上积极意义的规定，如：（1）婚姻的缔结与解除须经官府登记方为有效。关于结婚程序，

---

① 参见巫昌祯、夏吟兰主编：《婚姻家庭法学》，中国政法大学出版社2007年版，第25页。
② 专权离婚主义是指男子享有离婚权、女子则没有离婚权或离婚权受到严格的限制。
③ 此处的"七出"事项由前文的"七去"事项演变而来并在范围上作了调整，具体为无子、淫佚、不事舅姑、口舌、盗窃、妒忌、恶疾。
④ 义绝是中国古代特有的离婚制度，指夫对妻、妻对夫的一定范围内的亲属，犯有殴、杀、奸罪，以及双方亲属间互相杀害，经官府认定双方义绝而强制离婚。
⑤ 据有关史籍，现存最早的相关律条载于《唐律疏议》，具体内容为："若夫妻不相安谐而和离者，不坐。"参见长孙无忌等撰：《唐律疏议·户婚》"义绝离之"条，中华书局1983年版，第268页。
⑥ 呈诉离婚与今天的判决离婚类似，即夫妻一方向官府提起离婚诉讼，官府常常根据礼、法来判定是否准予当事人离婚。参见陈鹏：《中国婚姻史稿》，中华书局1990年版，第604页。
⑦ 参见金眉：《唐代婚姻家庭继承法研究：兼与西方法比较》，中国政法大学出版社2009年版，第170页。
⑧ 参见张希坡：《中国婚姻立法史》，人民出版社2004年版，第26页。
⑨ 参见张希坡：《中国婚姻立法史》，人民出版社2004年版，第18页。

秦简"法律答问"中记载:"有女子甲为人妻,去亡,得及自出,小未盈六尺,当论不当?已官,当论;未官,不当论。"意思是说一位尚未成年的已婚女子,私逃后被捕获,如果该婚姻曾向官府登记,尽管女子年幼且身高不足六尺也要治罪;如果婚姻未曾向官府登记,则不予保护,视为无效婚姻。① 在休妻方面,也要有合法的文书佐证,否则要受处罚。秦简"法律问答"中规定"弃妻不书,赀二甲",意思是丈夫休妻时若无合法文书,则会受到一定的经济制裁。②

(2)离婚的相关规定由"礼"入"律"。《汉律》中关于"七弃三不去"的规定与《大戴礼记》中的"七出"内容基本相同,由此提高了这一规定的法律地位,并以国家强制力加以推行。离婚制度在唐朝之后被逐步地扩充为"七出""义绝"与"和离"三种形式。③

(3)出现了结婚的禁止条件及法律责任。例如《唐律》第182条:"诸同姓为婚者,各徒二年。缌麻以上,以奸论。"④

第二节 我国近代的婚姻家庭制度之沿革

封建婚姻家庭制度在中国半殖民地、半封建社会仍然居于支配地位。近代中国开始进入半殖民地、半封建社会,封建的婚姻家庭制度传统虽日渐没落,但仍是我国婚姻家庭制度改革的主要对象,这一时期并未对旧的婚姻家庭制度作根本性变革。⑤

一、清末和北洋军阀政府的相关立法

(一)清末相关立法概述

我国婚姻家庭立法在清朝末年作出了近代化的尝试,均参照域外经验进行了一系列法治改革,使中华法系发生了重大的变化。1904年4月,

---

① 参见《睡虎地秦墓竹简》,文物出版社1978年版,第222页。转引自张希坡:《中国婚姻立法史》,人民出版社2004年版,第29页。
② 参见张希坡:《中国婚姻立法史》,人民出版社2004年版,第29页。
③ 参见张希坡:《中国婚姻立法史》,人民出版社2004年版,第30页。
④ 参见张希坡:《中国婚姻立法史》,人民出版社2004年版,第41页。
⑤ 参见杨大文主编:《婚姻家庭法》,中国人民大学出版社2012年版,第30页。

沈家本等奉命组织创设了"修订法律馆"修订已沿用百余年的《大清律例》；1910 年 9 月，清廷颁布了对《大清律例》加以删改而成的《大清现行刑律》；同年 12 月，又颁布了《大清新刑律》；1911 年 8 月，清廷完成了《大清民律草案》的起草，这是中国历史上第一部民法草案，共计 5 编（总则、债权、物权、亲属、继承）1569 条，不仅在编纂形式上采纳了西方法律关于公法与私法相区分、民法与刑法二者分立的制度，同时在编纂方法上模仿德国、日本的民事法律，将婚姻家庭关系的相关内容列为民法典的重要组成部分，作为独立的两编加以规定。这一立法方法改变了《大清律例》民刑合一和以惩罚手段处理民事关系的法律传统，使《大清民律草案》在形式上具有会通中西的特征。①

（二）《大清民律草案》中与婚姻诉讼相关之内容

《大清民律草案》中涉及婚姻家庭制度的内容为第四编"亲属编"。该编中值得关注的内容为：（1）在婚姻的缔结方面，在遵从父母意愿的基础上，增加了双方合意的规定。②（2）在婚姻的解除方面，明确规定了两愿离婚制度，废弃了封建传统的专权离婚主义和强制离婚主义，并赋予夫妻双方在形式上的平等地位。（3）区分了两愿离婚和呈诉离婚。（4）将"夫妻不相和谐"确定为两愿离婚的离婚事由。（5）对呈诉离婚采有责主义的立法模式，仅无过错方有离婚的权利，有过错方无权提出离婚请求。（6）在离婚的形式要件上采登记离婚主义。（7）设置婚姻无效及撤销制。双方无结婚意愿的婚姻无效，申请撤销婚姻也有八种情形。③（8）确立了离婚损害赔偿制度。即呈诉离婚中若丈夫存在过错，则应酌给妻以

---

① 《大清民律草案》的前三编系由日本民法专家起草，接受了近代民法的基本精神和原则，以商品经济和契约精神为基础，以革新旧制、顺应世界潮流为目标，为个人本位的立法；而亲属编及继承编则由中国人起草，根植于中国宗法社会的封建传统，以符合传统礼教为目标，在一定程度上继续维护传统家庭秩序的和谐。参见金眉：《中国亲属法的近代转型——从〈大清民律草案·亲属编〉到〈中华人民共和国婚姻法〉》，法律出版社 2010 年版，第 31 页。
② 《大清民律草案》第 1341 条规定，当事人无结婚之意思的婚姻属于无效婚姻。参见蒋月：《20 世纪婚姻家庭法：从传统到现代化》，中国社会科学出版社 2015 年版，第 207 页。
③ 分别为：未达及结婚年龄、同宗结婚、禁婚亲属间结婚、重婚、妇女离婚未逾十月而再婚、相奸者结婚、未经父母允许而结婚、因诈欺或胁迫而结婚。蒋月：《20 世纪婚姻家庭法：从传统到现代化》，中国社会科学出版社 2015 年版，第 208 页。

生计程度相当之赔偿。①

《大清民律草案》中与婚姻诉讼相关的规定均较为先进，但遗憾的是以上诸律未及实施，清政府即在辛亥革命中被推翻。总的来说，清末制定的诸项法律是近代西方法律精神与中国传统法律制度相结合的产物，婚姻家庭方面的立法在更多地保留了中国封建制度内容的基础上，也作出了若干开创性的规定，堪称我国婚姻家庭制度现代化的开端。这些先进的制度虽未及实施，但为其后民国时期的婚姻家庭立法提供了重要借鉴。②

（三）《民国民律草案》中的相关规定

1925年起，北洋政府以"大清民律草案"为基础完成了民法修正案，也被称为"第二次民律草案"，修改后的"亲属编"有通则、家制、婚姻、亲子、监护、亲属会、抚养之义务共计7章234条内容，草案亲属编注重中国传统伦理及旧时法制，如采用宗族制度、亲等采用寺院计算法③以期与服制图④相近，家政统于家长等，其他多采新法。⑤

《民国民律草案》中关于婚姻关系的规定有了进一步的完善：（1）实现婚姻自由。第1107条规定，男女两情愿者得自由结婚。这里未提及须经父母同意，更大程度上肯定了夫妻双方的自由意志。（2）在婚姻的解除方面，《民国民律草案》延续了《大清民律草案·亲属编》中的两愿离婚和有责主义的呈诉离婚，但将呈诉离婚中离婚损害赔偿的责任主体扩充规定为"有责任之一方"，夫或妻均包含其中。（3）增加了离婚扶养费制度且采无过错主义。⑥该笔扶养费的支付于权利人再婚时终止，或可因义

---

① 见《大清民律草案（亲属编）》第1369条。考虑到当时普遍实行从夫居等国情，法律只将丈夫作为离婚损害赔偿的责任主体。参见金眉：《中国亲属法的近代转型——从〈大清民律草案·亲属编〉到〈中华人民共和国婚姻法〉》，法律出版社2010年版，第175~176页。

② 参见程维荣、袁奇钧：《婚姻家庭法律制度比较研究》，法律出版社2011年版，第3~5页。

③ 寺院计算法与罗马计算法同为国际上主要采用的亲等计算方法，源自中世纪教会法计算亲等的方法。参见张迎秀：《论亲属远近的科学计算方法》，载《法制与经济》2010年第2期。

④ 服制图，又称五服图。五服是指古代丧服制度中的五种服色，即斩衰、齐衰、大功、小功、缌麻。五服本身表明生者与死者的亲疏远近关系，以及与死者同有关系的生者与生者之间的远近亲疏关系，因此在执行丧礼、宗族家族事务及执行法律时须有涉及。参见高学强：《从丧服制度在近代的变迁看中国传统法律的近代化》，载《青海社会科学》2009年第1期。

⑤ 参见张生：《民国〈民律草案〉评析》，载《江西社会科学》2005年第8期。

⑥ 《民国民律草案》第1155条规定："不问离婚原因如何，无责任之一方，因离婚而陷于非常贫困者，他之一方纵亦无责任，应按其资力，对彼方给以相当之扶养费。"参见杨立新：《大清民律草案民国民律草案》，吉林大学出版社2002年版，第358页。

务方经济状况的恶化而停止或减少。该草案改变了包办买卖婚姻的陈规，确立了一定的婚姻自由精神，具有积极意义，并对其后的《中华民国民法·亲属编》（以下简称《民法亲属编》）产生了较大影响。

二、国民政府时期的婚姻家庭立法

（一）《民法亲属编》概述

南京国民政府法制局于 1930 年 12 月公布，1931 年 5 月起施行的《民法亲属编》是我国第一部正式颁布施行的亲属法，"在法律形式上实现了婚姻家庭法从古代型到近现代型的转变"。① 在继受清末、民初婚姻家庭立法的同时，又作出了革命性的改造。该《民法亲属编》（第 967 条至 1137 条，共 171 条）具体规定了当时中国的婚姻家庭制度。其共设七章，体系完备、结构规整、内容充实，在今天看来仍有可资借鉴之处。

（二）《民法亲属编》关于婚姻诉讼的规定

南京国民政府《民法亲属编》中对于中国传统婚姻家庭制度的改革力度相当大，其中涉及婚姻诉讼方面的内容有：（1）确立男女平等原则。改变了之前历次草案中宽于夫而严于妻的旧规，在结婚和离婚的条件上实现了男女平等。（2）规定了两愿离婚和裁判离婚两种离婚形式，对于裁判离婚的法定事由采过错主义原则。② 也有学者认为《民法亲属编》中关于离婚事由的规定增加了对离婚目的主义的采用，③ 如将一方患有不治之恶疾、重大不治之精神病列入法定离婚事由。（3）规定了离婚请求权的除斥条款。④（4）将精神损害赔偿纳入了离婚损害赔偿的范畴。⑤

---

① 杨大文、龙翼飞主编：《婚姻家庭法学》，中国人民大学出版社 2007 年版，第 35 页。
② 《民法亲属编》第 1052 条将离婚事由规定为：重婚、通奸、虐待、妻虐待夫方直系尊亲属或者受夫之直系尊亲属虐待致不堪共同生活、夫妻一方持续恶意遗弃他方、意图杀害、有不治之恶疾、有重大不治之精神病、生死不明达三年、被处三年以上徒刑或因犯不名誉罪被处徒刑。参见许莉：《〈中华民国民法·亲属〉研究》，法律出版社 2009 年版，第 100 页。
③ 离婚目的主义，是指夫妻一方以婚姻共同生活中发生违背婚姻目的的事实为由而诉请离婚。这种事实不能归责于夫妻一方，却使婚姻关系难以维持，婚姻目的无法达到。参见夏吟兰：《离婚自由与限制论》，中国政法大学出版社 2007 年版，第 151 页。
④ 除斥条款的具体情形包括：有请求权者事前同意或事后宥恕的；已经过一定期限的。参见蒋月：《20 世纪婚姻家庭法：从传统到现代化》，中国社会科学出版社 2015 年版，第 252 页。
⑤ 《民法亲属编》第 1056 条："夫妻一方因判决离婚而受有损害者得向有过失之他方请求赔偿。"《中华民国现行法规大全·民法》，商务印书馆 1933 年版，第 61 页。

对于《民法亲属编》中针对传统婚姻家庭制度的突破性改革，有学者给予了高度评价："以男女平等为原则，除一二特殊情形外，夫妻关系已属极端平等。"① 该编内容大幅度改革了我国传统婚姻家庭制度，是清末以来的中国婚姻家庭立法现代化过程中影响较为深远的一次。② 然而，民国政府时期，在帝国主义、封建主义和官僚资本主义的联合压迫统治下，封建的经济基础和上层建筑仍然存在，没有也不可能对婚姻家庭制度进行根本性的变革。废除封建主义的婚姻家庭制度，建立新民主主义和社会主义的婚姻家庭制度，乃是中国革命和新中国法制建设必须完成的一项主要任务。③

三、民主革命时期根据地的婚姻家庭制度改革

在"五四运动"前后，以李大钊等人为代表的革命先驱提出了关于解放妇女、改革婚姻家庭制度的主张，这是我国婚姻家庭制度改革的思想理论基础。在新民主主义革命过程中，改革封建的婚姻家庭制度也是民主改革的重要内容之一。1922年，针对封建社会妇女地位低下的状况，中国共产党第二次代表大会的决议提出了解放妇女、改革婚姻家庭制度的主张，同时提出"打破奴役女子的旧礼教""女子应有遗产继承权""结婚离婚自由"等口号，这是婚姻家庭制度改革的政治基础。④

在民主革命时期各根据地的法制建设中，婚姻家庭相关立法起步较早。1931年公布施行的《中华苏维埃共和国婚姻条例》涉及的内容主要包括：原则、结婚、离婚、离婚后子女抚养、财产的处理、未经结婚登记所生子女的抚养等。在此基础上于1934年颁行了《中华苏维埃共和国婚姻法》。其主要内容包括：（1）确立了婚姻自由、一夫一妻等原则，禁止一夫多妻；（2）明确了结婚的条件及程序，确立了结婚登记制度；（3）实行离婚自由，明确离婚登记制度；（4）实行男女平等，保护妇女和子女的利益；（5）保护革命军人的婚姻。这是我国婚姻家庭制度改革史上十分重要的两部立法，虽然它们诞生于革命法制发展的初期，在调整范围和具体内容方面亦有局限性，但其仍然在当时的婚姻家庭制度改革中起到

---

① 参见赵凤喈：《民法亲属编》，台湾中正书局1970年版，第92页。转引自蒋月：《20世纪婚姻家庭法：从传统到现代化》，中国社会科学出版社2015年版，第259页。
② 参见蒋月：《20世纪婚姻家庭法：从传统到现代化》，中国社会科学出版社2015年版，第263页。
③ 参见陈苇：《当代中国内地与港、澳、台婚姻家庭法比较研究》，群众出版社2012年版，第4页。
④ 参见陈苇：《当代中国内地与港、澳、台婚姻家庭法比较研究》，群众出版社2012年版，第5页。

了重要的作用。①

在之后的抗日战争和解放战争时期,各革命根据地先后颁行了多个婚姻条例,如《川陕省苏维埃政府婚姻条例》《晋西北婚姻暂行条例》《晋察冀边区婚姻条例》等。这些根据地的婚姻家庭制度改革因历史条件的限制均有不尽完善之处,但是其仍为新中国成立后的婚姻家庭立法作出了重要铺垫。②

第三节 新中国婚姻家庭制度的确立与发展

我国婚姻家庭法制建设自新中国成立以来历经了四个阶段。第一个阶段是1950年《婚姻法》的颁布及相关配套措施的实施,社会主义的婚姻家庭制度得以初步建立。第二个阶段是受"文化大革命"的影响,婚姻家庭方面的法制建设停滞不前。第三个阶段是随着1980年《婚姻法》的颁布及于2001年对《婚姻法》的修正,我国婚姻家庭领域的规范体系已基本形成。第四个阶段是《民法典》婚姻家庭编及相关司法解释是对该规范体系的进一步完善。

一、1950年《婚姻法》

婚姻家庭问题是关乎个人、社会和国家利益的重要问题之一。在新中国成立初期这一特殊的历史环境下,除了要废除封建婚姻制度外,还必须建立新的婚姻制度。1950年4月13日,以新中国成立以来民主革命根据地时期的相关立法为基础,结合社会的实际需要,中央人民政府委员会决议通过了《婚姻法》。这是新中国成立后公布的第一部真正意义上的法律。该法共设八章,包括原则、结婚、夫妻间的权利和义务、父母子女间的关系、离婚、离婚后子女的抚养和教育、离婚后的财产和生活、附则。从内容上看实际上是一部婚姻家庭法,其中涉及婚姻关系的缔结和解除方面的内容有:

1. 实行结婚自由和离婚自由。该法分别在第3条③和第17条④对结婚自由和离婚自由作出了具体规定,并且在结婚和离婚方面,实现了真正意义上的男女平等。

---

① 参见杨大文主编:《婚姻家庭法》,中国人民大学出版社2012年版,第32页。
② 参见张希坡:《中国婚姻立法史》,人民出版社2004年版,第106~107页。
③ 1950年《婚姻法》第3条的内容为:"结婚须男女双方本人完全自愿,不许任何一方对他方加以强迫或任何第三者加以干涉。"
④ 1950年《婚姻法》第17条:"男女双方自愿离婚的,准予离婚,男女一方坚决要求离婚的,经区人民政府和司法机关调解无效时,准予离婚。"

2. 设立婚姻登记制。对于婚姻成立、自愿离婚实行行政登记。该法第 6 条规定，要求结婚的男女双方，应亲自到所在地人民政府登记，政府判断其是否符合结婚条件，符合条件的，发给结婚证。第 17 条规定，双方自愿离婚的，准予离婚，并向人民政府登记。

3. 规定了两愿离婚和裁判离婚两种离婚方式，并在裁判离婚中增加了男女一方坚决要求离婚，调解无效的也准予离婚的规定，赋予了个人更多的离婚自由。[①]

4. 该法偏重保护女方的利益。具体表现为：禁止男方在特定情形下的离婚请求权。为保护弱势妇女的利益，该法第 18 条规定，在女方怀孕期间、分娩一年内男方不得提出离婚，女方不受此限；离婚后由女方直接抚养子女，法律规定男方应承担全部或部分的子女生活费及教育费；[②] 在离婚财产的分割方面照顾女方及子女的利益；[③] 男方对夫妻共同财产无法清偿的共同债务承担更多的清偿责任等。[④] 这些利益偏重在其后的 1980 年《婚姻法》及 2001 年修正案中进行了一定的矫正。

1950 年《婚姻法》开创了我国制定独立婚姻法典的立法体例，基本实现了对我国传统婚姻家庭制度的根本性革新，为社会主义婚姻家庭制度的进一步完善奠定了基础。但该法也存在些许问题：首先，无论是体系还是条文，都显得过于简单，[⑤] "简单的法律条文、粗糙的立法技术使其具有一定的时代局限性"。[⑥] 其次，对判决离婚的标准未作具体规定，故而导致了该法生效后发生了一轮离婚高潮，[⑦] 针对这一问题，其后的立法文件中作了相应完善。[⑧]

---

① 参见金眉：《中国亲属法的近现代转型：从〈大清民律草案·亲属编〉到〈中华人民共和国婚姻法〉》，法律出版社 2010 年版，第 182 页。
② 1950 年《中华人民共和国婚姻法》第 21 条。
③ 1950 年《中华人民共和国婚姻法》第 23 条。
④ 1950 年《中华人民共和国婚姻法》第 24 条。
⑤ 参见张玉敏主编：《新中国民法典起草五十年回顾与展望》，法律出版社 2010 年版，第 380 页。
⑥ 巫昌祯、夏吟兰：《改革开放三十年中国婚姻立法之嬗变》，中国法学会婚姻家庭法学研究会 2008 年年会论文。
⑦ 据中央人民广播电台播报，全国法院受理的离婚案件总数：1950 年为 186167 件，1951 年为 409500 件，1952 年为 398243 件，1953 年为 1200000 件余。参见汪玢玲：《中国婚姻史》，上海人民出版社 2001 年版，第 437 页。
⑧ 1963 年最高人民法院出台的《关于贯彻执行民事政策的几个问题的意见》中增加了"感情完全破裂"作为准予离婚的标准。1979 年最高人民法院出台的《关于贯彻执行民事政策法律的意见》明确将"夫妻关系事实上是否确已破裂和能否恢复好"作为是否准予离婚的原则。参见金眉：《中国亲属法的近现代转型：从〈大清民律草案·亲属编〉到〈中华人民共和国婚姻法〉》，法律出版社 2010 年版，第 184 页。

从 1950 年婚姻法颁布到 1953 年年底，中央人民政府、最高人民法院等国家机关频繁发布了诸多指示、通知，① 从中央到地方各级政府都成立了贯彻婚姻法运动委员会，通过各种形式宣传贯彻《婚姻法》，使之得以高效迅速普及。同时，还检查了县以上各级人民法院、民政部门和基层干部执行婚姻法的情况，处理了大量婚姻家庭相关的民事纠纷和刑事案件。通过一系列运动，自主婚姻显著增加，男女平等、婚姻自由等观念逐渐成为主流认识。中国的婚姻家庭制度顺利地实现了从新民主主义到社会主义的性质转变，社会主义的婚姻家庭制度得以初步建立。②

二、1980 年《婚姻法》

"文化大革命"期间，婚姻家庭法制遭到严重的破坏，婚姻家庭领域出现了一些"回潮"现象，1950 年《婚姻法》"已完全不能适应社会现实需求"。③ 1978 年之后，我国婚姻家庭方面的法制建设进入了恢复和发展阶段。为尽快使我国的婚姻家庭制度回复到有法可依、有法必依的轨道，五届全国人大三次会议在 1950 年《婚姻法》的基础上于 1980 年通过了新的《婚姻法》，在内容上保留了原婚姻法中许多行之有效的规定，同时又作了必要的修改和补充。

该法共设五章，具体包括：总则、结婚、家庭关系、离婚、附则，在基本原则④、结婚条件、⑤ 调整范围⑥等方面都有较大的补充和完善。与婚姻诉讼相关的主要变革如下：第一，修改了离婚程序，将调解设置为诉讼离

---

① 主要包括：中央人民政府颁发施行《中华人民共和国婚姻法》的命令；中央人民政府法制委员会《有关婚姻法施行的若干问题与解答》；中央人民政府政务院《关于检查婚姻法执行情况的指示》；最高人民法院、司法部《关于认真执行中央人民政府政务院"关于检查婚姻法执行情况的指示"的通知》；中央贯彻婚姻法运动委员会《关于贯彻婚姻法运动的总结报告》等 17 项司法文件。参见金眉：《中国亲属法的近现代转型——从〈大清民律草案·亲属编〉到〈中华人民共和国婚姻法〉》，法律出版社 2010 年 9 月版，第 51 页。
② 张希坡：《中国婚姻立法史》，人民出版社 2004 年版，第 214 页。
③ 参见《婚姻家庭生活的准则》，载《人民日报》1980 年 9 月 16 日第 1 版。
④ 在基本原则部分，在重申 1950 年《婚姻法》中已有的婚姻自由、一夫一妻、男女平等各项基本原则的基础上，增加了计划生育原则。在禁止性条款中增加了对买卖婚姻、家庭成员间虐待和遗弃的禁止规定。
⑤ 在结婚条件的修改方面提高了法定婚龄，扩大了禁婚亲的范围，将"其他五代内的旁系血亲间禁止结婚的问题，从习惯"修改为"禁止直系血亲和三代以内的旁系血亲结婚"。
⑥ 扩大了对家庭关系的调整范围。在调整夫妻、父母子女间关系的同时，将祖孙关系、兄弟姐妹关系也纳入了调整范围，并对夫妻财产制、继父母子女关系等方面的规定作了修订或补充。

婚的前置程序。① 第二，将"夫妻感情确已破裂"② 作为裁判离婚的实质条件。③ 同时，在婚姻诉讼方面较为突出的不足是对离婚制度的设计过于概括，特别是针对法定离婚理由，只有原则性的规定，而没有对例示事项加以列举。

1980 年《婚姻法》对我国的婚姻立法进行了较大程度的完善，与此同时，由于当时的法学研究相对滞后，1980 年《婚姻法》更多是沿袭了前一部法律的框架结构，内容变动的幅度不大，同时在内容上对改革开放之后的发展趋势估计不够，缺少立法的前瞻性。鉴于此种历史局限以及其操作性不强的立法特点，1980 年《婚姻法》施行后，随着各类社会改革的推进，婚姻家庭领域又遇到了新情况，为此最高人民法院先后印发了多个针对 1980 年《婚姻法》实施的司法解释，主要包括：1989 年 11 月 21 日发布的《关于人民法院审理未办理结婚登记而以夫妻名义同居生活案件的若干意见》，其中对于事实婚姻及非法同居关系作出了界定；同一天发布的《感情破裂具体意见》列举了视为夫妻感情破裂的 14 种情形，这是我国迄今为止关于"感情破裂"认定标准的最早最全面的规定，根据审判实务的需要填补了立法空白；1993 年 11 月 3 日发布的《关于人民法院审理离婚案件处理财产分割问题的若干具体意见》，1996 年 2 月 5 日发布的《关于审理离婚案件中公房使用、承租若干问题的解答》等。这些规范性文件在一定程度上弥补了《婚姻法》的不足及其漏洞，吸收了审判经验，使得 1980 年《婚姻法》的有关条款得以明确清晰，为司法实务提供了具有可操作性的处理依据，同时也为 2001 年立法机关对《婚姻法》进行修改奠定了基础。④

三、2001 年《婚姻法修改决定》

1980 年《婚姻法》实施 20 年后，立法缺陷日益凸显，人们的婚姻自

---

① 1980 年《婚姻法》第 25 条规定：男女一方要求离婚的，可由有关部门进行调解或直接向人民法院提出离婚诉讼。人民法院审理离婚案件，应当进行调解；如感情确已破裂，调解无效，应准予离婚。
② 杨怀英教授对于"夫妻感情确已破裂"的解释为：必须是夫妻感情已经破裂，而不是可能破裂；必须是夫妻感情真正破裂，而不是假破裂；必须是夫妻感情完全破裂，而不是开始发生裂痕或隔阂。一般来说，衡量夫妻感情破裂与否的标志就是看双方究竟还有无恢复和好的可能。只要还有一线希望恢复和好，就不能认定感情完全破裂。参见杨怀英：《正确理解婚姻法第 25 条的精神》，西南政法学院民法教研室编《婚姻家庭论文集》，1985 年，未刊稿，第 111 页。转引自蒋月：《20 世纪婚姻家庭法：从传统到现代化》，中国社会科学出版社 2015 年版，第 334 页。
③ "感情确已破裂"的离婚标准同样规定于 1980 年《婚姻法》第 25 条。
④ 参见巫昌祯、夏吟兰主编：《婚姻家庭法学》，中国政法大学出版社 2007 年版，第 30 页。

主意识不断增强，但包办、买卖婚姻现象仍然存在，借婚姻索取财物较为普遍；重婚、"包二奶"等现象破坏了一夫一妻制，家庭暴力呈上升趋势；弄虚作假骗取结婚登记等违法现象大量存在，《婚姻法》相关内容的修改迫在眉睫。"在婚姻家庭领域，一方面要加强道德建设，另一方面要加强制度建设。具体构想是，填补立法空白，增加必要的法律制度，充实薄弱环节，完善现有的法律制度。总体目标就是要把婚姻法修改成为有中国特色和时代精神的、体系完整内容全面的、具有前瞻性、系统性、科学性的婚姻家庭法。"①

2001年4月，九届全国人大常委会通过了《修改〈中华人民共和国婚姻法〉的决定》，（以下简称《婚姻法修改决定》），对1980年《婚姻法》在条文和结构上共作了33处修改，计6章51条，主要涉及的内容包括：增加了"禁止有配偶者与他人同居""禁止家庭暴力"等原则性规定，并增加了相关倡导性规定；② 通过使我国夫妻财产制度形成体系，对婚姻制度作了较大的完善与补充；明确区分了夫妻共同财产和个人财产的范围，完善了夫妻约定财产制，明确了财产约定的形式和效力等问题；增加了一章也即关于救助措施和法律责任的内容。在程序性内容方面，该修改决定作了较大程度的完善，具体包括：

1. 增设了婚姻无效制度和可撤销婚姻制度。这两项制度均是域外各国家和地区婚姻程序立法的重要组成部分，在我国婚姻家庭方面的程序设置中也是开创性的规定。对于不符合结婚要件的婚姻，要么是无效婚姻，要么是可撤销婚姻，依法产生无效的法律后果。本次修改在"结婚"一章中增设上述两项制度，强化了结婚的实质要件和形式要件的法律效力，使得婚姻要件的规定更具有法律强制力。③

2. 实现了法定离婚事由的具体化。诉讼离婚的标准仍为"夫妻感情确已破裂"，但同时确立了六类具体情形，④ 便于法官对具体事项是否符合判决离婚的标准作出认定，增加了离婚法定条件的透明度，有利于降低法官作出判断时的主观随意性。与此同时，增加了限制男方请求离婚的法定

---

① 巫昌祯主编：《中华人民共和国婚姻法讲话》，中央文献出版社2001年版，第3页。
② 第4条增加规定"夫妻应当相互忠实，互相尊重，家庭成员间应当尊老爱幼，互相帮助，维护平等、和睦、文明的婚姻家庭关系"。
③ 参见巫昌祯、夏吟兰主编：《婚姻家庭法学》，中国政法大学出版社2007年版，第31页。
④ 根据修改后的《婚姻法》第32条第2款规定，六种情形包括：重婚或有配偶者与他人同居的；实施家庭暴力或虐待、遗弃家庭成员的；有赌博、吸毒等恶习屡教不改的；因感情不和分居满两年的；其他导致夫妻感情破裂的情形；一方被宣告失踪，另一方提出离婚诉讼的。

事由。在 1980 年《婚姻法》限制男方请求离婚之法定事由的基础上，将"女方中止妊娠后六个月内"增加列入了男方不得提出离婚的情形范围。

3. 引入了离婚时夫妻一方的经济补偿请求权制度。① 这是我国在立法上第一次明确承认家事劳动的社会价值，进一步强调了夫妻双方对于婚姻家庭的平等权利和义务。②

4. 增设了离婚损害赔偿制度。修改后的《婚姻法》第 46 条规定，因夫妻一方重婚、与他人同居、实施家庭暴力、虐待遗弃家庭成员导致离婚的，无过错一方有权请求损害赔偿。该项规定是《宪法》中关于"婚姻家庭受国家保护"之宣示的具体化。

2001 年《婚姻法修改决定》积极回应婚姻关系领域的突出问题，扩大了公权力对家庭生活的适度干预，更加符合我国国情，是我国婚姻家庭法制建设的一项重要成果，也使我国的《婚姻法》成为一部具有中国特色和时代特点的法律。尤其是其中关于婚姻诉讼制度方面的开拓创新，对于我国婚姻诉讼程序的完善与发展意义重大。

此后，为保障 2001 年修正后的《婚姻法》的实施，最高人民法院先后于 2001 年 12 月、2003 年 12 月以及 2011 年 8 月颁布了《婚姻法解释（一）》《婚姻法解释（二）》和《婚姻法解释（三）》。这三项成系列的司法解释针对《婚姻法》中相关术语或条款做了具体的界定或解释，③对 2001 年修改后的《婚姻法》有所遗漏或不甚明确的问题补充了具体规则。④ 司法解释的不断完善，为人民法院审理婚姻家庭案件的司法实践提供了有针对性的指导。

---

① 修改后的《婚姻法》第 40 条规定："夫妻书面约定婚姻关系存续期间所得的财产归各自所有，一方因抚育子女、照料老人、协助另一方工作等付出较多义务的，离婚时有权向另一方请求补偿，另一方应当予以补偿。"

② 参见蒋月：《20 世纪婚姻家庭法：从传统到现代化》，中国社会科学出版社 2015 年版，第 459 页。

③ 这里的术语包括"家庭暴力""胁迫""有配偶者与他人同居""夫妻对共同财产享有平等处理权""子女不能够独立生活""知识产权的收益""其他应当归共同所有的财产"等。

④ 包括《婚姻法》第 4 条的可诉性、补办结婚登记、事实婚姻的处理、诉请解除同居案件的处理、彩礼返还、夫妻共同财产与债务、宣告婚姻无效、结婚登记程序的瑕疵、亲子关系的否认与确认、婚姻期间请求分割共同财产的法定事由、父母出资为子女购买不动产之归属、无行为能力的配偶之权益保护、生育权诉讼的处理、夫妻一方婚前购买不动产的归属、夫妻一方擅自出售共有房屋的效力、夫妻一方婚内所得养老保险金期待利益以及夫妻之间借款协议的效力等问题。参见陈苇：《当代中国内地与港、澳、台婚姻家庭法比较研究》，群众出版社 2012 年版，第 13 页。

四、2021 年《民法典》婚姻家庭编

《民法典》婚姻家庭编对公民的婚姻家庭权利作出规定，对我国现行制定于不同历史时期的《婚姻法》《收养法》《继承法》《民法通则》《物权法》《侵权责任法》等民事法规、司法解释进行了全面系统的修订编纂。"婚姻家庭编"包含"一般规定""结婚""家庭关系""离婚""收养"五章，在婚姻诉讼之制度设计上作出重要修改。

第一，修改禁止结婚的条件，增加婚姻无效的情形。《婚姻法》自公布之日起即规定，患有医学上认为不应当结婚的疾病者禁止结婚。理论界一直未对禁婚疾病的范围作出明确的界定，各地法院在司法实践中也未达一致标准。强制婚检制度废除后，该项事由的证明和裁判更加困难。为尊重当事人尤其是患病一方当事人的婚姻自主权，《民法典》第 1051 条删去了"患特定疾病"的禁婚情形，同时第 1053 条要求患病方履行如实告知义务。

第二，完善可撤销婚姻制度。可撤销婚姻制度的变化主要体现在以下两个方面：一是新增可撤销婚姻法定事由。《婚姻法》中规定的可撤销婚姻的法定事由仅有"受胁迫结婚"。《民法典》第 1053 条将"一方患重大疾病"从无效婚姻的情形中删除并新增为可撤销婚姻的情形之一，该项变动也与禁婚条件之修改相互呼应。疾病婚姻并非一律属于可撤销婚姻，当事人能够行使婚姻撤销权的前提是患病方当事人在婚姻登记前未如实告知病情。另一项重大变化是修改了可撤销婚姻的请求机关。本编第 1052 条明确，因胁迫而撤销婚姻的请求机关为"人民法院"，剔除了此前《婚姻法》中关于婚姻登记机关可作为可撤销婚姻之请求机关的规定。至此，无论是因胁迫抑或因对方隐瞒重大疾病而致善意当事人行使婚姻撤销权，其法定的请求机关均仅为人民法院，婚姻登记机关无权处理婚姻撤销事件。

第三，新增离婚冷静期。近年来，我国离婚率不断攀升，2010 年至 2019 年间，我国登记离婚人数从 267.8 万对增至 470.1 万对，其中不乏轻率离婚的情形。为减少冲动离婚，维护家庭稳定，《民法典》设置离婚冷静期，对离婚当事人设置时间门槛，给予其冷静思考的机会。立法明确自婚姻登记机关收到离婚登记申请之日起 30 日内，任一方不愿意离婚的，可以向婚姻登记机关撤回离婚登记申请。《民法典》的离婚冷静期制度仅适用于登记离婚的情形，本不属于诉讼离婚也即婚姻家事诉讼程序中的一环。然而，有观点认为该项冷静期制度应同时规定为诉讼离婚程序的必要

期间，且司法实践中已出现了类似操作。因此，本书有必要对离婚冷静期制度进行探讨，思考其纳入诉讼离婚程序的合理性问题。

第四，完善离婚损害赔偿制度。离婚损害赔偿，是指婚姻关系中的受侵害方有权因夫妻一方实施的特定侵权行为要求损害赔偿，具有填补损害、精神抚慰、制裁和预防违法行为等功能。《民法典》婚姻家庭编关于离婚损害赔偿制度的修改有两处：一是新增了该项制度的适用范围，《民法典》第1054条第2款明确无效婚姻或可撤销婚姻中无过错方当事人的损害赔偿请求权。二是扩充了该项制度的适用情形，《民法典》第1091条在《婚姻法》第46条的基础上增加兜底条款"有其他重大过错"，扩大对无过错方离婚赔偿请求权的请求条件范围，加大对人身遭受配偶侵害的无过错婚姻当事人之合法权益的保护。

综上所述，我国现行的婚姻家庭法律体系是以《宪法》《民法典》为依托，以《民法典》之婚姻家庭编为主干，以相关司法解释为配套，以其他部门法中的相关规范和各效力层次的法规、规范性文件、司法解释为补充。其中关于婚姻诉讼程序方面的规定，也经历了一个从无到有，从简单到相对完善的过程。

第四章 域外婚姻诉讼程序考察

第一节 英美法系国家和地区的婚姻诉讼程序

一、英国

(一) 婚姻家庭立法概述

作为非成文法国家，英国没有"人事诉讼"或者"家事诉讼"的专门概念。不过在婚姻诉讼领域存在较多的程序或实体方面的法令和规则，程序规则也大多集中于实体法中。英国的婚姻诉讼案件一般包括婚姻无效诉讼、离婚诉讼、司法别居诉讼、死亡推定和婚姻解除诉讼以及身份宣告诉讼。① 1857年英国《离婚与婚姻诉讼法》最早规定了离婚程序，进入20世纪后，英国于1923年通过新的《婚姻诉讼法》，1967年制定《婚姻案件法》，1969年出台《离婚改革法》，1973年制定《婚姻诉讼法》，1984年制定《婚姻和家事诉讼法》，于1996年颁布了《家庭法》，并于2010年修改颁布了《家事程序规则》。②

(二) 婚姻的缔结和无效婚姻

1. 结婚条件

英国的结婚和婚姻诉讼制度在相当长的一段时间内是由宗教法调整的。直到1973年颁布《婚姻诉讼法》，才明确了婚姻诉讼的普通法调整

---

① 欧福永：《英国民商事管辖权制度研究》，法律出版社2004年版，第245页。
② 参见 Jens M Scherpe, Matrimonial Causes for Concern? A Comparative Analysis of Miller v Miller; Mcfarlane v Mcfarlane [2006], King's Law Journal, Vol. 18: 2, 2007, pp. 348-360.

方式。根据《婚姻诉讼法》的规定,英国的结婚条件主要有:须达法定婚龄、未成年初婚须得监护人同意、双方合意等。其结婚形式采用申请注册和结婚公告制。

2. 无效婚姻和可撤销婚姻

英国《婚姻诉讼法》上规定的婚姻无效主要是指违反社会公德和公共政策的情形,具体包括:有禁止结婚的亲属关系、未达法定婚龄、不符合法定结婚程序、重婚等。无效婚姻当然自始无效,当事人或利害关系人可以于任何时间请求法院对该婚姻宣告无效。英国《婚姻诉讼法》第1条第5款规定,离婚的宣告通常要经过两个阶段:包括非最终判决和最终判决;第15条规定,无效婚姻准用第1条第5款的规定,即只有获得最终判决,婚姻才能被宣告无效。至于可撤销婚姻的情形,《婚姻诉讼法》第12条规定:双方欠缺合意(如胁迫、错误等)、一方精神错乱、有不适宜结婚的传染性疾病等。该类婚姻经由当事人向法院提出申请,法院宣告后才得撤销,并且当事人提出申请的期限也有一定的限制。

(三)离婚事由——从永不离婚到破裂主义原则

在很长一段时间内,英国是由基督教教会法院依照《教会法》来规范婚姻关系的,教会法院对居住在本教区的当事人之间的婚姻诉讼案件有排他的管辖权。但由于《教会法》主张禁止离婚主义,因此当时的婚姻诉讼不包括离婚案件。①

1857年英国《离婚与婚姻诉讼法》是最早规定离婚制度的世俗立法,主要内容包括:1. 设立专门的世俗离婚法院,离婚诉讼的判决权力由教会法院转向离婚法院,这是英国法律上首次承认通过司法判决达至离婚,由此改变了之前仅允许"立法离婚"②的程序。③ 2. 首次明确了法定离婚理由,采过错离婚主义,但对男女采用不同的道德标准。④ 3. 规定了妻子的财产权利和离婚后的扶养制度。此后的一个多世纪,英国的离婚法内容

---

① 参见石雷:《英国现代离婚制度研究》,西南政法大学2014年博士学位论文,第35页。
② 立法离婚,是指因重大事由需要离异的,通常需要得到国会法令的特许。因为整个程序进行起来非常艰难且花费不菲,故仅有少数特权者可以享受这一权利。[美] Harry D. Krause:Family Law,法律出版社1999年版,第335页。
③ 但是离婚法院只有一个,设在伦敦,对偏远地区的人们不甚方便。参见李喜蕊:《英国家庭法历史研究》,知识产权出版社2009年8月版,第162页。
④ 男方的离婚理由是妻子的通奸,女方的离婚理由是丈夫通奸加其他过错行为。参见李喜蕊:《英国家庭法历史研究》,知识产权出版社2009年版,第163页。

没有多少实质性的变动,仅是婚姻诉讼的管辖主体有些许调整。①

1923年,英国国会通过了新的《婚姻诉讼法》,该法废除了离婚理由上的"男女双重标准",规定婚姻双方均可仅以对方的"通奸"为由提起离婚诉讼。随后的1937年《婚姻诉讼法》首次将离婚理由扩大到通奸之外,规定"虐待""无端遗弃三年""难以治愈的精神病"可作为新的离婚诉讼理由。此处"难以治愈的精神病"这一离婚理由的出现,表明了英国离婚法改革中"离婚无过错"的概念已经出现并产生影响。1967年英国制定《婚姻案件法》将婚姻案件的管辖法院由高等法院扩展到基层法院,极大地便利了当事人的诉讼,这一变革也导致了离婚案件数量的急剧增加。1969年《离婚改革法》应势出台,该项立法是英国婚姻诉讼领域产生实质变革的标志性立法,它在离婚理由上以"破裂主义"取代了此前一直惯行的"有责主义",标志着离婚自由的初步实现。依据该法,符合下列情形之一的,即可认定夫妻感情破裂,准予离婚:通奸、无理行为、遗弃两年以上、分居两年且夫妻双方有离婚合意、分居达五年。离婚的限制条件是"自结婚之日起三年内不准提交离婚申请"。②

(四)离婚诉讼的具体规则

英国于2010年颁布了《家事诉讼规则》,明确规定了现代离婚制度的法定程序。按照该法规定,"婚姻指令"包括了离婚令、婚姻无效令以及司法分居令。有关离婚法定程序的内容被规定在第七部分"婚姻及民事结合诉讼中的程序"里。根据离婚双方当事人是否达成了离婚合意,可以将离婚程序分为"无争议的离婚"和"有争议的离婚"两种情形。

1. 无争议的离婚程序

1973年《婚姻诉讼法》确立了合意离婚的特别程序,成为英国婚姻诉讼的一大亮点:对于双方无争议的离婚,请求方填写一个由法院设计的表格,陈述离婚原因,随后由法院或律师送达对方填写同样的表格,法院汇集双方意见后若认为理由正当,则可在双方均不在庭的情况下判决临时离婚,6周后若无争议,则进行最终的离婚判决。该程序也被称为"通信

---

① 1875年设立了"最高法院遗嘱、离婚与海事法庭"对婚姻案件进行管辖,1971年转设为高等法院家事法庭,且由大法官指定的郡法院也可审理未提出抗辩的婚姻诉讼案件。参见:[英]莫里斯著:《法律冲突法》,李东来等译,中国对外翻译出版公司1990年版,第185页。

② JM Binner, AW Dnes: Marriage, divorce, and legal change: new evidence from England and Wales, Ecobomic Inpuiry, Vol. 39: 2, 2001, pp. 298-306.

离婚"。随着电子技术的发展，英国逐步推行电子诉讼服务，当事人可直接从网站上获取离婚表格及相关的法律建议。结婚不满一年的，不得采用此种方式提交离婚申请，但该期间内一方的过错可作为离婚程序的证据。①

2. 有争议的离婚程序

与无争议的离婚程序类似，有争议的离婚程序也是依一方当事人申请而启动，但被告有权在确认送达书上说明其反对离婚的答辩意见。法院对于符合条件的离婚案件进行公开审理，对双方交叉盘问。庭审之后，法官将根据审理的情形决定是否作出暂准离婚令，作出并决定发布的，原告可在6周后申请绝对离婚令，若原告未申请，则被告可以在原告有权申请之日起3个月后提出绝对离婚令之申请。②

3. 离婚诉讼的限制条款

在无争议离婚和有争议离婚程序外，英国还规定了以下限制离婚条款：第一，规定离婚考虑期。该期间在1973年《婚姻诉讼法》第3条已有规定，自结婚之日起1年内，不得向法院申请离婚，但其并不妨碍当事人以该年内的一方配偶之过错作为1年后提起离婚申请的证据。第二，对离婚后经济困难的一方给予特殊保护。依据1973年《婚姻诉讼法》第5条，"夫妻一方以分居满5年为由提出离婚申请的，对方当事人可以离婚将给其带来经济上或其他方面的重大困难作为抗辩理由"。③

(五) 婚姻诉讼案件的审判和调解

英国并未设立专门的家庭法院，相关案件在高等法院的家庭法庭、郡法院、地方法院家庭法庭进行审理，其中郡法院处理的婚姻家事案件数量最多。大多数郡法院是指定的"离婚郡法院"，有权处理离婚、婚姻无效和司法别居等案件。有些类型的家庭诉讼可由上述任一法院审理，有的类型则必须在特定的法院进行审理。如离婚诉讼即必须在专门指定的"离婚郡法院"审理。④ 与审理普通案件的法院不同，英国对于婚姻诉讼案件赋予了法官极大的自由裁量权，相应地，在婚姻家庭案件发生后，其法庭内外的调解与和解方式都受到了特别的关注。

---

① 参见石雷：《英国现代离婚制度研究》，群众出版社2015年版，第76~80页。
② 参见 Chuma Himonga, Breaking the Tie, Enduring Fragmentation and Reform beyond 2007: The Matrimonial Causes Law, International Survey of Family Law, 2008, pp. 495-521.
③ 蒋月等译：《英国婚姻家庭制定法选集》，法律出版社2008年版，第57~58页。
④ 参见陈爱武：《人事诉讼程序研究》，法律出版社2008年版，第59页。

英国的离婚调解实行自愿原则，按照 1996 年《家庭法》的规定，离婚调解并非必须。一旦双方达成了一致，即可订立调解协议，此协议虽并不具备法律效力，但在执行上往往更加便易。值得注意的是，英国现行离婚调解中出现了"协作调解"这一新的离婚纠纷解决方法。具体是由双方当事人及他们的律师也即双方团队进行协商，进而达成调解协议。但此类调解，双方当事人的费用负担较重，在实践中虽调解成功率较高，但选择该种方式的当事人并不多。英国在和解方面也采取鼓励的姿态。1973年《婚姻诉讼法》规定，离婚程序中法院认为存在和解可能的，可在任何阶段中止离婚程序。①

(六) 英国家事审判改革之最新动向

面对日益增多的家事案件，英国的家事司法系统面临重压，在审判组织体系、案件审理时限等方面暴露出了诸多问题，2010 年家事审判中公法案件的平均审限为 53 周，私法案件为 32 周，复杂案件的审限更长。在婚姻事件方面，近年来英国的结婚率不断降低而离婚率快速攀升，从 1970 年的 10‰ 波动增长至 2014 年的 20‰，离婚率的增长推动了家事矛盾的进一步激化，影响儿童的健康发展和家庭关系、社会关系的稳定运行。② 为应对司法实践需要，优化家事审判程序，英国于 2011 年以《家事司法审查最后报告》开始推动家事审判改革，改革成果突出体现为家事案件审判机构的专门化设置、家事审判的数字化建设、家事审判规则的完善等。

自 2014 年起，英国实行家事审判改革，积极探索建立统一的家事审判中心以整合家事法庭和郡法庭的司法资源。2014 年 4 月，英国设立了独立的家事法院，取代了此前由高等法院家事法庭、郡法院及治安法院的家事法庭共同审理家事案件的审理组织模式，实现了审判机构的专门化。就受案范围而言，除两类专属于高等法院家事法庭审理的案件外，③ 所有的家事案件均由独立家事法院审理。家事法院在英国国内多个区域设置，并配备高等法院法官、地区法官、巡回法官和书记员。为提高家事案件的审判质效，家事法院积极推动各项司法改革举措，如诉讼信息化建设、专

---

① 参见 Joan B. Kelly, Family mediation research: Is there empirical support for the field, Conflict Resolution Quarterly, Vol. 22: 3, 2004-2005, pp. 3-35。
② 参见 Family Justice Review Interim Report, 2011, p. 47。
③ 这两类案件分别为：涉及儿童监护或丧失行为能力的成年人的案件；涉及国际儿童诱拐申请救济的具有涉外因素的案件。

家参与制度、法定审限制度等。①

在家事审判的数字化建设方面，信息技术不仅可以通过全数字化诉讼程序的立法和实践提升家事司法系统的运行效率，还可以推动家事案件的在线法院建设，实现法院审理模式的全新变革。《家事司法审查最后报告》提出建设相关信息技术集成系统，为更多家事司法机构提供家事司法服务。2015年11月，西伦敦家事法院试行电子法庭计划，成为实现诉讼程序全流程数字化的首个试点法院。2016年10月，伦敦中央家事法院引入无纸化电子法庭。②英国最高法院于2016年发布相关报告，总结离婚和遗嘱案件的数字化应用问题。2017年英国司法部发布了关于在线离婚试点的实践指导，支持英国第一个在线离婚系统的试点运行。

英国家事审判规则的完善主要体现在家事事件审理期限的改革方面。2011年《家事司法审查最后报告》中明确，诉讼迟延已成为英国家事司法系统运行中最突出的问题。为提高对家事案件当事人的保护效率，英国自2014年以来在抚养等家事案件中推行26周的法定审限。该项改革实施后，英国家事案件的审限大幅缩短，诉讼程序拖延问题得到有效缓解，但仍存在一定争议，主要集中于家事案件审理中的数量与质量之争。

二、美国

（一）婚姻家庭立法概述

从渊源上看，美国没有全国统一适用的家庭法，《美国联邦民事诉讼规则》中也几乎没有关于婚姻家庭诉讼程序的特殊规定。美国家庭法的主要渊源有：各州的家庭法；州和联邦宪法；③ 州和联邦的其他法律如税

---

① 参见 Anna Heenan, Susan Heenan, Norgrove and after: An Overview of the Family Justice Review and the Government's Response, Journal of Social Welfare & Family Law, Vol. 34, 2012。
② 齐凯悦：《"互联网+"时代英国的家事审判改革及对我国的借鉴与启示》，载《四川理工学院学报（社会科学版）》2017年第2期。
③ 美国宪法对于各州家庭法的制定及重塑起了指导性作用。同时，各州的家庭立法不得违背美国的宪法原则，并要受到联邦判例法和制定法的影响。经常被引用的宪法条文主要是第14条修正案，该修正案主要有两方面的内容，即平等保护和正当程序。其代表性案件为洛夫英诉弗吉尼亚（1817），联邦法院认为该州一项禁止不同种族通婚的法律是违反平等保护条款的，因为它按照肤色给予不同人不同待遇；它也违反了正当程序条款，因为它剥夺了一个人自由选择配偶的权利。婚姻权是个人的基本权利，州法律无权对其加以限制。这充分体现了联邦法院对各州的家庭案件管辖权和处理程序及结果的监督权。参见陈爱武：《人事诉讼制度研究》，法律出版社2008年版，第62页。

法、财产法；地方性法规；司法判例等。①

美国遵循"家庭关系例外原则",② 家庭法属于美国各州的立法范围，调整婚姻家庭关系的立法和司法权由各州独立掌握。联邦最高法院强调："夫妻及父母子女间的家属关系都属于州法的调整范围，而非美国联邦法律的调整范围。"③ 究其原因，一方面是立法传统的延续，另一方面则是各州的家庭法传统不尽相同，婚姻家庭的实际情况也有差异，由联邦统一立法必然矛盾重重。值得注意的是，在婚姻诉讼方面，州法律全国统一委员会于1971年制定的《统一结婚离婚法》截止到1993年已得到了8个州的全部或部分采用，该法同时对其他未采用的州离婚法也产生了重要的影响，特别是在离婚、财产分割、配偶和子女扶养等方面，已被作为各州立法的范例。④

在世界范围内，美国是最早成立实质意义上的家事法院的国家。美国对婚姻诉讼案件的审理，大致经历了从少年裁判所到家事裁判所再到家事法庭乃至家事法院的审理历程。因为美国各州的婚姻诉讼程序之规定相对独立，所以在审判机构的设置、审理程序、离婚事由、婚姻效力等方面表现出来的程序特征也不具有严格意义上的同一性。但是，其中体现出的程序原理则是相同的，都是在婚姻诉讼纠纷的处理方面加强法官的权力，弱化法庭对抗，以保护当事人的权益。

(二) 婚姻的缔结和无效婚姻

1. 结婚条件

正式婚姻的成立应当具备以下条件：有当事人真实的意思表示、须达到法定婚龄、不属于禁止结婚的情形。美国《统一结婚离婚法》中规定的不得结婚的情形包括：重婚、有特定亲属关系、收养关系等。美国不适用该《统一结婚离婚法》的州还规定了其他禁止结婚的条款，如禁止同性、堂兄妹、直系姻亲、患性病者结婚等。同时，《统一结婚离婚法》还

---

① 参见［美］Harry D. Krause：Family Law，法律出版社1999年版，前言。
② 联邦对各州家庭法也有一定的制约。主要表现在：1. 联邦宪法可以限制州的立法权。若其立法违背联邦宪法原则，该州的立法权即会受限。2. 联邦通过单行法对某些婚姻家庭范畴内的事项进行规制。主要涉及子女监护、子女抚养、强制赔偿等问题。3. 联邦最高法院对某些案件进行直接管辖，如引诱、拐卖儿童（此处特指前夫或前妻未经对方同意而带走子女）等重大侵权行为的案件。
③ 参见［美］哈里·D. 格劳斯：《美国家庭法精要》，陈苇等译，中国政法大学出版社2010年版，第5页。
④ 参见陈爱武：《人事诉讼程序研究》，法律出版社2008年版，第63页。

规定了一套完整的结婚程序:夫妻双方向办事员提出申请、办事员在婚姻申请书上签字批准、由有资格的人员主持结婚仪式、登记备案。①

2. 无效婚姻和可撤销婚姻

违反结婚实质要件或形式要件的婚姻为无效婚姻。部分州将无效婚姻(invalid marriage)细化为当然无效的婚姻(void marriage)和宣告无效的婚姻(voidable marriage)。前者是指违反各州公益性质的法律规定之婚姻,后者是指存在某些轻微要件瑕疵的婚姻,②两者都属于婚姻的瑕疵情形。一般认为,美国的婚姻无效事由包括近亲婚、重婚或一方未达绝对最低法定婚龄。无效婚姻当然不具有法律效力,宣告程序只是为了对其无效的性质予以明确。至于其他那些瑕疵不甚严重的婚姻通常被归为"可撤销婚姻"或"宣告无效的婚姻",除非当事人请求司法宣告,否则仍将被视为有效。这类情形主要包括虽达最低法定婚龄但在特殊情况下欠缺父母同意的婚姻、未成年人的婚姻以及未经婚检等所附条件的婚姻。此外,侵害一方配偶利益的瑕疵情形(如欺诈)也会使该婚姻成为可撤销的婚姻。③

而在《统一结婚离婚法》中,婚姻无效并未被再作细分,而是一律规定为"宣告无效"。具体适用情形有:婚姻当事人结婚的意思表示不真实;一方有性生理缺陷而另一方结婚时不知情;未成年人的婚姻;属于禁止结婚的情形如重婚、近亲属结婚的。在上述四种情形下,申请宣告婚姻无效的请求权主体分别为:配偶任一方或无行为能力方的法定代理人;配偶任一方;未成年一方及其家长或监护人;配偶任一方、重婚情形中的合法配偶、有关政府官员或任一方的子女。婚姻无效自结婚之日起算,属于自始无效,④ 但对善意之配偶,推定其具有婚姻效力。⑤

(三)离婚事由——由过错离婚到无过错离婚

美国20世纪60年代的"离婚革命"是由过错离婚向无过错离婚改

---

① 参见 O'Connell, Frederick P., Marriage, Divorce, and the Uniform Marriage and Divorce Act, New York Law Review, Vol. 17, 1971-1972, pp. 983-1049。

② 参见 D Tolstoy, Void and voidable marriages, The Modern Law Review, Vol. 27: 4, 1964, pp. 385-394。

③ 参见[美]哈里·D. 格劳斯:《美国家庭法精要》,陈苇等译,中国政法大学出版社2010年版,第40页。

④ 若法官在考虑相关情况后认为不使判决具有溯及力是公正的,则婚姻无效的判决可以不具有溯及力。参见 Paul J. Goda S. J., The Historical Evolution of the Concepts of Void and Voidable Marriages, Journal of Family Law, Vol. 7, 1967, pp. 297-308。

⑤ 参见陈苇:《外国婚姻家庭法比较研究》,群众出版社2006年版,第145页。

革的重要阶段,美国由此进入了广泛的离婚法改革时期。1969年加利福尼亚州政府委员会建议将离婚理由限定为"婚姻关系无可挽回地破裂"和"精神错乱",由此开始了离婚理由从无过错替代有过错而占据主要地位的过程。① 1970年《统一结婚离婚法》将"婚姻关系无可挽回地破裂"作为唯一的离婚理由,到1985年几乎所有的州都抛弃了纯粹的过错离婚制度,无过错离婚已占据主导地位。② 到目前为止,完全实行无过错离婚理由的州在美国并不占多数,大多数州还是选择了新旧结合的离婚理由模式,即无过错理由和过错理由并存。③ 2000年以后,以离婚自由的相对性为基础,美国又对无过错离婚制度作了进一步完善,对单纯的无过错进行了限制,改革的主要措施有三种:在无过错离婚法中设置离婚障碍、创设新的婚姻模式、建立离婚指导与教育程序。④

对无过错离婚设置离婚障碍,采用最多的即是"相互同意"。以美国新墨西哥州离婚法为例,根据该州2003年《相互同意/离婚指导法》的规定,离婚原因包括婚姻关系破裂、残暴与不人道的对待、通奸、遗弃。妻子正在怀孕或有未成年子女时,婚姻双方当事人要进行"婚姻关系破裂"的无过错离婚必须达成合意,这一离婚障碍在存在家庭暴力的情况下可以免除。⑤

创设新婚姻模式,是指通过颁布新的婚姻法规,设计与传统婚姻并存的新的婚姻模式,并规定新的离婚原因,由当事人自行选择,从而间接地对无过错婚姻制度进行改革。路易斯安那州1997年颁布的《契约婚姻法》即为此类。其特殊之处在于:在程序上,以婚姻指导与教育贯穿契约婚姻的始终;在离婚原因上,无过错与过错原因相结合。无过错原因包

---

① 参见 Herma Hill Kay: An Appraisal of California's No-Fault Divorce Law, California Law Review, Vol. 75: 1, 1987, pp. 291-319。
② 参见 Peter Nash Swisher, Reassessing Fault Factors in No-Fault Divorce, Family Law Quarterly, Vol. 31: 2, 1997, pp. 269-320。
③ 美国各州现行的无过错离婚理由主要包括别居、不和谐、婚姻关系无可挽回地破裂;现行的过错离婚理由则主要有通奸、虐待、遗弃、乱伦等。参见 Lynn D. Wardle, No-Fault Divorce and the Divorce Conundrum, 1991, Brigham Young University Law Review, 1991, pp. 79-142。
④ 参见程露:《论美国现代婚姻法的新发展及其启示》,西南政法大学2008年硕士学位论文。
⑤ 参见 Fran Wasoff, Mutual Consent: Separation Agreements and the Outcomes of Private Ordering in Divorce, Journal of Social Welfare and Family Law, Vol. 27: 3-4, 2005, pp. 237-250。

括"事实分居两年以上",过错原因则有通奸、犯罪、遗弃、虐待等。①

建立离婚指导与教育程序,是限制无过错离婚的常见方式。2007年乔治亚州《离婚改革法》即为代表。该法规定,若妻子正在孕期或有未成年子女,夫妻要申请离婚则必须参加相关教育课程。该类课程由社会工作者、家庭问题顾问、心理医生等主持,课程内容为离婚对子女的影响。此种改革方法较为和缓,目的是使夫妻充分了解离婚对子女产生的不利影响,促使他们慎重考虑。②

(四)离婚诉讼的管辖法院与基本规则

1. 家事法院的构建

美国有联邦和州两套法院系统,家事案件由州法院处理。在有些州是由普通法院受理,在设置了家事法院的州则由家事法院专门受理。美国的家事法院源于少年法庭。美国很早就设立了特别裁判所,适用特别程序,合并处理少年事件及相关家庭事件,范围主要包括遗弃、抚养懈怠等。1914年,俄亥俄州的辛辛那提市设立了家庭关系法院,将少年事件、家庭事件均列入案件管辖范围,可谓美国设立家庭法院之先驱,并随之得到了各州(市)的纷纷效仿。至今,在州法院中设立专门家事法院的有十几个州(如加州、大纽约市等),其他未设专门家事法院的州(市)几乎都设立了专门的家事法庭。各州的家事法院虽名称或管辖范围有所不同,但其审理的婚姻诉讼案件范围较为一致,主要包括:婚姻适格、婚姻的效力、宣布婚姻无效、法定分居、离婚等案件。③

美国的离婚程序必须通过法院的判决才能生效,当事人在庭外达成的离婚协议也必须得到法院的认可。美国有十余个州建立了独立的家事法院系统,对离婚诉讼案件进行专属管辖。与美国司法系统中的普通法院相比,家事法院的特殊性主要表现在"增强法官职权、弱化法庭对抗"等审理程序上的不同理念,具体表现在以下几个方面:从审判人员的组成上看,家事法院均配备具有特殊素质或对此类案件有兴趣的法官、社会工作人员和适合于婚姻案件审判的其他专业人士;从具体程序规则上看,较之

---

① 参见[美]哈里·D.格劳斯:《美国家庭法精要》,陈苇等译,中国政法大学出版社2010年版,第199页。
② 参见 Barbara A. Babb & Gloria Danziger, Introduction to Special Issue on Unified Family Courts, 46 Family Court Review, Vol. 46, 2008, p. 224。
③ 参见 Barbara A. Babb & Gloria Danziger, Introduction to Special Issue on Unified Family Courts, 46 Family Court Review, Vol. 46, 2008, p. 224。

普通法院，家庭法院所采用的程序规则更加灵活变通，法官可以收集事实资料，作为客观妥当解决案件的依据，必要时可要求心理学、医学等方面的专家对事件关系人的身心进行鉴定。①

2. 法院调解贯穿始终

为了使家庭事件的处理获得良好的事后效果，家庭法院将婚姻纠纷的调解和协谈贯穿于案件解决的全过程，各类替代性纠纷解决措施的使用越来越频繁。美国大多数州在立法中明确规定，判决离婚前要进行调解或仲裁。离婚调解是指当事人接受职业调解人的帮助以达成离婚相关事宜的协议，调解人并非为了促成当事人和解，而是尽可能地帮助他们以最少的花费解决离婚问题。②

3. 离婚仲裁

在很多国家，身份关系纠纷一般不能通过仲裁解决，我国亦采此种做法。美国大部分州依据《统一仲裁法》，对劳动、商业以及婚姻纠纷进行仲裁。当然，离婚案件的仲裁事项也仅限于财产权益纠纷，主要包括配偶扶养、夫妻财产等问题，至于离婚事件本身以及子女抚养、监护等涉及公共政策的纠纷，仍然不得进行仲裁。"在家事纠纷的解决中利用仲裁程序，其优势是灵活便捷，但也存在程序透明度不高、仲裁员权力有限等问题。因此离婚仲裁在实务中的作用是有限的。"③

三、澳大利亚

(一) 婚姻家庭立法概述

澳大利亚的立法深受英国的影响，婚姻诉讼程序也不例外。澳大利亚的家事诉讼机构、婚姻诉讼程序规范等内容主要规定在1959年《婚姻诉讼法》、1961年《婚姻条例》和1975年《家庭法》中。澳大利亚拥有较为完善的家事法院系统，几乎所有的州都设有专门的联邦家事法院，负责婚姻诉讼等相关家事案件的处理。④ 1975年《家庭法》废止了过错离婚，

---

① 参见 Almeida, Jessica Christian Mary, The Right to Counsel in Civil Matters: A Legal and Moral Analysis, Law School Student Scholarship, 2013, p. 176。
② 参见 Robert E. Emery, David Sbarra & Tara Grover: Divorce Mediation: Research and Reflections, Family Court Review, Vol. 43: 1, 2005, pp. 22-37。
③ 陈爱武：《人事诉讼程序研究》，法律出版社2008年版，第66页。
④ 参见 The Hon Chief Justice Alastair Nicholson AO RFD, Margaret Harrison, Family Law and the Family Court of Australia: Experiences of the First 25 Years, Melbourne University Law Review, Vol. 24, 2000, p. 756。

"婚姻关系无可挽回地破裂"确定为唯一离婚理由。① 1994 年修改的《家庭法》第 48 条第 2 款规定法院判决离婚的唯一条件是"夫妻双方关系破裂,从破裂之时起分居,在提交离婚申请书之前,其分居状态持续不少于 12 个月"。② 澳大利亚自 2017 年对该部《家庭法》进行全面审查,并于 2019 年以司法报告的形式作了最新修改。

(二) 婚姻的缔结和无效婚姻

1. 结婚条件

澳大利亚有关结婚方面的程序规定主要集中在 1961 年《婚姻条例》及各州和地区的相关立法中。其中关于有效婚姻的条件具体为:具有缔结能力、双方有结婚的合意、履行法定程序。

2. 婚姻无效

根据澳大利亚《婚姻条例》第 23B 条、第 48 条的规定,婚姻无效的情形包括:重婚、有禁止结婚的亲属关系、一方的意思表示不真实、存在误解或智力无法理解自己的行为、任何一方未达到适婚年龄。《婚姻条例》对于婚姻无效和婚姻可撤销未作区分,不符合结婚要件且情形严重的,都规定为无效婚姻。只要符合无效的条件,家事法院就有权作出宣告婚姻无效的判决,该类判决一审终审。③

(三) 离婚诉讼的具体规定

1. 离婚案件的管辖

澳大利亚特设家庭法院管辖离婚诉讼案件,在离婚方式上排斥协议离婚的适用,也即向法院提起诉讼是唯一的离婚方式。④ 澳大利亚的婚姻家庭纠纷由家事法院专属管辖,《家庭法》第 39 条第 1 款规定:"婚姻诉讼向以下法院提起:家事法院或州、地区的最高法院。"⑤ 家事法院的特点在于:在审判人员的组成方面,由对婚姻家庭案件有兴趣和具备特定素质的法官、社会工作人员和其他专业人士组成,以为当事人提供专业帮助。在案件的管辖范围方面,家事法院的受案范围较为单一,仅管辖婚姻事

---

① 澳大利亚《家庭法》第 48 条第 1 款规定:依据本法申请离婚令,应以夫妻关系已无可挽回地破裂为理由。参见陈苇著:《澳大利亚家庭法》(2008 年修正),群众出版社 2009 年版,第 110 页。
② 陈苇著:《澳大利亚家庭法》(2008 年修正),群众出版社 2009 年版,第 111 页。
③ 参见陈苇:《外国婚姻家庭法比较研究》,群众出版社 2006 年版,第 572 页。
④ 参见白红平:《中澳婚姻家庭法律制度比较研究》,法律出版社 2012 年版,第 178 页。
⑤ 陈苇:《外国婚姻家庭法比较研究》,群众出版社 2006 年版,第 99 页。

务，包括离婚、婚姻无效及离婚后的财产分割、子女抚养等纠纷。① 这与美国家事法院的管辖范围有很大不同。如前所述，美国的家庭法院由青少年法院发展而来，因此涉及家庭和青少年问题的事务统一于家事法院中，具体包括婚姻诉讼案件、青少年犯罪案件、虐待儿童案件等。

2. 离婚障碍的相关规定

澳大利亚《家庭法》第44条（1B）规定："离婚请求在婚姻成立两年后方能提起，若夫妻双方结婚时间不足2年，则必须要接受家事法院的和解劝导。"② 在和解劝导的过程中，夫妻双方应该在咨询官的帮助下，考虑重新和好的可能。此项规定意味着为维护婚姻的稳定与严肃，防止当事人草率离婚，申请人在两年内提出的离婚申请书中必须附带离婚咨询证明。这里的离婚咨询不同于调解，两者的区别主要有：首先，着眼点不同。咨询主要着眼于过去的事实，以便理解现在和将来的变化；而调解则是着眼于将来的处理办法。其次，作用不同。咨询的作用在于应对那些引发当事人行为变化的复杂的感情、动机和目的，提供咨询者可以在解决冲突中充分发挥作用，为当事人提供适宜的解决方案和建议；而调解的作用在于促进当事人的沟通，帮助双方就争议的问题作出决定，且调解者不可主动建议调解结果。最后，所需时间不同。咨询的时间一般要多于调解，而且咨询是夫妻双方在结婚之日起两年内提出离婚请求的必经程序。③

3. 离婚判决

澳大利亚的离婚判决与英国相似，也分为暂时判决和终局判决。依《家庭法》规定，离婚判决作出时必须先是一个暂时判决。暂时判决在宣告之日起一个月后转为终局判决，一个月的时间限制可以由法院根据案件情况自行延长或缩短。在这个月内，未有一方当事人提出上诉，双方也未在此期间内达成和解的，暂时判决即转为终局判决。如果法院确信有一方当事人出现欺诈、作伪证、隐匿证据及其他导致误判的情形，也可决定撤销暂时判决。自判决成为终局判决之日起，双方才可再行缔结新的婚姻关系。④

---

① 《家庭法》第31条详细介绍了家事法院的初审管辖案件范围，包括婚姻诉讼、子女收养、财产分割等关联事项。参见陈苇：《澳大利亚家庭法》（2008年修正），群众出版社2009年版，第83页。
② 陈苇：《澳大利亚家庭法》（2008年修正），群众出版社2009年版，第105页。
③ 参见陈苇：《外国婚姻家庭法比较研究》，群众出版社2006年版，588页。
④ 参见陈苇：《外国婚姻家庭法比较研究》，群众出版社2006年版，第589页。

4. 争端解决方式

澳大利亚家事法院在解决以婚姻诉讼为主的家庭纠纷时，辅导、调解和仲裁这三种方式所占比重较大。《家庭法》第 14 条第 3 款规定，法官在审理家事纠纷时，必须考虑和解的可能性。如果法官在庭审中发现和解的可能，他即可以：（1）中止诉讼程序并给予双方当事人庭外和解的机会；（2）征得双方当事人同意后，由法官主持调停；（3）如果中止诉讼后一方当事人要求继续审理，法庭必须恢复庭审。①

5. 顾问和注册官制

澳大利亚《家庭法》还规定了家事诉讼中的顾问和注册官制度。顾问一般是在某一社会科学领域有所擅长，他们主要负责：向当事人及法院提供帮助；向法庭提交"家事报告"；向当事人提供家庭咨询、调解等。② 具有法定资格的注册官则是力求以商谈的方式解决财产争议及扶养问题。近年来，家事法院积压的案件数量日益增多，为了缓解法院的案件压力，很多注册官成了准法官，负责就离婚诉讼中的抚养问题和财产事项与当事人双方进行会谈。③

（四）澳大利亚《家庭法》改革的最新动向

澳大利亚法律改革委员会于 2017 年起对家事法系统进行审查并于 2019 年完成最终审查报告，该报告共计 60 条，反映了澳大利亚家事司法领域的最新动向。主要改革举措包括以下内容：一是关于审判机构的专门化建设，建议在所有州和领地建立家事法院，管辖包括儿童保护及家庭暴力在内的家事案件；二是建立全国范围内的信息共享机制，共享的内容包括法院文件、警方记录、专家报告等信息；④ 三是明确抚养权案件中儿童最大利益原则的考量因素，进而避免因参与主体过多而导致审判效率低下；四是通过扩大仲裁程序的适用、设置法院顾问、独立儿童律师等方式降低家事诉讼程序中的对抗性，给予儿童及家庭充分支持。⑤

---

① 参见陈苇：《澳大利亚家庭法》（2008 年修正），群众出版社 2009 年版，第 68 页。

② 澳大利亚《家庭法》第 11A 条规定了家事顾问的职责。参见陈苇：《澳大利亚家庭法》（2008 年修正），群众出版社 2009 年版，第 61 页。

③ 参见陈爱武：《人事诉讼程序研究》，法律出版社 2008 年版，第 67 页。

④ Elisabeth Wilson-Evered John Zeleznikow, The Evolution of Family Dispute Resolution and the Need for Online Family Dispute Resolution in Australia, Online Family Dispute Resolution, pp. 1-16.

⑤ 齐凯悦：《澳大利亚家庭法审查及改革建议》，载《人民法院报》2019 年 5 月 24 日第 8 版。

四、我国香港地区

（一）婚姻家庭立法概述

香港地区的法制发展有着特殊的政治、历史背景。其在鸦片战争后为英国强占，英国的法制传统及法律体系也随之移植至香港，并与当时香港本土的中国法制传统及社会习俗相互融合，形成了独特的法制传统和法律文化。

香港地区婚姻家庭法律制度的发展大致经历了从"本土制度与外来制度的二元并立"到"统一的婚姻家庭制度逐步形成"再到"婚姻家庭法继续朝着本土化发展"这三个阶段。1997年香港特别行政区成立后，香港地区婚姻家庭制度的法律渊源有了进一步的扩充，主要包括：中华人民共和国宪法、香港基本法、香港地区成文条例、判例法、国际条约和公约、习惯、法理等。除宪法、香港基本法及其附件外，其他的全国性法律，如《民法典》等，不在香港地区实施。[1]

在立法例上，目前香港地区调整婚姻家庭关系的主要法律规范为单行的成文条例，而不似我国台湾地区那样将其纳入"民法典亲属编"中，该立法模式针对性强，适用灵活。具体而言，现行成文条例中涉及婚姻诉讼的主要有：（1）1997年颁布的《婚姻条例》，列明了无效婚姻、违反婚姻条例的法律责任等婚姻诉讼的相关内容。（2）1997年颁布的《婚姻制度改革条例》规定了婚姻的解除及相关事宜。（3）1997年颁布的《婚姻诉讼条例》（香港法律第179章）主要对离婚案件的管辖、离婚程序、婚姻无效、其他婚姻讼案、附属救济以及离婚后对子女的保护等作出了具体规定。[2] 另外，香港地区婚姻诉讼法律制度的另一特征是重视家事习惯的作用。即便是在统一法制时期，虽然习惯法已逐渐被成文法及判例法所取代，但依习惯法制定的一系列具有鲜明地域特色的成文法例，更加贴近社会生活，对维护香港地区婚姻家庭关系的稳定发挥了重要作用。[3]

---

[1] 参见陈苇：《当代中国内地与港、澳、台婚姻家庭法比较研究》，群众出版社2012年版，第23页。

[2] 参见程维荣、袁奇鈞：《婚姻家庭法律制度比较研究》，法律出版社2011年版，第23页。

[3] 参见张学仁：《香港法概论》，武汉大学出版社2006年版，第357页。

(二) 婚姻的缔结及无效婚姻、可撤销婚姻

1. 结婚条件

依据香港 1971 年《修订婚姻制度条例》的规定，其婚姻缔结采用注册结婚制，须满足的条件是：双方有结婚的合意、达到法定婚龄、特定主体须经父母同意、履行特定手续、签署结婚证书。①

2. 无效婚姻和可撤销婚姻

香港无效婚姻与可撤销婚姻的规定来源于英国。香港《婚姻诉讼条例》第 19-23 条、《婚姻条例》第 27 条及附表 5 均对以上两类婚姻无效的情形作出了具体的规定。无效婚姻属于绝对无效的婚姻。香港地区认定婚姻无效的情形主要有："禁婚亲属间的婚姻、结婚时任一方不满 16 岁、结婚手续不符合法律规定、重婚。"②

其他国家和地区婚姻法上的"可撤销婚姻"在香港被称为"可使无效的婚姻"，具体是指某些有瑕疵的婚姻，③婚姻双方可以选择宣布婚姻无效或继续婚姻生活，如选择婚姻无效，须向法院申请婚姻无效的判令。④此类婚姻是否无效，可以取决于当事人的意愿，属于相对无效的婚姻。

(三) 离婚事由

香港不承认协议离婚，婚姻当事人仅能通过诉讼程序实现离婚。根据香港 1997 年《婚姻诉讼条例》第 3 条规定，离婚案件只能由法院管辖，无论是呈请离婚还是申请离婚，⑤当事人只能向法院提起诉求。⑥在香港，"婚姻破裂至无法挽救"为诉讼离婚的唯一法定理由，具体的破裂情形规

---

① 参见王丽丽、李静：《中国诸法域婚姻家庭法律制度比较研究》，中国政法大学出版社 2013 年版，第 37 页。
② 陈苇：《当代中国内地与港、澳、台婚姻家庭法比较研究》，群众出版社 2012 年版，第 146 页。
③ 根据《婚姻诉讼条例》第 20 条第 2 款的规定，可使无效的婚姻的具体情形包括被胁迫或心智不健全、有精神疾病、可传染的性病等。参见张学仁：《香港法概论》，武汉大学出版社 2006 年版，第 363 页。
④ 参见赵文宗、李秀华、林满馨：《中国内地、香港婚姻法实务》，人民法院出版社 2005 年版，第 6 页。
⑤ 呈请离婚和申请离婚是我国香港地区离婚程序的两种方式，两者的区别在于，呈请离婚的主体是婚姻一方当事人，而申请离婚的主体则是婚姻双方当事人。
⑥ 参见王丽丽、李静：《中国诸法域婚姻家庭法律制度比较研究》，中国政法大学出版社 2013 年版，第 281 页。

定在《婚姻诉讼条例》第 11-15 条中。只要有事实显示该婚姻还有和解的可能，法院都应拒绝申请人的离婚请求。香港对诉讼离婚的规定采取列举主义的立法模式，明确了该情形的数项判断标准，其中包括对双方合议离婚的两种法定情形①以及单方要求离婚的五种法定情形②。③

另外，为了鼓励婚姻关系双方当事人和解，该条例第 15 条还规定了诉讼离婚的阻却事由、④诉讼的押后⑤及苛责条款。⑥

---

① 根据《婚姻诉讼条例》第 11 条 B 项的规定，两种情形包括：1. 婚姻双方在申请提出前已分开居住最少连续 1 年；2. 在申请提出前不少于 1 年，法院接获一份经婚姻双方签署的通知书。该通知书是当事人双方可于任何时间向法院发出的一份经双方签署的书面通知，表示双方拟向法院申请解除婚姻，而该通知书其后并未被撤回。

② 根据《婚姻诉讼条例》第 11 条 A 项的规定，五种情形包括：1. 被告人曾与人通奸，且呈请人无法再忍受与其共同生活；2. 因被告人的行为而无法合理期望原告愿意继续与其共同生活；3. 婚姻双方在离婚呈请提出前，已分开居住最少连续 1 年，且被告同意由法院批出判令；4. 婚姻双方在离婚呈请提出前，已经分开居住最少连续 2 年；5. 被告在离婚呈请提出前，已遗弃呈请人最少连续 1 年。参见王丽丽、李静：《中国诸法域婚姻家庭法律制度比较研究》，中国政法大学出版社 2013 年版，第 285 页。

③ 参见陈苇：《当代中国内地与港、澳、台婚姻家庭法比较研究》，群众出版社 2012 年版，第 460 页。

④ 阻却事由包括：1. 如果婚姻一方知道被告与人通奸后仍与其连续或断续共同生活，同居时间总计超过 6 个月的，该方则丧失以对方通奸的事实请求离婚的权利。2. 凡呈请人指称因答辩人的行为而无法合理期望呈请人与其共同生活，但在呈请人所依赖并获法院裁定为可支持呈请人指称的最后事件发生当日后的一段或多于一段的期间，婚姻双方仍然共同生活，如该段期间或该等期间总计为 6 个月或少于 6 个月，则为施行第 11A（2）（b）条而裁定是否无法合理期望呈请人与答辩人共同生活时，该事实不得列入考虑。参见王丽丽、李静：《中国诸法域婚姻家庭法律制度比较研究》，中国政法大学出版社 2013 年版，第 285 页。

⑤ 《婚姻诉讼条例》第 15A 条规定，如法庭认为"婚姻双方有合理和好之可能"，则可以在任何阶段将诉讼押后。法庭"可将诉讼押后一段认为适当的时间，以便双方尝试和解"。

⑥ 苛责条款系为保护弱者利益，限制离婚：1. 如果呈请人以在提出离婚呈请前，婚姻双方最少已连续分居 1 年而提出离婚的，如法庭认为判令离婚将使双方陷入严重经济困难或其他严重困境，则法庭必须驳回该呈请。此时，法庭必须考虑婚姻双方的年龄、健康、行为、谋生能力、经济来源、双方的利益和子女的利益及其他有关人利益等一切所谓的环境情况。同时，该条例第 15B 条还对困境作出了解释，即"困境包括失去取得任何利益的机会，而该利益是该宗婚姻若未解除则答辩人可能会取得的。" 2. 条例 11A 中规定，只要双方已连续分居 2 年以上，即使一方仍不同意离婚，亦可推定其婚姻已无可挽回地破裂。但是以该事实为理由请求离婚，被告仍可以提出反对颁发暂准离婚判令的要求。如果法庭认为判令离婚会使双方陷入经济等其他方面的严重困难，则可以驳回原告的离婚请求。3. 原告在提出离婚呈请前至少已连续 1 年遭被告遗弃，该遗弃期应具有连续性。如果遗弃期内双方又连续或断续地共同生活，只有该共同生活期总计不超过 6 个月时，法庭才会将其从遗弃期中扣除。参见王丽丽、李静：《中国诸法域婚姻家庭法律制度比较研究》，中国政法大学出版社 2013 年版，第 185 页。

(四) 离婚诉讼的具体规定

1. 离婚诉讼的提起

香港离婚诉讼的提起方式有单方呈请（Petition）和双方申请（Application）两种，这两种离婚方式有各自的程序特点。对单方呈请离婚而言，夫妻任何一方无须事先知会对方，只要能够证明存在离婚的法定事由，均可单独向法庭呈请离婚。对于双方申请离婚而言，当事人双方须向法院递交共同拟定的离婚申请通知书，且同样需要证明婚姻已经"破裂至无可挽救"。与其他英美法系国家和地区类似，该条例第12条同样规定了提出离婚呈请或申请的时间限制：除第2款另有规定外，①自结婚当日起计1年期间届满前，不得向法院提出离婚呈请。②

2. 离婚诉讼的管辖

香港离婚诉讼实行两审终审制，根据《婚姻诉讼条例》第10条A项第一款规定，③离婚案件的初审裁判权一般由香港的地方法院行使，最高法院为终审法院。但此情形也有例外，据上述条文第二款规定，任一当事人或审理该案的地方法院均可将诉讼案件移交最高法院审理，即在移送管辖的情形下，香港最高法院也可作为离婚诉讼案件的一审法院。早在1983年香港即在普通法院内部设立专责审理家事案件的家事法庭。

3. 离婚案件的审理与判决

法院处理离婚案件采用复合判决程序，即临时判决和正式判决相结合。法院对原告离婚诉状中所提出的证据，经查询属实，认定当事人的婚姻已破裂至无法挽回，即应颁发暂准离婚令，也即临时判决。设定该类判决的目的在于给当事人以充分考虑的机会，双方在临时判决发出的3个月内不得另行结婚。在此期间，婚姻当事人或其他任何第三人均可向法院提供相关事实或证据，使法院重新考虑该临时判决。在临时判决作出3个月后，终审法院以正式判决的方式对案件作出最终处理，具有解除婚姻关系的法律效力。除此之外，终审法院还可作出其他处理，如：撤销临时判决、发出对该案件作进一步调查的裁定、根据法院认为适合的其他方式处

---

① 第12条第2款规定，有关法院的法官在接获申请时，可基于呈请人蒙受异常的困苦，或基于答辩人的行为异常败坏的理由，准许在指明期间内提出离婚呈请。
② 参见王丽丽、李静：《中国诸法域婚姻家庭法律制度比较研究》，中国政法大学出版社2013年版，第186页。
③ 《婚姻诉讼条例》第10条A项第1款的内容为："根据本条例进行的婚姻诉讼及其他任何法律程序，须在地方法院开始。"

理此案等。①

4. 家事调解

家事调解在香港被视为解决婚姻诉讼的可行方法，保持着良好的发展态势。2000年5月，由政府批准并与"自主、调解统筹主任办事处"统一协调的"家事调解试验计划"开始启动，旨在免费向正在分居或进行离婚诉讼的双方当事人提供帮助，并就子女抚养问题、财务问题等达成协议。该计划在2004年进行了最终评核，社会各界反应良好，香港特区政府遂决定延续试验中的做法，在婚姻诉讼中全面推进家事调解。② 总的来说，香港地区家事调解的特点有以下几个方面：首先，辅助家事调解的人员均为专业人士，不仅具有心理学、法律、社会工作等专业背景知识，还要经过调解理论与实务培训。其次，调解模式较为科学，香港地区主要借鉴加拿大模式，具体由慈善机构提供专业性的家事调解服务、以社会为基础提供治疗型家事调解等模式。再次，设置专门的机构及调解规范。香港地区设立了家事调解统筹主任办事处，并对调解员的认可、职业规范等作出了具体的规定。最后，在调解费用方面，原则上虽然是收取费用的，但是对于特定对象则设有豁免或减免计划。③

2003年底，香港家事法院又推出"婚姻诉讼附属救助程序改革实验计划"，旨在弱化诉讼对抗，促使当事人达成和解。与此同时，家庭法律协会为家庭法领域的执业律师举办协作实践培训课程，鼓励其与社会福利署、公教婚姻辅导会等非政府组织一道为当事人提供婚姻家事调解服务。④

五、英美法系国家和地区婚姻诉讼程序立法的基本特点

（一）立法体例概述

英美法系国家和地区没有统一的成文民法典，故其亲属法作为私法的一部分，一般是以判例和单行法规为主要形式的，婚姻诉讼程序的相关规定散布其中，如英国的《婚姻条例》、美国的《统一结婚离婚法》、香港地区的《婚姻诉讼条例》等。

---

① 参见香港地区《婚姻诉讼条例》第17条。转引自王丽丽、李静：《中国诸法域婚姻家庭法律制度比较研究》，中国政法大学出版社2013年版，第305页。
② 参见来文彬：《家事调解制度研究》，西南政法大学2010年博士学位论文，第146页。
③ 参见来文彬：《家事调解制度研究》，西南政法大学2010年博士学位论文，第149页。
④ 邹郁卓：《香港家事调解制度述评》，载《司法改革评论》2012年。

(二) 婚姻缔结的相关规定

在婚姻缔结的程序方面，各国的要求并不完全相同，但英美法系国家和地区大多采用的是仪式制与登记制相结合的方式，结婚不仅要进行结婚登记，还要举行一定的结婚仪式，具体的婚姻方才具有法律效力。如美国的《统一结婚离婚法》规定举行仪式并进行登记的男女之间的婚姻方为有效；英国则规定未办理结婚注册登记的婚姻，任何机构和个人都不得为其举行婚礼仪式；我国香港地区也是采用注册结婚制。

(三) 无效婚姻和可撤销婚姻

英美法系国家和地区在对无效婚姻和可撤销婚姻的处理方式上是有差别的，美国、澳大利亚均只规定了无效婚姻制度而没有可撤销婚姻制度的设置，但在英国和我国香港地区则是兼采无效婚姻制度和可撤销婚姻制度。美国有些州兼采当然无效和宣告无效两种制度，但《统一结婚离婚法》只规定了宣告无效婚姻制度，即便是违背公共利益的婚姻，也必须经过法院宣告才得被确认无效。英国兼采两种婚姻诉讼类型，违反公益要件规定为无效婚姻，违反私益要件规定为可撤销婚姻。

(四) 离婚诉讼

1. 离婚的方式

英美法系中的英国和澳大利亚只允许判决离婚，美国及我国香港地区则对协议离婚和判决离婚兼而采之。与我国大陆地区依行政程序办理协议离婚不同，美国、我国香港地区的协议离婚须经诉讼：当事人就相关项事宜先行达成协议，由法院批准。在美国，当事人在律师的帮助下，就离婚的合意以及财产分割、配偶扶养、子女监护等问题达成一致，或通过调解员的调解达成一致，制作协议书或调解书，提交法院后若法官认为协议书或调解书符合公平合理的标准，即可予以批准，产生离婚的法律效力。①

2. 裁判离婚的理由

在裁判离婚的理由方面，英国、澳大利亚以及我国香港地区均采无过错主义，只要婚姻破裂至无可挽回即可由法院判决离婚。美国则未完全实行无过错离婚制度，其大多数州至今关于判决离婚理由的规定都体现出了有责主义和无责主义相结合的精神。英美法系国家和地区对于裁判离婚的

---

① 参见陈苇：《外国婚姻家庭法比较研究》，群众出版社2006年版，第439页。

理由都采用了列举主义的立法模式，《英国家庭法》上虽有婚姻彻底破裂方可诉请离婚这一概括主义的立法规定，但是法条中同时规定，只有符合法律列举的两种指定情形时才可视为婚姻彻底破裂，因此其实质上仍应属于列举主义的立法模式。类似的还有澳大利亚的离婚规定。① 为保护他方当事人及子女的利益，上述国家也大多规定了法定离婚理由的抗辩事由，如英国的离婚法以苛刻条款作为抗辩事由、美国离婚法对法定离婚事由的抗辩事由作了列举规定②等。

3. 临时判决和终局判决

经过对上述几个国家和地区离婚判决形式的分析可以看出，英国、澳大利亚及我国香港地区对于离婚判决都设置了临时判决和终局判决，法院依法作出的离婚判决须经过一定期间方可成为终局判决，在这一期间内一定范围内的利害关系人可以对该离婚判决提出异议。

第二节 大陆法系国家和地区的婚姻诉讼程序

一、德国

（一）婚姻诉讼程序立法概述

德国是大陆法系家事审判改革的先行者，经过数年的发展累积，形成了专业化程度较高的家事审判制度。德国的婚姻诉讼程序主要规定在《德国民法典》《德国民事诉讼法》以及其他单行法中，其 2008 年签署并于 2015 年 10 月最新修改的《家事事件与非诉事件程序法》是关于婚姻诉讼程序的最新立法规定。

---

① 澳大利亚《离婚法》规定请求判决解除婚姻的理由是婚姻无可挽回地破裂，而认定婚姻破裂的客观标准则是婚姻双方当事人在递交请求解除婚姻申请前已先行分居或分开生活至少达 12 个月。可见，其法定离婚理由的规定实质上属于列举主义模式。参见陈苇：《外国婚姻家庭法比较研究》，群众出版社 2006 年版，第 441 页。

② 美国对法定离婚理由的抗辩事由包括：纵容、共谋、宥恕、反诉等情形。纵容是指一方促使或同意他方构成婚姻错误，以达到离婚的目的；共谋是夫妻和妻子合谋欺骗法院，提供构成婚姻过错的假证，以达到离婚的目的；宥恕是指受侵害的配偶一方由于相信他方不会再犯婚姻过错而原谅其错误行为；反诉是指有过错的配偶一方向法院提出原告也同样犯有可以作为离婚理由的过错。参见夏吟兰：《美国现代婚姻家庭制度》，中国政法大学出版社 1999 年版，第 158~160 页。

1. 《德国民法典》中的相关规定之概述

《德国民法典》于 1900 年生效之初即有对婚姻事件的规定，第四编为"家庭法"，包括婚姻、血亲关系和监护三个方面的内容。其中涉及婚姻诉讼程序方面的相关规定有：婚姻缔结的程序及必备条件、禁止条件；可撤销婚姻的原因、排除情形、申请程序等。①

2. 《德国民事诉讼法》中的相关规定

德国将人事诉讼案件作为民事诉讼法典中的单独一编加以规定，婚姻诉讼程序则是重要组成部分。1877 年《德国民事诉讼法》问世时即有第六编"婚姻事件与禁治产事件"的规定。1898 年修法时将该编名称变更为："婚姻事件、确定亲子间的法律关系与禁治产事件"，婚姻事件仍为该编重要内容。1976 年《第一次婚姻改革法》将婚姻案件和与离婚有关的程序规定全部归纳到了《法院组织法》"家庭案件"的概念之下。② 1977 年，该编"家庭案件"的内容变更为"家庭事件""亲子事件""扶养事件""禁治产事件"四章。不仅将原第一章"婚姻事件"更名为"家庭事件"，而且将该章分为四节，标题分别为"婚姻事件的一般规定""其他家庭事件的程序""离婚事件和离婚后事件""宣告婚姻无效之诉和确认婚姻存在与否之诉"。由此可知，在《德国民事诉讼法》中，婚姻事件的诉讼程序区别于其他家庭事件，并明确了婚姻诉讼的三种类型：离婚事件、宣告婚姻无效之诉、确认婚姻存在与否之诉。

1997 年《德国民事诉讼法》将第六编篇名合并为"家庭事件程序"，内容分为六章："婚姻事件程序的一般规定""其他家庭事件程序的一般规定""离婚事件与离婚后事件的程序""撤销婚姻与确认婚姻存在与否的程序""亲子事件程序""抚养的程序"。2001 年 7 月最新一次修改的《德国民事诉讼法》第六编编名未作变动，在之前六章的基础上增加了第七章"同居关系案件程序"。③

3. 《家事事件与非讼事件程序法》中的相关规定

德国关于离婚诉讼的程序规则自 2009 年 9 月起不再规定于《民事诉讼法》中，而是转而规定在《家事事件与非讼事件程序法》中。该法详细规定了家事事件及非讼事件的适用原则及具体程序，家事事件的相关程

---

① 参见［德］迪特尔·施瓦布著：《德国家庭法》，王葆莳译，法律出版社 2010 年版，第 1～2 页、第 37～59 页。

② ［德］罗森贝克、施瓦布、戈特瓦尔德著：《德国民事诉讼法》，李大雪译，中国法制出版社 2007 年版，第 1257 页。

③ 参见陈爱武：《人事诉讼程序研究》，法律出版社 2008 年版，第 26 页。

序规定于该法的第二编,婚姻事件中的详细程序设置规定于第二编第二章。根据该法第 111 条,德国的家事事件包括婚姻事件、亲子关系事件等 11 类具体事件。① 该法将家事事件与家事争议事件严格区分,明确突出了家事事件的非讼化特征。②

(二) 婚姻的缔结和可撤销婚姻

《德国民法典》上规定的结婚条件包括法定婚龄和行为能力,禁止的情形分别有重婚、有特定亲属关系和收养关系等。在结婚的程序方面则包括声明、宣告和登记。③《德国民法典》同样规定了可撤销婚姻的撤销条件、申请程序等内容。撤销条件包括未达法定婚龄、不具有行为能力、重婚、有禁止结婚的亲属关系、结婚程序存在瑕疵、意思表示不真实。针对以上几种情况,《德国民法典》中也相应规定了排除申请撤销权的情形。④

(三) 离婚事由

德国的离婚理由几经变迁。中世纪的天主教认为婚姻不能解除,仅能采取分居的形式解决婚姻危机;接受其他新教教派的地区则大多采用过错离婚制度。从 17 世纪末开始,德国努力建立了一套独立于宗教教义的离婚法,至 1900 年德国《民法典》生效,将离婚原因限于患有精神病和重大过错。1938 年颁布《婚姻法》,规定分居三年以上即达到婚姻破裂的条件。⑤ 1977 年《婚姻和家庭法改革的第一号法律》重新在《民法典》中规定了离婚法律规范,采用了破裂原则作为离婚法的基础:对于离婚申请的批准不问哪一方应对此负责,仅取决于婚姻破裂的状况。

---

① 家事事件包括:婚姻事件、亲子关系事件、血统事件、收养事件、婚姻住宅事件和家庭事务事件、暴力受害者保护事件、供给均衡事件、扶养事件、夫妻财产事件、其他家事事件、民事生活伴侣关系事件。参见《家事事件与非讼事件程序法》第 111 条。
② 该法第 112 条单独规定了家庭争议事件的范围,具体包括扶养事件、民事生活伴侣事件、夫妻财产事件、其他家事事件等。这些事件的共通点都是主要涉及财产关系,诉讼两造当事人具有对抗性,此类事件在程序适用方面与家事事件并不相同,不适用家事事件上的非讼化程序规则。
③ 参见陈卫佐译注:《德国民法典》,法律出版社 2015 年版,第 430 页。
④ 《德国民法典》第 1315 条规定,下列情形不得撤销婚姻:虽未达法定婚龄,但该限制被依法免除或未成年一方在成年后表示愿意延续婚姻的;无行为能力人在无行为能力状态消失后表示愿意延续婚姻的;无意识或精神错乱状态消失后表示愿意延续婚姻的;认识错误、受欺诈胁迫状态消失后愿意延续婚姻的;双方在结婚时无合意但在结婚后已作为夫妻同居的。陈卫佐译注:《德国民法典》,法律出版社 2015 年版,第 434 页。
⑤ 参见 [德] 迪特尔·施瓦布著:《德国家庭法》,王葆莳译,法律出版社 2010 年版,第 167 页。

德国仅有法院判决解除婚姻关系这一种离婚方式。① 可以诉请离婚的理由是婚姻破裂，指婚姻双方的共同生活已经不复存在并且不能期待双方恢复共同生活。婚姻破裂的基本要件有主客观两个方面，即分居的客观情况以及"不可能期待双方重建此种共同生活"的主观意思。除了家事法院在详细考察夫妻关系的基础上判断婚姻是否破裂，德国法律还另行规定了两种推定婚姻破裂的构成要件：婚姻双方分居一年并且双方均申请离婚或者被申请人同意离婚；婚姻双方分居已逾三年，即便双方没有离婚合意或被申请人反对离婚，亦作此推定。因此，德国的离婚原因有三种并列关系的构成要件，一种婚姻破裂的基本要件及两种破裂的推定。② 《德国民法典》对于破裂主义的离婚制度也规定了三种抗辩情形：（1）分居一年的法定要求。为了避免夫妻因一时情绪过激而仓促提出离婚申请，《德国民法典》第1565条第2款规定，虽然双方分居未满一年，但是婚姻的延续由于另一方自身的原因（如通奸、精神病等），而对于申请一方意味着难以忍受的苛刻时，才能离婚。③（2）婚姻虽已破裂，但为了维护该婚姻所产生的未成年子女的利益而有维持婚姻必要的，不得离婚。（3）婚姻虽已破裂，但由于特殊情况，离婚对反对的配偶而言过于苛刻，且权衡请求人的利益而有维持婚姻必要的，不得离婚。此处的第2、3两种情形又被称为"困难条款"或"苛刻条款"，适用前提是婚姻已经破裂，目的在于保护未成年子女或另一方配偶的利益。

（四）离婚诉讼的具体规定

1.《民事诉讼法》中特定规则的适用及其限制

德国《家事事件与非讼事件程序法》第113条明确规定，婚姻事件准用《民事诉讼法》总则的规定和关于州法院诉讼程序的规定。特别排除适用的有《民事诉讼法》第227条第3款④以及《民事诉讼法》中下列

---

① 《德国民法典》第1564条规定："离婚只能根据配偶一方或双方的申请，以法院裁判为之。在法院的裁判发生既判力时，婚姻被解除。"参见陈卫佐译注：《德国民法典》，法律出版社2015年版，第476页。值得注意的是，《家事事件与非讼事件程序法》中规定了协议离婚的情形：当婚姻双方满足分居一年以上之条件且同意离婚的，法院可推定婚姻已确信无疑地破裂，此时即可批准其离婚申请。

② 参见［德］迪特尔·施瓦布著：《德国家庭法》，王葆莳译，法律出版社2010年版，第173页。

③ 参见陈卫佐译注：《德国民法典》，法律出版社2015年版，第430、477页。

④ 德国《民事诉讼法》第227条第3款的内容为：定在从7月1日至8月31日之内的期日，除宣示裁判的期日外，如在发出传票或决定期日后一周内提出申请，可予以延期。参见丁启明译：《德国民事诉讼法》，厦门大学出版社2015年版，第61页。

事项的规定；未就事实作出表示或拒绝就事实作出表示的后果；诉之变更的要件；程序方式的确定、最早的期日、书面的准备程序和应诉；调解协商；诉讼自认的效力；认诺；未就文书的真实性作出表示或拒绝就文书的真实性作出表示的后果；对方当事人以及证人或鉴定人放弃宣誓。

2. 强制律师代理制度和对被申请人缺席判决的排除

根据《家事事件与非讼事件程序法》第114条，在地方法院和州高级法院的家事法庭，婚姻事件的当事人必须委托律师进行代理。该条第4款也规定，同意离婚、同意收回离婚申请以及撤回对离婚之同意的，可以不委托律师。第138条指出，离婚事件中若申请人没有委托律师，法院依自由心证认为有必要的，应当依职权为其指定律师。被指定的律师拥有辅佐人地位。

《家事事件与非讼事件程序法》第130条是关于婚姻诉讼中缺席判决的规定，具体地说，在申请人缺席的情况下，应当作出缺席裁判：视为申请人撤回申请（第1款）。婚姻诉讼中关于缺席判决的特殊规定体现在针对被申请人的缺席判决。该条第2款规定，针对被申请人的缺席裁判，以及依据案卷资料作出的缺席裁判，均不合法。即德国的婚姻诉讼中排除了被申请人缺席情形下的缺席审判或依案卷资料进行裁判的适用。

3. 当事人诉讼能力的扩张

根据《家事事件与非讼事件程序法》第125条的规定，在诉讼能力方面，民事行为能力受限的婚姻当事人在婚姻诉讼中有完全的诉讼能力，若一方为无行为能力人，则由其法定代理人进行诉讼。在当事人的确定方面，婚姻事件程序是根据"申请"而非"起诉"发生诉讼系属，当事人也相应地被称为"申请人"和"被申请人"。有权申请撤销婚姻的主体有其特殊性，包括婚姻的任何一方、主管行政机关以及第三人，在此情形下，若由配偶一方或第三人提出申请时，应告知主管行政机关，该机关即便未提出申请，也可参与诉讼，独立提出申请或提请上诉。①

4. 有限度的职权探知主义

德国民诉法规定，家事审判适用职权主义，法官可依职权调查取证，探查事实，询问双方当事人，并可依职权采纳其所确信而当事人未主张的事实。《家事事件与非讼事件程序法》第127条明确规定，为确认对于裁判具有显著性的事实，法院应依职权进行必要的调查，这是婚姻诉讼事件中职权探知主义的具体体现。该法第2款同样指出，在离婚程序或者撤销

---

① 《家事事件及非讼事件程序法》第129条规定了行政机关或第三人参与的情形。

婚姻程序中，若当事人提出的事实有助于维持婚姻关系，或申请人不反对，法院可仅斟酌该当事人提出的事实。由此可见，对于有助于维持婚姻关系的情形，法院可以不进行职权探知，但是对于婚姻关系确已破裂的重要事实，法院是应当进行调查的。

5. 离婚诉讼中的程序中止

《家事事件与非讼事件程序法》第136条规定，若法院依自由心证认为婚姻存在继续维持的希望，则应当依职权中止程序，同时，申请人可得申请终止程序。程序中止的，法院原则上应当提示配偶双方有权请求婚姻辅导。

6. 未成年子女最佳利益原则

《家事事件及非讼事件程序法》的多项规定体现了子女最佳利益原则，强调改善未成年子女在家事诉讼中的程序参与权和实体决定权。第156条规定法院应在保证不损害子女利益的前提下，于各程序阶段促成夫妻双方就子女的居所、探望权和交还子女等问题达成协议。同时，法院应适时提醒父母到青少年救助机构进行咨询，并提供和解或其他替代性纠纷解决方式的相关信息。第158条规定，在抚养权纠纷中，法院应充分听取子女本人的意见，并可为其提供程序辅助人，帮助其更好地表达意见。第164条还规定，在不损害其健康、教育的前提下，应直接向年满14周岁的子女告知裁判结果。

(五) 德国家事法庭的设置概况

德国尚未设置独立的家事法庭，其家事案件的审判机构是普通法院中的家事法庭，按级别由低至高分别为地方法院家事法庭、州高等法院家事法庭和联邦最高法院家事法庭三级。地方法院的家事法庭承担了婚姻纠纷案件、亲子关系案件、扶养案件等家事纠纷的一审工作，由家事法官对相关案件独任审理，以不公开审理为原则。州高等法院家事法庭由3名法官组成，是家事案件的上诉审法院（即二审法院），审理对一审家事裁判不服而提出上诉或抗告的家事案件。联邦最高法院的家事法庭由5名法官组成，承担家事案件的终审任务。

二、日本

(一) 婚姻诉讼程序立法概述

日本有较为完整的包含婚姻诉讼程序的人事诉讼程序。《日本民法典》《人事诉讼法》均为婚姻诉讼程序的法律渊源。1898 年《日本民法典》施行至今已经有三十多次修改，现行的日本离婚制度集中规定在《日本民法典》第四编"亲属"第二章"婚姻"的"离婚"一节中。① 日本是世界上最早将人事诉讼程序单独立法的国家，且采用人事诉讼程序与民事诉讼程序分立的体例。1898 年《人事诉讼程序法》专门调整家事身份关系，主要包括婚姻案件、收养案件及亲子案件。日本立法会于 2003 年对该项单行法进行了修改而成为现行《人事诉讼法》，修改中增加了许多实质性内容，使日本的家事纠纷处理更加方便完善。② 日本《家事事件程序法》于 2013 年 1 月 1 日施行，在 1947 年《家事审判法》的基础上，对其进行了全面修订并更换了名称，其中涉及婚姻案件的事项包括夫妻间协力扶助的处分、分担婚姻费用的处分、关于子女监护的处分、关于财产分配的处分等。

(二) 婚姻的缔结和无效婚姻

1. 婚姻的缔结

《日本民法典》第 731~738 条规定了结婚的必备条件和禁止性情形。必备条件有：须达法定婚龄、未成年人须经父母同意、双方自愿；禁止性情形包括：重婚、妇女尚在待婚期内③、具有特定亲属关系。婚姻的成立同样需要申报、受理、登记的完整程序。

2. 无效婚姻

《日本民法典》第 742 条规定的无效婚姻事由有二：欠缺结婚的意思表示；未进行婚姻申报。日本无效婚姻的特殊之处在于其未规定宣告无效的程序，只要具备以上两类情形，婚姻当然无效，无须经由法院宣告。当

---

① [日] 大坪和敏：【特集】《家事审判法から家事事件手続法へ 家事事件手続法の要点と同法施行に伴う実务の动向》，载《LIBRA》2012 年第 12 号，第 2~14 页。
② 该项立法在 2013 年又作了些许修改，主要包括：(1) 对于《人事诉讼法》中提到的《日本民事诉讼法》中相关条款的条目数进行改动，如第 29 条的修改；(2) 在第 30 条增加了人事诉讼中的保全不适用《民事保全法》第 11 条的规定；(3) 增加了第 34 条第 2 款的规定，具体内容为：家事法院调查官的回避事项，准用《民事诉讼法》中第 23 条和第 25 条的规定，关于家事法院调查官回避的请求，该请求所涉的调查官不参与请求的裁判。
③ 《日本民法典》第 733 条规定，女子自前婚解除或撤销之日起非经过 6 个月，不得再婚。但前婚解除或撤销前怀孕的，自分娩之日起不受此限。因丈夫被宣告失踪或生死不明满 3 年以上而离婚的，也不受此限。参见王爱群译：《日本民法典》，法律出版社 2014 年版，第 117 页。

然，利害关系人可以提起诉讼要求确认婚姻无效。①

3. 可撤销婚姻

日本可撤销婚姻的情形较多，分别是未达法定婚龄、重婚、待婚期间结婚、有禁止结婚的亲属关系、因欺诈胁迫结婚的。② 由此看来，日本的可撤销婚姻制度显然是包含了域外大多数国家和地区的无效婚姻和可撤销婚姻的事由。可撤销婚姻情形违反的是婚姻的实质要件，而无效婚姻则是违反了婚姻的形式要件。

有权申请撤销婚姻的主体也因诉请撤销的情形不同而有不同的设置。因欺诈胁迫结婚的，只能由当事人申请撤销；其余情形下当事人、近亲属、检察官都有权申请撤销；重婚或在待婚期内的，当事人的现配偶及前配偶都有请求权。在此类请求权的行使方面，日本立法同样规定了一些限制。这类限制因申请事由和申请主体的不同而异。③

(三) 婚姻诉讼案件的类型

日本婚姻诉讼案件主要包括：婚姻无效之诉、撤销婚姻之诉、离婚之诉、协议离婚无效之诉、协议离婚撤销之诉、婚姻关系存否的确认之诉。④ 依照日本现行法，共计存在协议离婚、调解离婚、审判离婚、裁判离婚和诉讼上和解离婚五种方式⑤：(1) 协议离婚是指采用向户籍机关进行申报，由户籍机关批准登记的行政方式完成的离婚。(2) 调解离婚是指在当事人通过协议不能达成离婚合意的情形下，首先应向家事法院申请调解，若经过调解达成离婚合意，则制作调解笔录，该笔录与确定判决具有同等效力。(3) 审判离婚是指经过调解未达离婚，家事法院认为恰当时，在听取家事调解委员的意见后，考虑双方衡平，在不违背当事人双方请求旨意的限度内为解决案件而通过裁判实现的离婚。这种离婚方式仅限于夫妻双方对于财产分割或子女抚养等问题有分歧而致调解不成立，对离

---

① 陈苇：《外国婚姻家庭法比较研究》，群众出版社 2006 年版，第 124 页。
② 详见《日本民法典》第 743~747 条。王爱群译：《日本民法典》，法律出版社 2014 年版，第 117 页。
③ 如因未达法定婚龄的婚姻，达到法定婚龄后检察官不得请求撤销、当事人超过 3 个月不得撤销；待婚期已满的，不得请求撤销；因欺诈胁迫的，欺诈胁迫消除 3 个月或经追认后，不得请求撤销。参见 [日] 杉井静子：《家庭内纷争における子どもの権利を守るには：家事事件手続法が制定された意味と課題をさぐる》，载《世界》2015 年 4 月第 867 号，第 211~219 页。
④ 参见 [日] 松本博之：《日本人事诉讼法》，郭美松译，厦门大学出版社 2012 年版，第 11 页。
⑤ 参见曹云吉译：《日本民事诉讼法典》，厦门大学出版社 2017 年版，第 115~116 页。

婚本身并不反对。(4) 裁判离婚是指调解不成功时,当事人基于法定的离婚事由向家事法院提起离婚诉讼,依法院判决实现的离婚。裁判离婚乃是采用过错原则和无过错原则相结合的离婚情形,具体包括:配偶有不贞行为、被配偶恶意遗弃、配偶生死不明、配偶患强度精神病且无康复希望等其他难以继续婚姻的重大事由。(5) 诉讼上的和解离婚是指当事人在判决离婚的过程中就离婚事项达成和解协议的离婚方式。①

(四) 婚姻诉讼程序的具体规定

1. 管辖

日本早在1947年即依据《家事审判法》构建了专门的家事法院,该类法院在设立之初并非为家事审判而设,仅负责家事案件的调解事宜,调解不成的可由当事人向地方法院起诉,地方法院则负责该类案件的一审管辖。这种分段式的纠纷解决方式在司法实践中给当事人造成诸多不便。日本于1999年公布的《司法制度改革审议会意见书》② 提出了强化家庭法院机能的意见。建议将人事诉讼并入家庭法院管辖,并制定新的《人事诉讼法》。一直以来,人事诉讼由地方法院管辖,因此导致由家庭法院审理的家事案件和由地方法院审理的人事诉讼案件适用不同的审判规则。③ 如,与地方法院严格按照法律规定对案件进行审判相比,家庭法院则更尊重当事人的意愿从辅助的角度出发,灵活、酌情地进行程序的运行。日本此次司法改革将人事诉讼划归至家庭法院管辖,意味着关联请求的合并(《人事诉讼法》第17条:人事诉讼相关联的损害赔偿请求的审理可由家庭法院进行)及离婚和婚姻撤销之诉的附带处分(《人事诉讼法》第32条:婚姻诉讼中有关子女监护人的指定、财产分配或抚养费的支付等可由家庭法院合并审理)可在一个诉讼程序中同时进行审理。④ 在以往家事调解中,若在家庭法院不能达成调解,则必须向地方法院提起人事诉讼。而司法改革将人事诉讼纳入家庭法院管辖范围后,只需直接向同一家庭法院

---

① 参见 [日] 松本博之:《日本人事诉讼法》,郭美松译,厦门大学出版社2012年版,第257页。
② 参见 [日] 司法制度改革審議会:《司法制度改革審議会意見書—21世紀の日本を支える司法制度—》,2001年6月12日发布,第2章第1节第5项。http://www.kantei.go.jp/jp/sihouseido/report-dex.html,2021年3月12日访问。
③ 参见 [日] 竹下守夫:《家庭審判法改正の課題》,载《家庭裁判月報》2009年1月第61卷,第45页。
④ 参见 [日] 平田勇人:《家事審判法から家事事件手続法へ》,载《经营实务法研究》2013年4月第15号,第83页。

提起诉讼即可。鉴于此，对家事调解及家事审判的应有模式还需相应的作出调整。这亦是对家事审判进行改革的更为直接的原因。2003 年修改后的《人事诉讼法》统一了人事诉讼案件的调解与审判的管辖主体，即实行人事诉讼事件的一元化审理模式：人事诉讼案件无论是调停还是审判均由家事法院进行，地方法院不再审理人事诉讼案件。①

在具体的管辖规则上，出于便利当事人的考量，《家事事件程序法》第 150 条将婚姻等相关的审判事件的管辖法院由对方住所地的家庭法院变更为"可由夫或妻住所地的家庭法院管辖"，当对方住所地较远时，也可以向自己住所地的家庭法院提出审判申请。

2. 当事人适格

根据日本《人事诉讼法》第 2 条的规定，在婚姻无效或可撤销婚姻之诉讼中，若夫妻一方提出请求，则对方为当事人；第三人提出请求，夫妻双方为当事人；若夫妻一方死亡，生存一方为当事人；若夫妻双方死亡，则检察官为当事人。无行为能力的人参加婚姻无效、可撤销婚姻、离婚、撤销离婚等诉讼，不必经过法定代理人的同意。受诉法院的审判长可依申请或依职权为其选定律师作为诉讼代理人。②

3. 家事法院调查官制度和参与员制度

2003 年《人事诉讼法》修改时新增了家事法院调查官制度。调查官具有专业知识，对于婚姻诉讼中涉及监护者的确定、财产的分配、当事人的个人性格、家庭环境等相关事项进行调查，以辅助家事法院的法官在调停和审判中作出正确的决定，尤其是在离婚诉讼中就监护人的确定、扶养费、财产分割等请求的解决发挥着重要的作用。调查官一般具有专业知识，他们的调查活动使得婚姻事件可以得到更加适当的处理。③

《家事审判法》最早规定了人事诉讼中的参与员制度，2003 年《人事诉讼法》对该项制度进行扩充。参与员是从普通国民中选任的，在婚姻诉讼特别是离婚诉讼中，允许从社会中广泛选取的多样化人才参与到案件审理与和解中来，其角色定位类似于大陆法系国家的参审员或我国的陪审

---

① 参见郭美松：《日本人事诉讼案件一元化审理模式及启示意义》，载《贵州民族学院学报（哲学社会科学版）》2008 年第 6 期。
② 参见陈爱武：《人事诉讼程序研究》，法律出版社 2008 年版，第 42 页。
③ 参见［日］杉井静子：《家事事件手续法的施行により家事事件手续はどう変わるか（2）》，载《月报司法書士》2013 年 2 月第 492 号，第 63 页。

员制度，但与之最大的不同点在于，日本的参与员不可参与判决的最终评议。①

4. 关于检察官参与诉讼的特别规定

日本《人事诉讼法》的规定，检察官仅可就婚姻撤销诉讼以原告的身份提起诉讼，在其他婚姻诉讼程序中，检察官不可作为原告起诉，但可作为共同诉讼人或独立当事人参与由其他人提起的诉讼。此外，人事诉讼中被告死亡的，可将检察官作为被告。除了作为案件的当事人，检察官还可以其他身份参与诉讼，可以列席婚姻诉讼案件的审判。日本《人事诉讼法》第23条规定，法院可依审理需要让检察官在指定期日列席口头辩论并陈述意见，检察官可针对案件事实提出有关主张及证据。②

5. 婚姻诉讼中的职权主义

鉴于案件的特殊性，婚姻诉讼不适用辩论原则，诉讼上的自认和认诺不适用于婚姻诉讼案件。虽原则上要求当事人本人出庭接受询问，法院可对当事人作出按期出庭的决定，对于不配合传唤的当事人准用不出庭证人的有关规定。但与辩论主义不同的是，当事人不接受法庭传唤的，不能直接将对方的主张视为真实，仅对不配合的一方当事人处以罚金或拘留。除此之外，法院可依职权进行证据调查并考虑当事人未提出之事实。③ 基于对公共利益的维护和发现真实的需要，日本的职权探知乃系实行全面探知。

6. 婚姻诉讼案件的全面解决原则和调解前置主义

当婚姻诉讼处于系属状态时，为实现身份关系的安定，关于该婚姻关系的纷争即应当尽可能集中全面地加以解决。为实现诉讼的集中处理，日本《人事诉讼法》广泛认可诉的变更与合并。④

日本《家事审判法》第18条规定，人事诉讼之当事人必须在起诉前

---

① 堂英洋：《2020—人事訴訟における参与員関与の実情：参与員との協議を通して得たもの》，载《ケース研究》2020年第2期，第45~59页。
② 参见［日］松本博之：《日本人事诉讼法》，郭美松译，厦门大学出版社2012年版，第129页。
③ 日本《人事诉讼法》第20条规定："人事诉讼中，法院可斟酌当事人未主张的事实，并可依职权进行证据调查。这种情形时，法院应就事实及证据调查的结果听取当事人的意见。"参见［日］松本博之：《日本人事诉讼法》，郭美松译，厦门大学出版社2012年版，第368页。
④ 参见［日］松本博之：《日本人事诉讼法》，郭美松译，厦门大学出版社2012年版，第40页。

向家事法院申请调解。若当事人之间达成合意，家事法院在进行必要之事实调查的基础上，经听取调解委员会中家事调解委员的意见后，认为结果正当的，即可进行"合意恰当之审判"。若两周内当事人就该审判结果未向家事法院提出异议的，该结果便告确定，从而赋予其与确定判决同等的效力。①

7.《家事事件程序法》为家事调解提供便利

旧法中规定，当事人对家庭法院作出的判决提出即时抗告时，由于不能在高等法院进行家事调解，因此一旦退回至原审法院将由原审法院进行调解。《家事事件程序法》第274条第3款规定，高等法院对于正在审理的家事审判案件，可依职权随时进行家事调解。家庭法院或高等法院由调解委员会主持调解，该法院指定该院法官一名及两名以上的家事调解委员共同组成家事调解委员会。调解由调解委员会进行，但家庭法院认为适当的情况下，可以仅有法官一人进行调解。例如，在遗产分割案件中受理抗告的法院和财产继承确认诉讼中审理控诉案件的法院，在当事人达成合意后，可进行调解从而达成调解。

《家事事件程序法》第270条规定："当事人居住地相隔较远或因其他事由确实无法出庭时，该当事人提交表示接受调解委员会预先提出的调解事项方案的文书，另一方当事人在审判或调解日期内出庭承诺接受调解事项时，视为当事人之间达成合意。"即调解成立。但同条第二项规定，有关离婚或解除收养关系的调解案件，不适用前项规定。而旧法中规定只有遗产分割调解案件才能适用前述规定，因此新法扩大了家事调解的程序的范围。与此同时，也可利用电话会议，确认意思表达准确无误后，明确调解事项，一旦提出承诺接受调解的文书，调解即达成。②

8. 关于判决的效力

婚姻诉讼案件的生效判决具有对世效力，即对未参加诉讼的第三人也有效力。日本《人事诉讼法》第24条第1款对此作了明确规定。原因在于，身份关系的不确定将与法的安定性要求背道而驰。因此，法律对于婚姻诉讼的生效判决明确规定了对世效力，后诉法院不得作出与本案生效判决之既判力相抵触的判断。③

---

① 参见曹云吉译：《日本民事诉讼法典》，厦门大学出版社2017年版，第121页。
② 参见［日］竹下守夫：【家庭裁判所60周年記念特集号】《家庭審判法改正の課題》，载《家庭裁判月報》2009年1月第61卷，第43~85页。
③ 参见［日］松本博之：《日本人事诉讼法》，郭美松译，厦门大学出版社2012年版，第204页。

三、法国

（一）婚姻诉讼程序立法概述

法国关于婚姻诉讼的相关程序性内容散见于法国民法典及民事诉讼法中，未有涉及人事诉讼、家事诉讼抑或婚姻诉讼的单独立法。法国新《民事诉讼法》第三卷"特别案件的特别规定"第一编"人"第五章详细规定了婚姻诉讼程序。该章内容在2004年10月29日经第2004—1158号法令第3条予以修改，在离婚诉讼方面的规定改动较大。① 在实体法层面，《法国民法典》第一卷第六编第二章中有较多关于婚姻诉讼之实体法依据以及程序法规范的内容。从立法梳理上看，虽然法国关于婚姻诉讼案件的程序性内容未形成统一规整的法典或专编，但其对于婚姻诉讼的程序设定同样是细致严密的，并且具有自身独特的程序设计。

（二）婚姻的缔结和无效婚姻

法国的结婚实质条件包括须达法定婚龄、有当事人的合意、未成年人应由监护人同意、没有禁止结婚的亲属关系；在形式条件方面，需要当事人将所要求的资料提交民事身份官员、官员召见当事人、进行婚礼预告、举行婚礼等。②

法国的婚姻无效根据所欠缺的结婚要件的性质不同，分为绝对无效和相对无效两类。婚姻绝对无效的原因包括："当事人之间完全欠缺同意、未达法定婚龄、重婚、近亲结婚、未依法举行公开仪式。"③ 婚姻的相对无效原因有："当事人的意思表示存在瑕疵，如基于误解、胁迫或欺诈而结婚；未成年人未获家庭的同意。"④

法国在无效婚姻之诉方面也作出了特殊的程序设计：首先，在当事人方面，《法国民法典》第180条规定，未经夫妻双方或一方自由同意而缔结的婚姻，仅能由未表示同意的一方或双方提出攻击；或者由检察院提出攻击。⑤ 由此可见，法国的婚姻诉讼也有检察机关参与的制度。其次，《法国民法典》第181条规定，若因无结婚的合意而致婚姻无效且自结婚

---

① 参见罗结珍译：《法国新民事诉讼法典》，法律出版社2008年版，第5、993页。
② 参见张民安：《法国民法》，清华大学出版社2015年版，第210~214页。
③ 张民安：《法国民法》，清华大学出版社2015年版，第214页。
④ 张民安：《法国民法》，清华大学出版社2015年版，第214页。
⑤ 参见罗结珍译：《法国民法典》，北京大学出版社2010年版，第64页。

起超过五年的,法院不再受理婚姻无效之诉。这就是法国可撤销婚姻的体现,只不过法国民法将其归为广义的无效婚姻的情形。最后,该法第 184 条规定,因其他事由导致婚姻无效的,在举行婚礼起 30 年内,夫妻本人或利害关系人或检察院有权提出攻击。①

(三)离婚诉讼的法定情形

《法国民法典》规定了四种离婚理由:两愿离婚、过错离婚、同意离婚及因夫妻关系确定变坏而离婚,其中两愿离婚属于协议离婚的情形,其余三种离婚属于争议离婚的情形。

两愿离婚的当事人之间对离婚不存在争议。两愿离婚的程序规定在法国《民事诉讼法》第 1088 条,2004 年的 2004~1158 号法令第 6~1 条将夫妻两愿离婚明确规定为"非讼案件"。② 这一离婚方式需要满足四项条件:夫妻双方有缔约资格;双方意思表示真实清晰;双方签订了书面离婚协议,并就离婚的法律后果达成了一致意见;双方的离婚协议获得了法官的同意。③ 依《法国民事诉讼法》第 1099、1100 条的规定,法官需要对离婚协议进行公平性评估,若法官认为协议未能保障子女或一方配偶的利益,可拒绝承认其效力。此种情形下,双方必须在 6 个月内提交新的离婚协议。④

过错离婚是夫妻一方在与对方共同生活期间严重违反了法定义务或责任,导致对方无法继续维持婚姻关系,基于对方的起诉,法院解除该婚姻关系。过错离婚的适用条件包括:夫妻一方不履行义务;该不履行的行为较严重;该行为让对方无法与其继续共同生活,如通奸、无理由遗弃、虐待等。⑤

同意离婚,又称婚姻破裂离婚,是指夫妻双方均承认他们的婚姻失败至无法继续维持,但无法就离婚之法律后果达成协议的情况下,基于一方或双方的起诉,法官通过判决解除他们的婚姻。该类离婚需满足两个条件:夫妻双方均承认婚姻关系已已破裂且该离婚方式不考虑婚姻破裂的原因;一旦婚姻当事人承认他们之间的婚姻确已破裂,就不得收回

---

① 参见罗结珍译:《法国新民事诉讼法典》,法律出版社 2008 年版,第 64 页。
② 参见罗结珍译:《法国新民事诉讼法典》,法律出版社 2008 年版,第 997 页。
③ 参见张民安:《法国民法》,清华大学出版社 2015 年版,第 221 页。
④ 参见罗结珍译:《法国新民事诉讼法典》,法律出版社 2008 年版,第 998 页。
⑤ 参见张民安:《法国民法》,清华大学出版社 2015 年版,第 222 页。

自己的陈述。①

因夫妻关系确定变坏而离婚即通常所说的无过错离婚，是指夫妻之间的共同生活已告停止，共同生活体已终结，基于夫妻一方的起诉，法官解除其婚姻关系。该种离婚方式只有一项条件：夫妻双方分居至少满2年。

(四) 婚姻诉讼的具体程序规定

1. 案件范围及管辖

法国现有的婚姻诉讼范围主要包括婚姻无效之诉、离婚之诉、分居之诉等。从审理机构上看，法国虽设有商事法院与劳资纠纷调解法庭等类似的专门司法机构以应对前述类型案件的特殊性，但却未设置专门针对人事诉讼案件或家事诉讼案件的家事法院。在法国，一般由大审法院的家事法官审理婚姻诉讼案件。②

2. 诉的变更、合并及反诉

法国对于婚姻事件倾向于统一解决，允许在婚姻诉讼中进行较为宽松的诉的变更、合并或提起反诉，并对审理的顺序予以明确安排，以避免婚姻诉讼事件中因家庭身份关系变更带来的混乱和矛盾，推动纠纷的高效解决。

首先，在婚姻无效之诉中，因一方配偶重婚而受到损害的另一方配偶可以提起再婚无效之诉，而再婚夫妇也可以同时提起前婚无效之诉。在此情形下，法院应当首先对前婚有效与否作出裁判。③ 其次，分居之诉可以替代离婚之诉。法国《民事诉讼法》第1076条规定，提出离婚申请的一方配偶，可以在诉讼之任何阶段甚至上诉审阶段，以分居之诉替代离婚之诉，但禁止反向替代。④ 最后，允许提起对离婚的反诉。依据《法国民法典》第247条的规定，在破裂离婚（也即所谓"同意离婚"）的情形下，另一方配偶可以提出反诉的诉讼请求，并且可以援用申请离婚方的过错。若法官接受该反诉，即驳回本诉，并宣告因主动提出离婚的一方有过错而离婚；该法第247条也规定，在过错离婚中，若主动提出离婚的一方配偶

---

① 参见张民安：《法国民法》，清华大学出版社2015年版，第221页。
② 《法国民法典》第228条规定："大审法院的一名法官受委任负责家庭事务，该法官对宣告离婚有管辖权，不论离婚原因如何，该法官可以将案件按其状况移送给合议庭；在一方当事人提出请求时，案件当然移送合议庭审理。"参见罗结珍译：《法国民法典》，北京大学出版社2010年版，第68页。
③ 《法国民法典》第188、189条有此规定。参见罗结珍译：《法国民法典》，北京大学出版社2010年版，第64页。
④ 参见罗结珍译：《法国新民事诉讼法典》，法律出版社2008年版，第995页。

自己有过错，则另一方可以援用该方的过错，用以支持本人提出的离婚反诉请求。①

3. 离婚程序中的调解

《法国民法典》第一卷（人）第六编（离婚）第二章（离婚诉讼程序）第三节（其他离婚情形适用的程序）中设专目规定了调解程序（第252~253条）。第252条规定，在司法诉讼前，试行调解属于强制性步骤，调解也可在诉讼过程中再次提出。法官应尽力对当事人进行调解。为有效发挥调解的作用，该法第255条还规定，法官可以任命一个家庭调解员，对于离婚双方进行调解，且法官可在当事人不愿与家事调解员见面的情形下强制其见面。与之前的调解规定不同的是，家庭调解员的工作重点是让双方了解和平离婚的好处，加速离婚进程而非强制其调解和好。②

4. 婚姻诉讼程序中的临时保护措施

在离婚事件中，从提出离婚请求到正式解除婚姻关系，夫妻双方及其与子女的关系均处在不稳定的状态。为了更好地保护各方利益，《法国民法典》在"离婚的程序"一章中设专目规定了"临时措施"（第254~257条）。具体包括：（1）协议离婚中，原告递交的起诉状附件中应包括临时性协议，若法官认为有条款违背子女利益，得让当事人取消或修改。（2）夫妻双方未能和解，法官得规定采取夫妻双方与子女生活所必要的各项措施，直至法院的判决产生效力。如允许夫妻分别居住、确定一方应向另一方配偶支付的扶养费数额及先付的诉讼费用等。（3）有未成年子女的，法官应对亲权的行使方式作出宣告。

5. 婚姻诉讼程序中的隐私保护

《法国民法典》和《民事诉讼法》均对婚姻诉讼中的隐私保护内容做了规定，主要包括：法庭辩论不公开进行；过错离婚的判决理由中无须写明当事人的具体过错，仅需确认离婚事实成立。③

四、我国台湾地区

我国台湾地区对于婚姻家庭中的身份关系案件诉讼采用了"人事诉讼"的表述，并在民事诉讼程序中设置了特点鲜明的专门人事诉讼程序。台湾地区的人事诉讼是指为处理婚姻事件、亲子事件、禁治产事件及宣告

---

① 参见罗结珍译：《法国民法典》，北京大学出版社2010年版，第75页。
② 参见罗结珍译：《法国民法典》，北京大学出版社2010年版，第79页。
③ 这两项事由分别规定于《法国民法典》第245-1条、第248条。参见罗结珍译：《法国民法典》，北京大学出版社2010年版，第75~76页。

死亡事件等有关基本身份及能力关系之特别民事诉讼程序。①

(一) 婚姻诉讼程序立法概述

我国台湾地区原有的家事纠纷处理程序散见于"民事诉讼法"之人事诉讼及调解程序、"非讼事件法"之家事非讼程序、"地方法院办理家事调解事件实施要点"以及"家事事件处理办法"等法规之中。② 统一法典的缺位导致诉讼体系的紊乱，不利于家事纠纷的顺利解决。

有关部门通过长达十余年的家事事件程序改革历程，于 2012 年制定"家事事件法"将家事事件类型化并作统合处理，统一家事事件的适用程序，以促进家事事件的妥适、迅速解决，这也是婚姻诉讼程序方面的最新规定。"家事事件法"是我国台湾地区民事程序规则的重大发展，其以尊重程序主体、强化程序保障、保护程序利益、维护程序经济、统一解决纷争及谋求法安定性等观点为立法旨意，具有里程碑式意义。③

婚姻诉讼案件作为家事事件的重要组成部分，其适用规则也在该项法规中得到统一规制。"家事事件法"第 3 条根据讼争性强弱的标准，将家事事件分为五类，其中婚姻诉讼案件集中在甲、乙类中：甲类为确认之诉，具有讼争性，但当事人对诉讼标的无处分权，具体类型包括确认婚姻无效之诉和确认婚姻关系存在与否之诉；乙类为形成之诉，具有讼争性且当事人对其具有一定程度的处分权，具体类型包括撤销婚姻事件、离婚事件；另，丙类事件中因婚姻无效、撤销婚姻、离婚、婚姻消灭之损害赔偿事件也与婚姻诉讼关系较为密切。④

(二) 婚姻的缔结和无效婚姻、可撤销婚姻

1. 婚姻的缔结

我国台湾地区"民法亲属编"（第 980~985 条）对结婚的实质要件和形式要件作了具体规定。结婚的实质要件包括：双方达到法定婚龄、须有结婚的合意、非被欺诈或胁迫、双方均无配偶、双方没有禁婚亲属关系、双方无监护关系。⑤ 其婚姻的缔结采用向户政机关登记的方式。

---

① 参见陈计男：《民事诉讼法论》（下），台湾三民书局出版公司 2007 年版，第 500 页。
② 参见齐树洁主编：《台港澳民事诉讼制度》，厦门大学出版社 2014 年版，第 176 页。
③ 参见邱联恭：《"家事事件法"之解释、适用应遵循之基本方针与审理原则》，载《月旦法学杂志》2012 年第 10 期。
④ 参见齐树洁主编：《台港澳民事诉讼制度》，厦门大学出版社 2014 年版，第 178 页。
⑤ 参见林秀雄：《亲属法讲义》，台湾元照出版公司 2013 年版，第 68~80 页。

2. 无效婚姻和可撤销婚姻

我国台湾地区规定的无效婚姻事由包括：未履行登记手续、有禁止结婚的亲属关系、重婚。① 可撤销婚姻的事由包括：未达法定婚龄、未成年人未征得法定代理人同意、双方有监护关系、一方结婚时患有特定疾病、一方结婚时无意识或精神错乱、被欺诈或胁迫。②

无效婚姻属于绝对无效，任何人均有权主张婚姻无效而不限于当事人。③ 无效婚姻无须经由法院判决属于当然无效，但对于婚姻效力产生争议时，可以提起确认婚姻无效之诉。④ 可撤销婚姻则是由当事人或利害关系人提出请求并由法院判决予以撤销。我国台湾地区也针对不同的可撤销情形规定了不同的申请权灭失期限或事由。在婚姻无效和可撤销的情形下，我国台湾地区"民法典"第 999 条设置了损害赔偿的规定：当事人一方因婚姻无效或被撤销而受有损害的，得向过失方请求损害赔偿。这里的"过失"是指对于造成婚姻无效或被撤销的结果有责任，如故意以欺诈、胁迫的方法与相对人结婚等。值得注意的是，这里的请求权人不限于婚姻无效之诉或撤销婚姻之诉中的原告，由他方配偶或法定代理人、近亲属起诉的，受害人虽为被告，也可以请求损害赔偿。⑤ 赔偿范围不限于财产损害，非财产损害也可请求赔偿，但是限于受害人无过错而他方有过失的情况。⑥

（三）离婚诉讼程序之分类

在诉讼离婚之外，台湾地区立法上明确规定了"两愿离婚"，此种做法与我国大陆的登记离婚方式较为相似。此外，2009 年 4 月我国台湾地区立法机构确立了"离婚调解"制度，在台湾地区的离婚方式上又增加了一种。⑦

---

① 参见林秀雄：《亲属法讲义》，台湾元照出版公司 2013 年版，第 90 页。
② 参见陈苇：《当代中国内地与港、澳、台婚姻家庭法比较研究》，群众出版社 2012 年版，第 169 页。
③ 参见高凤仙：《亲属法理论与实务》，台湾五南图书出版股份有限公司 2005 年版，第 74 页。
④ 参见林秀雄：《亲属法讲义》，台湾元照出版公司 2013 年版，第 94 页。
⑤ 参见戴炎辉、戴东雄：《中国亲属法》，台湾三民书局出版公司 1986 年版，第 115~116 页。
⑥ 参见史尚宽：《亲属法论》，中国政法大学出版社 2000 年版，第 188 页。
⑦ "离婚调解制度"体现在我国台湾地区"民法"第 1052 条之一。该条内容明确规定："离婚经法院调解或法院和解成立者，婚姻关系消灭。法院应依职权通知该管户政机关。"参见刘宏恩：《台湾离婚调解制度的演变——兼论"家事事件法"关于调解程序的若干疑问》，载《台湾法学杂志》2012 年第 6 期。

1. 两愿离婚的条件及程序

两愿离婚是指夫妻双方以书面形式同意解消婚姻关系，然后依户籍登记而发生效力的离婚方式。① 依我国台湾地区"民法"第 1049 条规定：夫妻两愿离婚的条件包括：双方具有夫妻身份、自愿离婚且意思表示真实、双方具有完全民事行为能力或取得法定代理人同意。夫妻双方的登记离婚以书面方式进行，与登记结婚类似，向户政机关为离婚登记。未成年人两愿离婚须经其法定代理人的同意。②

2. 法院调解离婚

经由法院调解的离婚，不仅为婚姻当事人提供了对话的平台，让其可以理性地面对婚姻破碎的本质，还会因法院的介入而确保婚姻弱势一方的权益，强化诉讼外纠纷解决方式，有利于节约诉讼资源。③ 2013 年我国台湾地区"家事事件法"第 30 条、第 45 条规定，离婚调解和离婚和解须经当事人本人表明合意始得成立。离婚经法院调解或法院和解成立的，婚姻关系消灭，法院应依职权通知该主管户政机关。④

3. 判决离婚

我国台湾地区"民法"第 1052 条列明了十项具体的离婚原因，只要符合其一，法院即应作出离婚判决。对诉讼离婚的法定事由，台湾地区兼采过错原则和破裂原则。这些事由具体包括：重婚、与配偶以外的人合意性交、不堪同居之虐待、直系亲属之虐待或受虐待、夫妻间恶意遗弃、意图杀害对方、有不治之恶疾、重大不治之精神病、生死不明逾三年、因故意犯罪判处有期徒刑六个月。除此之外，我国台湾地区"民法"还规定了不得请求离婚的情形，具体包括事前同意、事后宥恕、⑤ 除斥期间经过、⑥ 离

---

① 参见陈祺宗、黄宗乐、郭振恭著：《民事亲属新论》，台湾三民书局出版公司 2013 年版，第 196 页。
② 参见陈祺宗、黄宗乐、郭振恭著：《民事亲属新论》，台湾三民书局出版公司 2013 年版，第 198 页。
③ 参见林秀雄：《亲属法讲义》，台湾元照出版公司 2013 年版，第 177 页。
④ 参见林秀雄：《亲属法讲义》，台湾元照出版公司 2013 年版，第 178 页。
⑤ 我国台湾地区"民法"第 1053 条规定：在重婚或与配偶之外的人合意性交的情形下，有请求权的一方，于事前同意或事后宥恕，或知悉后已逾六个月，或自情事发生后已逾两年者，不得请求离婚。参见陈祺宗、黄宗乐、郭振恭著：《民事亲属新论》，台湾三民书局出版公司 2013 年版，第 227 页。
⑥ 除斥期间经过除了前注 3 我国台湾地区"民法"第 1053 条的规定外，第 1054 条也规定：夫妻一方有意图杀害他方或与故意犯罪被处逾六个月徒刑者，他方自知悉后已逾一年或自情事发生后已逾五年者，不得请求离婚。参见陈祺宗、黄宗乐、郭振恭著：《民事亲属新论》，台湾三民书局出版公司 2013 年版，第 229 页。

婚请求权的抛弃、① 夫妻一方死亡、② 民法以外的限制。③ 我国台湾地区对判决离婚同样规定了离婚损害赔偿。台湾地区"民法典"第 1056 条规定，判决离婚的损害赔偿，须满足：他方配偶有过失、因判决离婚而非两愿离婚、须有损害。且这一离婚损害赔偿不限于财产损害，但非财产损害的赔偿须以受害人无过失为限。

（四）婚姻诉讼程序的一般规定

我国台湾地区"家事事件法"在婚姻诉讼程序方面规定了不同的审理方式。总的来说，对于身份关系之诉讼事件如确认婚姻无效、确认婚姻关系存在与否、撤销婚姻等，均采用职权探知主义，对于离婚事件则采取限制的辩论主义。④

1. 家事法院的设置及案件管辖

（1）家事法院的设置及具体管辖规则

台湾地区于 1999 年 9 月成立第一个专业法院——"台湾高雄少年法院"，2011 年 6 月，台湾地区颁布"少年及家事法院组织法"，赋予少年及家事法院处理家事事件的管辖权限。"家事事件法"第 2 条对于家事事件的管辖作出了统一规定，婚姻诉讼案件的管辖也在此列。具体规定为：家事事件（包括家事诉讼事件、家事非讼事件以及家事调解事件）原则上由少年及家事法院处理；未设少年及家事法院的地区，则由地方法院家事法庭处理。目前，"台湾高雄少年及家事法院"是台湾地区设置的唯一一个少年及家事法院，因此，为因应实务需要，"家事事件法"第 2 条后段设置了未设"少年及家事法院"的地区由地方法院家事法庭专庭处理的规定。⑤ 除此之外，为便于司法实务中对案件管辖法院的确定，考虑到我国台湾地区"家事事件法""非讼事件法"等与婚姻家事诉讼相关的诸

---

① 夫妻一方有法定离婚原因，而他方不违反公序良俗抛弃离婚请求权，始生失权之效果，属于法律行为。参见史尚宽：《亲属法论》，中国政法大学出版社 2000 年版，第 442 页。
② 我国台湾地区"家事事件法"第 59 条规定，他方提起离婚诉讼后于判决确定前夫妻一方死亡的，该离婚诉讼视为终结。参见姜世明：《家事事件法论》，台湾元照图书出版公司 2013 年版，第 501 页。
③ 我国台湾地区"家事事件法"第 57 条前段规定，有关婚姻关系的诉讼，经判决确定后，原则上当事人不得再援引以前诉之合并、变更、追加或反诉所得主张之事实，就同一婚姻关系，提起独立之诉。参见姜世明：《家事事件法论》，台湾元照图书出版公司 2013 年版，第 500 页。
④ 许士宦：《家事审判之事证收集原则（下）》，载台湾《月旦法学教室》2013 年 12 月第 134 期。
⑤ 参见郭钦铭：《家事事件法逐条解析》，台湾元照出版公司 2013 年版，第 12 页。

多单行立法并行的现状,"家事事件法"第 5 条也规定了管辖事项的准用条款,内容为:家事事件的管辖,本法有特别规定的,依本法;未作特别规定的,准用"非讼事件法";"非讼事件法"未规定的,准用"民事诉讼法"有关管辖的规定。

"家事事件法"第 52 条规定了婚姻诉讼的专属管辖:确认婚姻无效、撤销婚姻、离婚、确认婚姻关系存在与否事件,专属夫妻住所地法院、夫妻经常共同居住地法院、诉之原因事实发生之夫或妻居所地法院管辖。除前项规定外,该条还规定了合意管辖,即当事人得以书面合意确定管辖法院,且不受前项规定的限制。

(2) 相关人员设置

我国台湾地区"家事事件法"第 8 条对于家事法官的条件作出了规定:处理家事事件之法官,应遴选具有性别平权意识、尊重多元文化并有相关学识、经验及热忱者任之。① 第 18 条还设置了"家事调查官"制度,这是参考日本及韩国婚姻诉讼上的相似规定而设置的制度。家事调查官就特定事项调查事实的过程中,应调查事件当事人或关系人的性格、经历、身心状况、家庭情况、财产状况、社会文化、教育程度及其他必要事项,然后提出报告书以帮助法院厘清事实。正是因为其有待调查事项的专业性,所以对家事调查官的选任范围限制得较为严格。② 家事调查官完成调查后,应提出调查报告,审判长或法官认为必要时,得命家事调查官在开庭审理时到场陈述意见。家事调查官应当对所调查事项保密。

2. 判前调解

除丁类事件外,法院在裁判前均应进行调解。③ 由此可见,依照"家事事件法"中对于家事事件的分类,包含婚姻诉讼事件的甲、乙类案件均适用调解以期更好地维持家庭秩序。为扩大调解制度的适用范围,"家事事件法"还规定了"移付调解制度"及"合并调解制度"。"移付调解"是指审理程序开始后,法院认为案件有可能达成和解,征求当事人意见后即可移付调解。为避免司法资源的过度浪费,移付调解以一次为

---

① 参见姜世明:《家事事件法论》,台湾元照出版公司 2013 年版,第 25 页。
② 根据我国台湾地区"家事事件法"第 22 条的规定,家事调查官应从具有下列资格者中选任:经家事调查官考试及格;具有法官检察官任用资格;曾任家事调查官、少年调查官、少年保护官;曾在公立或经立案的私立大学、独立学院之社会、社会工作、心理、教育、辅导、法律、犯罪防止、青少年儿童福利或其他与家事调查业务相关学系、研究所毕业,具有任职任用资格。参见姜世明:《家事事件法论》,台湾元照图书出版公司 2013 年版,第 29 页。
③ 参见郭钦铭:《家事事件法逐条解析》,台湾元照出版公司 2013 年版,第 91 页。

限。"合并调解"是指对相互牵连的数项家事事件，抑或与该家事事件相关联的其他民事案件，法院可依申请或依职权决定合并调解。对于涉及家庭暴力等特殊案件，法院指派具有相关经验的专业调解人士事前评估并征得双方当事人同意，方可适用调解程序。①

台湾地区强调调解主体的专业化及规范化。家事调解委员须具备专业知识、接受过专业培训并有相关的调解经验。法院会依据调解员的专业背景及已有经验对其进行分类，指派其根据自身特点处理不同的案件。"家事调查官"除了辅助法官参与离婚诉讼，也可依调解员的申请使其介入具体婚姻诉讼的调解过程，调查当事人及利害关系人的家庭关系、经济状况、个人经历等必要事项，并形成调查报告。家事调查官也可协助调解员进行调解。②

3. 不公开审理原则

对于婚姻家庭案件，域外各国及地区一般均以不公开审理为原则，我国台湾地区也不例外。"家事事件法"第 9 条规定，对于家事事件的处理，以不公开法庭行之，但是经当事人合意，并无妨碍公共秩序或善良风俗之虞或经由法律上利害关系之第三人申请的，审判长或法官应当准许旁听，即以不公开审理为原则，以公开审理为例外。③

4. 职权探知主义和检察官参与

我国台湾地区"家事事件法"第 10 条第 1 款重申：法院认为有必要时，得斟酌当事人未提出的事实，并依职权调查取证。这一规定虽扩大了法院依职权斟酌事实、调查取证的权限，但在涉及当事人或关系人权益的情形下，仍应有其辩论或陈述意见的机会，以避免发生突袭性裁判。④ 第 10 条第 2 款指出，离婚案件应采协同主义，原则上有关事实证据的收集，应由当事人为之，法院不依职权介入。但在特定情形下，在法院不介入探知则会显失公平时，仍应当由法院依职权调查证据，以维护当事人或关系人的权益。具体情形有四，其中涉及婚姻诉讼的有：涉及家庭暴力或有危害未成年子女利益之虞；当事人自认及不争执之事实显与事实不符。⑤

鉴于婚姻事件的公益性，检察官可作为当事人参与家事诉讼程序。

---

① 参见齐树洁主编：《台港澳民事诉讼制度（第二版）》，厦门大学出版社 2014 年版，第 185~187 页。
② 参见黄丹翔：《台湾地区家事调解制度的新发展》，载《人民法院报》2014 年 1 月 10 日，第 8 版。
③ 参见姜世明：《家事事件法论》，台湾元照出版公司 2013 年版，第 325 页。
④ 参见姜世明：《家事事件法论》，台湾元照出版公司 2013 年版，第 329 页。
⑤ 参见郭钦铭：《家事事件法逐条解析》，台湾元照出版公司 2013 年版，第 46 页。

"家事事件法"第 50 条第 3 款规定：依"家事事件法"第 39 条提起诉讼，但在判决确定前被告均死亡的，除另有规定外，由检察官续行诉讼。①

5. 追加当事人及第三人

为避免因诉讼反复而带来的诉讼资源浪费，使婚姻关系尽早趋于安定，我国台湾地区"家事事件法"第 40 条明确规定，对于甲、乙类案件，若其诉讼结果与第三人有法律上的利害关系，法院应当于言词辩论终结前将诉讼事件及进行程度，以书面通知已知悉的第三人，并于日后将判决书送达之。此外，第 54 条还规定，在确认婚姻无效、婚姻关系存在与否之诉中，法院还应依职权通知不在当事人之列的结婚当事人参加诉讼。②

6. 婚姻诉讼当事人诉讼能力的扩张

台湾地区的家事诉讼对婚姻事件当事人的诉讼能力系采扩张说，"家事事件法"第 14 条第 2 款规定，满 7 岁的未成年人，就有关身份或人身自由的事件，有程序能力；该条第 3 款规定，不能独立以法律行为负义务，但能证明其有意思能力者，就身份及人身自由事件，有程序能力。关于当事人适格则规定于"家事事件法"第 39 条。婚姻诉讼案件由婚姻一方当事人起诉的，以另一方为被告，由第三人起诉者，以夫妻双方为共同被告。一方死亡的，以生存的另一方为被告。

7. 既判力主观范围的扩张

我国台湾地区"家事事件法"第 48 条规定，因与身份有关且涉及公益，法院就甲、乙类家事诉讼事件所为之判决为确定的终局判决，对于第三人亦有效力。这样可以便于对纠纷的一次性解决，同时也可避免在不同人之间发生歧义。此条还规定了这两类判决对世效力的例外，其中涉及婚姻诉讼的情况有：因确认婚姻无效、婚姻关系存在与否的诉讼判决的结果，婚姻关系受影响之人，因不可归责于己的事由，于该诉讼之事实审言辞辩论终结前未参加诉讼。此类情形下，为加强对第三人权益及程序权的保障，并为彻底解决纠纷，其得准用我国台湾地区"民事诉讼法"第五编中第三人撤销诉讼的规定，请求撤销对其不利部分的确定终局判决。③

---

① 参见姜世明：《家事事件法论》，台湾元照出版公司 2013 年版，第 500 页。
② 参见郭钦铭：《家事事件法逐条解析》，台湾元照出版公司 2013 年版，第 135 页。
③ 参见姜世明：《家事事件法论》，台湾元照出版公司 2013 年版，第 125 页。

五、大陆法系国家和地区婚姻诉讼程序立法的基本特点

（一）概述

大陆法系国家和地区一般都有统一的成文民法典，亲属法往往是其中的重要一编，调整婚姻诉讼的相关规定亦是亲属编的重要组成部分。如日本民法典第四编，法国民法典第六编等。除此之外，也有相关的单行法以对婚姻诉讼的具体程序规则加以明确。如德国的《家事事件与非讼事件程序法》、日本的《人事诉讼法》等。

（二）婚姻缔结

在婚姻的缔结程序方面，大陆法系国家和地区有的采用仪式制，如法国、德国；有的采用登记制，如日本、我国台湾地区。采仪式制的国家要求结婚双方必须在户籍官员面前公开举行仪式，经由户籍官员宣告，婚姻始得合法缔结，婚姻登记及证书仅具有证据的效力。[①] 采用登记制的国家和地区则要求婚姻必须登记，即便不举行仪式，也是合法有效的。

（三）无效婚姻和可撤销婚姻

在对无效婚姻和可撤销婚姻的处理方式上，大陆法系国家和地区存在差异，其中德国的规定最为特殊。德国的婚姻诉讼程序中没有无效婚姻的规定，仅存在可撤销婚姻制度，即便是违背公益的婚姻，仍是属于可撤销的范围，也即可撤销婚姻制度包含了通常意义上的无效婚姻制度。法国则是只规定了无效婚姻制度而没有可撤销婚姻制度的设置，日本和我国台湾地区乃是兼采无效婚姻制度和可撤销婚姻制度。

（四）离婚诉讼

在离婚方式上，德国只允许判决离婚，法国、日本和我国台湾地区则对协议离婚和判决离婚兼而采之。在同样允许协议离婚的法国、日本和我国台湾地区，它们的协议离婚方式也是有差别的。法国的协议离婚须经诉讼程序，当事人之间达成的离婚协议经法院认可方为有效。而日本和我国台湾地区的协议离婚采用行政程序，由户籍机关依照户籍法的规定对协议

[①] 参见陈苇：《外国婚姻家庭法比较研究》，群众出版社2006年版，第156页。

离婚进行登记。在裁判离婚的理由方面，本书列举的大陆法系国家和地区均是采用有责主义和无责主义并存的规定。此外，他们对于裁判离婚的理由大多采用例示主义的立法模式。

第五章 我国婚姻诉讼程序之规则及实践概况

在家事审判改革及《民法典》颁布施行之前,我国婚姻诉讼程序的立法及司法状况究竟如何?有哪些自身特点以及需要在家事审判改革中作改进的地方?以上诸多疑问便是本章内容重点阐释的问题。

第一节 我国婚姻诉讼程序之规则现状

一、现行规则概述

自新中国成立以来,我国曾长期实行职权主义的民事诉讼模式,其后,随着审判方式的一系列改革,我国的司法制度逐渐冲破了职权主义的束缚,形成以辩论主义为主的诉讼特征。诉讼模式的转变使得司法实务中的普通诉讼程序与婚姻诉讼程序之间的差异愈加明显。2001年最高人民法院《证据规定》制定了证据认定规则,明确了"自认"等普通诉讼程序中的证据规则不适用于身份关系诉讼。这是我国首次在民事程序规范中将普通诉讼与身份关系诉讼作区分对待,也标志着辩论主义原则的确立。该项规定同样在2020年施行的新《证据规定》中得以承继。① 然而,颇为遗憾的是,《证据规定》中对于身份关系案件的特殊规定仅是点到即止,且在其他诉讼环节上也鲜有区别于普通诉讼程序的系统规定。多数法院仍旧将身份诉讼案件依照普通程序加以办理,忽视了其职权主义的诉讼特点。

在《民法典》施行之前,我国大陆审理婚姻诉讼案件的程序法依据

---

① 关于自认制度中对身份关系的排除适用,规定于2001年《证据规定》第8条和2020年《证据规定》第8条,虽条文位置相同,但在文字表述上改动较大。

主要由三部分组成：其一是现行《民事诉讼法》中与普通民事案件同样适用的一般性程序规定以及适用于其自身的专门性规定；其二是规制婚姻家庭关系的主要实体法《婚姻法》中涉及婚姻诉讼案件的程序性事项；其三是《民事诉讼法》相关司法解释和《婚姻法》相关司法解释中涉及婚姻诉讼案件的特别程序规定。自2021年起，上述二、三项内容统一规定于《民法典》之婚姻家庭编中。我国现行婚姻诉讼程序的具体规定将在后续三章内容中作详细分析，故此处不予赘述。

二、现行规则的特点

（一）程序性规定较为陈旧

现行《民事诉讼法》于1991年正式颁布，并于2007年、2012年、2017年、2021年进行了数次修订，在我国的法律体系中属于近期修改过的基本法典，但较为可惜的是，2012年以后的相关修订中，除了普通民事诉讼程序的通用规则外，未有一条涉及婚姻诉讼特别程序的修改完善。与之相对应，内容极为丰富的《民诉法解释》中，也鲜有涉及婚姻诉讼程序的特殊规则。

我国《婚姻法》于1980年颁布，在2001年进行了最新一次修改，其在程序性规则上的突出革新便是增加了婚姻无效及可撤销婚姻的规定、增加了离婚损害赔偿请求权等。同年至2004年间发布的《婚姻法解释（一）》《婚姻法解释（二）》中，对于婚姻无效、可撤销婚姻制度做了规则性完善，而最近一次即2011年出台的《婚姻法解释（三）》中，却仅有一条关于婚姻无效的程序性规定。

2021年正式施行的《民法典》之婚姻家庭编，在吸收《婚姻法》既有规定的基础上，对婚姻无效和可撤销婚姻的情形作了调整，但在婚姻关系之诉讼程序方面仍未有改动。由此可见，在婚姻诉讼之司法实务愈加复杂的大背景下，相关的程序性规则层面并未及时更新。

（二）相关规定数量较少且不成体系

无论是在《民事诉讼法》《民法典》等法律中，还是在相关司法解释里，关于婚姻诉讼的程序性规定不仅数量较少，而且均散见于相关立法和司法文件之中，较为零散而不成体系。为了更加直观地体现其数量及具体分布，笔者试将相关文件中涉及婚姻诉讼的程序性条款制成表格，详情如下：

表 5-1

相关规则 \ 诉讼类型	离婚诉讼	婚姻无效诉讼	可撤销婚姻诉讼	离婚损害赔偿诉讼
《婚姻法》	D32	D10、D12	D11、D12	D46
《婚姻法解释》（一）	D3、D22	D7、D8、D9、D13、D14、D16	D10、D11、D12、D13、D14	D28、D29、D30
《婚姻法解释》（二）	D3、D7	D2、D3、D5、D6、D7	无	无
《婚姻法解释》（三）	D8	D1	无	D17
《民事诉讼法》	D65、D101、D127、D137、D151、D154、D209	无	无	无
《民法典》	D1079、D1082	D1048、D1051	D1052、D1053、D1054	D1091
《民法典婚姻家庭编解释（一）》		D9-D17	D18、D19、D20	D86、D87、D88、D89、D90

说明：（1）相关条文的法条序号以"D+数字"表示
（2）表中七项规则依照出台的时间先后进行排序

从条文数量上看，《民事诉讼法》中仅有 7 个条文涉及婚姻诉讼程序，且仅涉及离婚诉讼这一种诉讼类型，着实规制不足；《婚姻法》作为规制婚姻家庭关系的专门法，其中涉及诉讼规则的也仅有 5 条；三部《婚姻法解释》中，紧随 2001 年修改后之《婚姻法》的第一、第二部解释对于《婚姻法》中新增加的婚姻无效、可撤销婚姻制度进行了相应完善，但是在诉讼规则上的条文却只有三条。《民法典》及《民法典婚姻家庭编解释（一）》统合了《婚姻法》及三部司法解释的内容，并对无效婚姻和可撤销婚姻的事由作了较大幅度的改动，但在婚姻诉讼之程序规则上仍未有明显的新增。从条文布局上看：相关条文散见于表格所列的司法文件之中，且每个文件中各种诉讼类型的条文数量很不平衡，也不存在专章专节的分类布局；相关诉讼条文与实体法规定相混杂，在布局上尚无规律可循。

（三）大量程序性规则存在于实体法而非程序法之中

上述表格直观反映了我国现有的涉及婚姻诉讼之程序性条款的分布特点：从数量上看，在《婚姻法》及其司法解释中有 32 条，《民法典》及《民法典婚姻家庭编解释（一）》中有 17 条，而在《民事诉讼法》中仅有 7 条；从案件类型上看，离婚诉讼的程序性条款在实体法和程序法中兼而有之，而婚姻无效诉讼、可撤销婚姻诉讼和离婚损害赔偿诉讼均仅分布于实体法中。这一分布现状显然是与具体规则的程序性属性不相适应的。

（四）存在民事诉讼与行政诉讼相互混同的情形

在《民法典》颁布施行之前，我国相关规定中出现民事诉讼程序与行政诉讼程序二者竞合的情形有两处：一处是《婚姻法解释（三）》中的第 1 条规定："当事人以结婚登记程序存在瑕疵为由提起民事诉讼，主张撤销结婚登记的，告知其可以依法申请行政复议或者提起行政诉讼。"另一处是《婚姻法》第 11 条规定："因胁迫结婚的，受胁迫的一方可以向婚姻登记机关或人民法院请求撤销该婚姻。"在现行规定中，第一处竞合保留于《民法典婚姻家庭编解释（一）》第 17 条第 2 款，第二处竞合已被《民法典》第 1052 条第一款修改，受胁迫方仅可向法院请求撤销婚姻。

由于我国在婚姻的缔结上实行登记制，由民政机关履行登记职责，此处撤销婚姻登记，其产生的法律效果即为婚姻关系消灭，当事人可以另行结婚。涉及婚姻关系的消灭，原本属于婚姻诉讼程序的规制范围，而此处仅凭司法解释中的单个条文便将其列入到了行政诉讼程序的规制范围，着实欠妥。且在当事人利用行政诉讼规则撤销婚姻登记的过程中，是否会涉及离婚损害赔偿等问题，如若涉及应当如何处理，均未给予明确规制。

第二节　家事审判改革开展前我国婚姻诉讼案件的运行状况

分析我国大陆现行婚姻诉讼程序的规则现状之后，还需对我国婚姻诉讼程序的整体运行实况进行评析。笔者查阅了 2008—2014 年出版的《中国法律年鉴》，详细梳理了 2007—2013 年关于婚姻诉讼的司法数据，以便更直观地体现家事审判改革开展之前，我国婚姻诉讼程序的运行实况，如

表 5-2、表 5-3 所示。

表 5-2　全国法院审结民事一审婚姻家庭、继承纠纷案件情况统计表

（单位：件）

年份	结案	判决	调解	移送	驳回起诉	撤诉	终结	其他
2013	1611903	441084	770437	4326	6761	381538	953	6804
2012	1647464	412250	803919	4087	6624	413132	1194	6258
2011	1609801	416136	768238	4565	7018	407248	1496	5100
2010	1428340	387185	698900	4684	5716	326353	1281	4221
2009	1380762	399461	659065	4930	5510	306697	1351	3748
2008	1320636	416077	613579	4323	5484	276511	1228	3634
2007	1215776	406179	560830	3558	4436	236087	1183	3503

表 5-3　一审婚姻家庭、继承纠纷结案数与一审民事案件总结案数数量关系统计表

年份	2013	2012	2011	2010	2009	2008	2007
一审婚姻家庭、继承纠纷结案数（单位：件）	1611903	1647464	1609801	1428340	1380762	1320636	1215776
一审总结案数（单位：件）	7510584	7206331	6558621	6112695	5797160	5381185	4682737
占比（%）	21.4	22.9	24.5	23.4	23.8	24.5	26.0

表 5-2 关于 2007—2013 年全国法院审结民事一审案件中婚姻家庭、继承类纠纷的处理情况，直观地反映了婚姻家庭、继承纠纷类案件中判决、调解、移送等诸种案件处理方式适用的数量对比。其中最值得关注的是，调解结案的案件数量在婚姻家庭、继承纠纷的结案总数上一直占据最大的比重，除个别年份外，一直持续攀升，并且远远超过了判决结案的案件数量。表 5-3 反映了全国法院审结一审婚姻家庭、继承类案件数与一审民事案件总结案数之间的数量及比率关系。显而易见，从案件数量上看，我国每年审结的一审民事案件数量庞大且总体呈上升趋势，其中婚姻家庭继承类案件在全部民事案件中的占比一直保持在 20% 以上。

从案件类型上看，婚姻纠纷呈现复杂化、多样化的趋势，主要表现

在：首先，婚姻案件涉及民事、刑事、行政三大实务领域。刑事审判中的重婚罪、①虐待罪、②遗弃罪、③暴力干涉婚姻自由罪④等，其事实认定部分都要涉及到婚姻法理论，而因婚姻登记程序引起的婚姻关系纠纷，目前仅能通过行政诉讼程序加以规制。⑤其次，婚姻诉讼增加了具体的诉讼类型。2001年《婚姻法》的修改新增了宣告婚姻无效诉讼和可撤销婚姻诉讼，从而丰富了婚姻诉讼的内容。在此基础上，规范此类纠纷的具体程序规则以及对当事人合法权益的保护也成为婚姻家庭理论界的重点研究内容。最后，随着诉讼主体法律意识和权利意识的不断增强，涉及生育权、同居义务等与婚姻相关的纠纷类型接踵出现，当事人申请离婚的原因也呈多样化等，都对婚姻诉讼之司法实务提出了新的挑战。

从审判主体上看，在家事审判改革开展之前，我国婚姻诉讼案件审判主体的非专业化特征十分明显。我国并未设有处理婚姻家庭案件的专门法院，也谈不上设置专司婚姻家庭诉讼的专业审判人员。由于处理婚姻诉讼案件的法官均未受过专门的婚姻诉讼培训，故仅能依靠自身已有的专业素质以及审判经验来应对复杂多样的相关案件。然而法院系统中具有丰富相关审判经验的法官毕竟是少数，更多的婚姻诉讼案件只能是由普通法官依照普通的民事案件审判程序加以处理。

在审判程序上，我国的婚姻诉讼案件与普通民事案件适用基本相同的诉讼程序。我国婚姻诉讼程序中的特殊规则散见于实体法和程序法之中，数量不多且较为零散，因此婚姻诉讼审判程序主要还是适用普通民事案件的通行规则。由此一来，常常导致法院在处理婚姻案件时对其中所涉的财产关系纠纷与身份关系纠纷不作区分，将婚姻诉讼简单等同于一般的财产性诉讼来处理，忽视了婚姻事件的程序特点。

从调解程序之适用上看，与域外很多国家和地区相同，我国大陆在程序立法上针对离婚诉讼设置了调解前置的强制性规定，也即婚姻诉讼中的调解主要集中于离婚诉讼程序中。但是我国立法上对于离婚调解的主体及方式等问题与婚姻诉讼程序一样，并未结合诉讼事件本身的特征给予特别的程序设置，涉及婚姻诉讼调解的特殊规则仅有《民法典》第1079条第2款"人民法院审理离婚案件，应当进行调解"的原则性规定。

---

① 见《中华人民共和国刑法》第258条。
② 见《中华人民共和国刑法》第260条。
③ 见《中华人民共和国刑法》第261条。
④ 见《中华人民共和国刑法》第257条。
⑤ 参见王礼仁：《婚姻诉讼前沿理论与审判实务》，人民法院出版社2009年版，第17页。

第六章 我国婚姻诉讼程序之分类考察 I
——婚姻无效之诉

无效婚姻，是指"形式上已缔之婚姻因违反了法律规定的结婚要件而不发生法律效力的违法结合"。[①] 无效婚姻一般是欠缺了合法婚姻的实质要件，属于绝对无效。婚姻无效制度的确立意义在于保护合法婚姻之法定要件的贯彻执行，维护合法婚姻的建立，同时对违法婚姻起到预防作用。广义上的无效婚姻还包括了可撤销婚姻的情形，我国《民法典》对无效婚姻和可撤销婚姻作了分别规定，因此我国的婚姻无效乃采狭义的概念。[②] 我国在1994年2月1日出台的《婚姻登记管理条例》中首次出现了"婚姻关系无效"的提法，2001年修改的《婚姻法》创设了婚姻无效制度，相关规定后被《民法典》婚姻家庭编继受。

第一节 婚姻无效之诉的现有规定

一、婚姻无效的法定情形

在《民法典》颁布施行之前，我国《婚姻法》第10条规定了婚姻无效的法定情形：重婚、有禁止结婚的亲属关系、婚前患有医学上认为不应当结婚的疾病且婚后未治愈、未达法定婚龄。

（一）因重婚引起的婚姻无效

一夫一妻的婚姻制度是贯穿我国婚姻家庭制度的基本原则，《民法典》第1041条也对其作出明确规定，重婚行为违反一夫一妻的基本婚姻

[①] 参见杨大文主编：《婚姻家庭法》，中国人民大学出版社2008年版，第121页。
[②] 参见王礼仁：《婚姻诉讼前沿理论与审判实务》，人民法院出版社2009年版，第473页。

制度。婚姻诉讼上的"重婚",是指有配偶者又与他人缔结婚姻的违法行为,其主要表现为两种形式,"法律上的重婚"和"事实上的重婚"。前者是指前一婚姻未解除,又与他人办理结婚登记手续而构成的重婚,只要双方办理结婚登记手续,无论是否举行婚礼或同居与否,重婚均已形成。后者是指前一婚姻未解除,又与他人以夫妻名义共同生活,虽未办理婚姻登记手续,但事实上已经构成重婚。① 需要区分的是,《中华人民共和国刑法》(以下简称《刑法》)上的"重婚罪"与婚姻诉讼制度上的重婚范围并不相同。依照我国《刑法》的规定,有配偶而重婚,或者明知他人有配偶而与之结婚的,应追究刑事责任;不知对方已有配偶而与之结婚的,不是重婚的犯罪主体。而在婚姻法上,无论无配偶的一方是善意或者恶意,均破坏了一夫一妻的婚姻制度,对该婚姻无效的认定没有任何影响。② 我国《民法典》上涉及"重婚"的规定共有六处,分别涉及禁止重婚的原则性规定、婚姻无效的情形、重婚导致婚姻无效的财产处理、诉讼离婚中"感情确已破裂"的认定情形、应依法追究刑事责任的情形、离婚损害赔偿请求权等。

(二) 有禁止结婚的亲属关系

我国《民法典》第 1048 条明确了直系血亲和三代以内旁系血亲禁止结婚。禁婚亲,是指法律规定的禁止结婚的亲属。禁婚亲的传统源于原始社会的婚姻禁忌,进入个体婚制后,人类以立法限制近亲结婚,一方面是基于医学、人类学等领域优生优育的考虑:人类两性关系的发展证明,若夫妻双方血缘关系太近,易将疾病或缺陷遗传给子女,容易导致后代畸形,从而影响民族健康;另一方面则是基于伦理道德的要求,近亲结婚有碍于人类长期形成的婚姻道德,易造成亲属身份上的紊乱。③ 由于各国和地区民族文化和习惯传统的不同,禁止结婚的亲属关系在范围上存在宽严之别,我国《民法典》上禁止结婚的亲属关系具体是指直系血亲和三代以内旁系血亲。

---

① 中国审判理论研究会民事审判理论专业委员会编著:《〈民法典〉婚姻家庭编条文理解与司法适用》,法律出版社 2020 年版,第 56 页。
② 参见杨大文主编:《婚姻家庭法(第六版)》,中国人民大学出版社 2015 年版,第 92 页。
③ 参见杨大文主编:《婚姻家庭法(第六版)》,中国人民大学出版社 2015 年版,第 82 页。

（三）未到法定婚龄而致婚姻无效

依照《民法典》第 1047 条的规定，我国的法定婚龄为男 22 周岁、女 20 周岁。结婚年龄是立法规定的男女双方缔结婚姻所需达到的最低年龄，达到法定婚龄是构成合法婚姻的重要条件。在《民法典》婚姻家庭编的审议过程中，关于我国法定婚龄的调整也是热点问题。有学者基于我国传统文化并对比世界大多数国家法定婚龄的相关数据后提出应适当降低法定婚龄，但全国人大宪法和法律委员会经与司法部、国家卫健委等部门认真研究后认为，现行法定婚龄的规定已为社会大众所熟知并认可，该项修改属于婚姻制度的重大调整，应在充分调研和科学分析的基础上作出决策，目前尚不具备修改法定婚龄的条件。该情形的特殊之处在于该条婚姻效力的限制必将随着婚姻双方当事人年龄的增长而灭失，因此该种无效婚姻的确认申请应当在双方当事人达到法定婚龄前作出方为有效。

《婚姻法》第 7 条第 2 款明确禁止患有医学上不应当结婚疾病的公民结婚，第 10 条也将其列为婚姻无效的情形。该项条款主要是为了优生优育，防止新生儿缺陷。然而，该项规定与婚姻自主权之法益产生抵触，《民法典》颁布施行后，该条情形已被修改为婚姻撤销的法定事由之一，笔者将于下一章节作详细论述。

二、婚姻无效的宣告程序

我国的婚姻无效虽属绝对无效，但并非自始、当然无效，其无效的性质要经过特定的程序进行宣告。《民法典婚姻家庭编解释（一）》第 20 条明确规定，无效婚姻或可撤销婚姻在依法被确认无效或被撤销后，才确定该婚姻自始不受法律保护。

我国《民法典》第五编"婚姻家庭"第二章"结婚"部分，仅规定了导致婚姻无效的情形，对申请主体及具体程序并未加以明确。除了人民法院有权处理无效婚姻，我国的婚姻登记机关依据 1994 年《婚姻登记管理条例》的规定，原来一直也对无效婚姻之申请事项具有管辖权，[①] 但 2003 年新的《婚姻登记条例》删除了这一规定。2003 年民政部《婚姻登记工作暂行规范》第 45、46 条更是进一步明确了除受胁迫结婚外，婚姻登记机关不得受理因其他任何理由宣告婚姻无效或撤销婚姻的请求。2021

---

① 1994 年《婚姻登记管理条例》第 25 条规定，当事人弄虚作假骗取婚姻登记的，婚姻登记管理机关有权受理宣告婚姻无效的申请。

年正式施行的《民法典婚姻家庭编解释（一）》第 9 条明确了人民法院受理婚姻无效宣告之申请的程序性规定，确认了人民法院的管辖权。由此可见，目前我国无效婚姻的宣告主体仅限于人民法院，婚姻登记机关不再行使宣告之权。

依照《民法典婚姻家庭编解释（一）》第 9 条的规定，有权申请宣告婚姻无效的主体，在婚姻双方当事人之外，还包括利害关系人。利害关系人一般是指当事人的近亲属，在重婚的情形下还包括基层组织。宣告请求权不受除斥期间的限制，任何时候均可申请宣告。

在宣告婚姻无效案件的程序适用方面，根据《民法典婚姻家庭编解释（一）》第 11 条，法院审理申请宣告婚姻无效，在婚姻效力的认定方面不适用调解，婚姻无效的判决一经作出，即生效力。对于与之相关的财产及子女抚养争议，可以适用调解。第 16 条还规定，因重婚导致婚姻无效的，如果涉及财产处理，法院应准许原合法婚姻当事人作为有独立请求权的第三人参加诉讼。

第二节　我国婚姻无效诉讼的性质界定

现有立法不仅对于婚姻无效案件之诉讼规则着墨甚少，仅有的关于调解制度之排除适用的规定还造成了案件性质的理论争议。

一、婚姻无效案件应为诉讼案件而非讼案件

我国有部分学者将婚姻无效之诉定性为非讼案件，主张比照适用特别程序进行审理。如有学者指出："《婚姻法解释（一）》虽未明确规定申请宣告婚姻无效案件适用特别程序进行审理，但是从其规定的具体程序内容上看应属于特别程序。"[1] 有学者认为："我国《婚姻法》上并未明确申请宣告婚姻无效案件的程序性质，但从《婚姻法解释（一）》中的不适用调解、判决一经作出即生效力等规定来看，应该是确立了申请宣告婚姻无效案件为非讼案件，应当比照适用《民事诉讼法》关于特别程序的规定进行审理。"[2] 还有学者解释道："申请宣告婚姻无效案件的争议内容具有非讼性，婚姻效力问题并非对民事权益的归属有争议，而只是要求法

---

[1] 谭兵主编：《民事诉讼法学》，法律出版社 2004 年版，第 415 页。
[2] 黄松有主编：《婚姻家庭司法解释实例释解》，人民法院出版社 2006 年版，第 112 页。

院对婚姻关系是否有效作出确认，因此应类推适用《民事诉讼法》中的非讼案件的审理程序，即特殊程序进行审理。"① 以上判断是以《婚姻法解释（一）》中的相关程序规定为依据的，主要是根据宣告婚姻无效的程序性规定排除了调解的适用，适用一审终审，与我国特别程序的规定一致等。显而易见，虽上述规定被《民法典》及其司法解释继受，但这种以程序规定倒推事件性质的方式不够严谨，且并未清晰地区分特别程序及非讼程序的性质差异。

笔者认为，关于婚姻无效案件的特殊审理规则并非对应非讼程序也即"特别程序"，而是对应我国民事案件的通常婚姻诉讼程序，或者对应域外专门的人事诉讼或家事诉讼程序。对婚姻无效案件的审理当然应适用特殊的诉讼程序，但我国"特别程序"并没有关于婚姻诉讼程序或人事诉讼、家事诉讼的单独规定。前文已述，宣告婚姻无效的程序性规定目前乃是集中于婚姻法司法解释中，不宜成为婚姻无效案件的定性依据，婚姻无效案件仍为诉讼案件。

第一，对于无效婚姻程序之认定不适用调解制度，主要是因为该类婚姻的存在已经违反了法律规定，一经当事人申请或发现即必须认真依法审查，婚姻是否有效不以当事人的意志为转移。换言之，婚姻无效的法定情形不能因当事人的合意而改变该段婚姻关系违法的客观事实，经查证该段婚姻在提起诉讼时确实存在四种违法情形之一的，就不能经由当事人合意调解而转变为有效婚姻。② 此种制度设计的考虑与特别程序中对调解的排除并不一致。

第二，我国现有的特别程序是针对特定、专门事件的程序总称，如确认选民资格程序，认定公民无民事行为能力、限制民事行为能力程序等，具有较强的针对性，也不能与非讼程序完全划等号。③ 确认婚姻无效案件在性质、类型等方面与上述事件均没有同质性，因此在婚姻无效案件的处理中也无法借鉴特别程序的相关规定。除非在特别程序中专门规定确认婚姻无效程序或者婚姻诉讼程序，否则，特别程序对确认婚姻无效之诉的审理是难以发挥程序依据作用的。④

---

① 单国军主编：《婚姻法司法解释理解与运用·典型案例裁判理由》，中国法制出版社2010年版，第37页。
② 参见黄松有主编：《婚姻家庭司法解释实例释解》，人民法院出版社2006年版，第137页。
③ 我国特别程序一章中的"选民资格案件"不属于非讼程序。
④ 参见陈爱武、赵莉：《婚姻无效之诉若干问题研究》，载《江海学刊》2007年第1期。

第三，婚姻无效案件并非仅仅涉及婚姻关系之效力有无问题，往往还牵涉财产分割和子女抚养等权益争议，若简单将婚姻无效程序界定为非讼程序，则将要面临同一案件适用不同诉讼程序分别处理的尴尬情况：婚姻无效案件适用特别程序一审终审，而其他财产分割和抚养权等问题却要适用普通程序二审终审。该种操作不仅会造成司法资源的不合理浪费，更有可能导致裁判结果的前后不一。

二、婚姻无效诉讼应为形成之诉而非确认之诉

在承认婚姻无效之诉讼案件性质的基础上，关于该类案件性质界定的另一个重要问题随之而来，即从诉的学理分类上看，婚姻无效之诉应属确认之诉抑或形成之诉。若属确认之诉，则是由原告请求法院确认特定婚姻关系不存在，便意味着该项婚姻关系自始不存在；若属形成之诉，则为原告请求法院解除特定婚姻关系的效力，在形成之诉判决作出前，该项婚姻关系仍属有效。由此可见，想要界定婚姻无效诉讼之诉的种类，必须明确一个前提性问题，即满足特定条件的婚姻关系是"自使无效"还是"裁判无效"。

在婚姻无效制度设置之初，普遍认定其为当然无效。罗马法遵循瑕疵婚姻当然无效制度，以绝对、自始、确定无效为原则，任何人均可随时主张他人的婚姻无效。中世纪时期，教会法确立了宣告婚姻无效制度的法律渊源："一项婚姻未经法律诉讼便不能宣布无效。"[①]

（一）关于无效婚姻的效力争议

1. 自始无效说

日本通说认为，存在无效事由的已登记婚姻当然无效，其效力的确认无须等待法院裁判。我国台湾地区亦采此种观点，无效婚姻属当然无效，婚姻关系的无效无须诉讼宣告，但对于婚姻效力产生争议时，可以提起确认婚姻无效之诉。[②] 除此之外，德国、法国等许多国家虽规定了特定婚姻必须经由诉讼程序被确认无效，但并不影响这些国家对特定婚姻自始无效的认定。在此种情形下，"判决无效是通过诉讼程序基于自始无效的原因

---

① 姚秋英：《婚姻效力研究》，中国政法大学出版社2013年版，第87页。该项制度被大多数国家的婚姻诉讼制度所承继并保留至今，非经诉讼程序不得对特定婚姻关系效力的有无产生争执。
② 参见林秀雄：《亲属法讲义》，台湾元照出版公司2013年版，第94页。

而为的婚姻自始、当然不存在的宣告"。①

2. 裁判无效说

即便无效婚姻诉讼之自始无效说占据主流，学界仍有关于裁判无效说的观点争议，我国台湾地区学者陈荣宗即为代表。陈荣宗认为，在法院确定判决生效前，即便该项婚姻关系存在无效的法定情形，也并不直接产生无效的效果，仍受法律保护，任何人无权随意主张其为无效。自法院确定判决宣告，该项婚姻关系回溯至成立之时统归无效。此观点主要基于如下理由：第一，身份法领域的无效与财产法领域的无效在法律意义和影响范围上完全不同，婚姻关系涉及第三人合法权益和社会公益，与无效婚姻当事人有身份关系的人，会因婚姻关系的效力有无受到严重的影响，考虑到姻亲、血亲等亲属关系的安定，必须对婚姻关系的效力作慎重对待。第二，已具备法定登记要件的婚姻关系应受尊重和保护，未经判决宣告法院之外的当事人、利害关系人均无权因主张无效而使之无效。在法院宣告无效的判决作出前，该段婚姻关系视为合法有效，当事人享有与其他夫妻一样的权利和义务。第三，婚姻无效没有解释为自始无效的必要。无论因何种情形导致的婚姻无效，现存的婚姻事实以及基于该段婚姻关系产生的财产上和身份上的法律事实，不会因主张婚姻关系无效而自动灭失。（查陈荣宗论文）除此之外，从我国以及域外共通的婚姻无效情形来看，未达法定婚龄等情形均有自行消失的可能。《民法典婚姻家庭编解释（一）》第10条明确，当事人向人民法院请求确认婚姻无效，法定的无效婚姻情形在提起诉讼时已经消失的，人民法院不予支持。有鉴于此，将无效婚姻规定为绝对当然无效也无必要。

综上所述，虽然依照《民法典》第1054条规定，无效婚姻自始没有法律约束力，当事人不具有夫妻的权利和义务，但在我国的无效婚姻制度实采宣告主义而非当然无效。无效婚姻的效力确认，需经当事人或利害关系人向法院提起无效婚姻之诉始得开启，并在法院经诉讼程序审理并作出判决后方得认定其确属无效。其后的财产分割、子女抚养、亲属关系、损害赔偿等事由再依据相关法规处理。人民法院的婚姻无效判决对于婚姻效力的认定和婚姻关系的存续发挥着决定作用。

（二）关于诉讼种类的争议

关于婚姻无效诉讼之诉讼种类的争议与上文关于性质的争议密切相

---

① 史尚宽：《亲属法论》，中国政法大学出版社2000年版，第64页。

关。主张确认之诉的学者认为，法院判决对于此种诉讼仅具有宣示意义，并非使其无效的实际原因，故在性质上应属确认之诉。法院的确定裁判也无法改变该类婚姻从缔结之际便不具备成立要件的既定事实，仅是将其原本无效的事实以裁判的形式确认下来。因此，婚姻无效必经法院裁判的目的并非变更原婚姻关系的效力，而是为了防止出现不必要的重婚纠纷。故婚姻无效诉讼并非变更之诉，而是为确认婚姻关系不存在的确认之诉。

主张婚姻诉讼应为形成之诉的学者主要有如下意见。我国台湾地区学者陈荣宗认为，婚姻无效是一种法律事实，不能作为确认之诉的客体，则婚姻无效之诉讼无视为确认诉讼之可能。日本学者三月章认为，形成之诉可分为有广泛效力的形成之诉和无广泛效力的形成之诉，前者又有两种形态，一是专门针对将来产生实体法上法律状态的变更，如离婚之诉的判决；二是产生溯及既往的法律状态的变更，如婚姻无效的判决。① 另，从形成之诉的法律特点上看，婚姻无效诉讼也与之符合。较之确认之诉和给付之诉，形成之诉仅有在实体法有明确规定的情形下方得提起，且实体法往往对特定给付之诉的适格当事人等程序要件作出规定。婚姻无效诉讼由《民法典》明确规定，且针对不同的无效事由分别给出了适格原告的范围。婚姻无效诉讼的上述特点也可作为其属于形成之诉的重要根据。

除了上述效力争议，我国婚姻无效之诉的现行规定仍然存在诸多问题，对该类案件的审判实践造成困难。首先，相关程序规定不成系统。由表 5.1 中可以看出，对于宣告婚姻无效之诉讼程序，我国《民事诉讼法》及相关司法解释中未有涉及，主要集中于《民法典》及其司法解释中。这一"实体法定程序、程序法不涉及"的做法在我国实体法、程序法相分离的立法背景下，明显缺乏系统性。其次，在此种立法现状下，零散穿插于实体法条文中的程序性规则也缺乏逻辑性和完整性。其条文规定无法涉及婚姻无效的各个诉讼阶段，且主要集中于婚姻法司法解释中，效力层次明显偏低。最后，现有规定易带来程序定性上的困扰。该种零散的规定貌似是对于确认婚姻无效之诉适用普通诉讼程序基础上的一种补充，但又与普通民事诉讼程序的规定有较大差异也即体现了非讼的程序性质，这一略显混乱的规定势必会给司法实践中的案件处理带来困惑。

---

① 陈爱武、赵莉：《无效婚姻之诉若干问题研究》，载《江海学刊》2007 年第 1 期。

第七章 我国婚姻诉讼程序之分类考察 Ⅱ
——婚姻撤销之诉

可撤销婚姻，是指依照法律的规定，可以应行为人的要求而加以撤销从而使婚姻关系自始消灭的婚姻。① 具体到我国的婚姻诉讼程序中，特指"受胁迫结婚"和"被隐瞒特定疾病而结婚"这两种适用情形。

第一节 《婚姻法》及司法解释的相关规定

在《民法典》颁布之前，2001 年《婚姻法》第 11 条规定了可撤销婚姻制度，具体内容为："因胁迫结婚的，受胁迫的一方可以向婚姻登记机关或人民法院请求撤销该婚姻。受胁迫的一方撤销婚姻的请求，应当自结婚登记之日起一年内提出。被非法限制人身自由的当事人请求撤销婚姻的，应当自恢复人身自由之日起一年内提出。"《婚姻法解释（一）》对于"胁迫"的具体要件、可撤销婚姻适用的诉讼程序、婚姻被撤销的效力等问题作出了规定。

第一，申请撤销婚姻的主体仅限于受胁迫的一方当事人。《婚姻法解释（一）》第 10 条第 2 款明确规定，有权请求撤销婚姻的主体是确定且唯一的，仅限于"受胁迫的一方"。这是由于受胁迫方在结婚时未能真实表达自己的意愿，使得婚姻关系的发生与维系违背其意志。除此之外，其他任何人不得申请撤销，婚姻登记机关或人民法院也不得主动撤销。

第二，有权应当事人请求而撤销婚姻的机关为婚姻登记机关和人民法院。如前所述，《婚姻法》第 11 条将因受胁迫结婚而请求撤销婚姻的案件管辖权交予婚姻登记机关及人民法院，当事人可选择适用。受胁迫方对于婚姻登记机关作出的决定不服的，不能向法院提起民事诉讼，只能提请

---

① 参见马原主编：《新婚姻法条文释义》，人民法院出版社 2002 年版，第 109 页。

行政复议或行政诉讼。① 值得注意的是，2011 年发布的《婚姻法解释（三）》第 1 条规定了婚姻登记的撤销，该项事由与此处的可撤销婚姻不同，不是由于一方结婚时受胁迫而是特指结婚登记程序存在瑕疵的情形，瑕疵结婚登记的撤销仅能通过提起行政复议或行政诉讼的方式来处理。

第三，撤销婚姻申请权有严格的时间限制。《婚姻法》第 11 条规定了受胁迫的一方婚姻当事人有权行使撤销权的时间，将其明确限制在自结婚登记之日起或其恢复人身自由之日起 1 年内，此处的 1 年期限不适用诉讼时效中止、中断或延长的规定。即为维护婚姻家庭的稳定性，当事人申请撤销婚姻的权利期间属于不变期间。这一设置考虑到了司法实务中可能会存在结婚时违背自身意愿的被胁迫一方经过一段时间的共同生活后，与对方产生了感情，愿意与其继续维持婚姻关系的情况，在此种情形下若将受胁迫婚姻规定为无效婚姻则着实不妥。这一规定的合理性在于：如果受胁迫方长期不行使该撤销请求权，一方面会使该婚姻关系长期处于一种不稳定的状态，不利于双方当事人、子女甚至家庭及社会的稳定，也会导致婚姻登记机关或人民法院在进行"当事人受胁迫"的事由判断时因长时间耽搁而失准。

第二节　《民法典》关于婚姻撤销程序的修改内容

一、删除了《婚姻法》关于婚姻撤销主体之双轨制的规定

《婚姻法》及其司法解释对婚姻撤销规定了民事、行政"双轨制"的管辖规则，即婚姻登记机关与人民法院都有权在符合情形的条件下行使婚姻撤销权，该项规定在很长一段时间内导致法院处理婚姻撤销问题时有民事诉讼和行政诉讼两种情形。

（一）《婚姻法》关于婚姻撤销主体之双轨制的检讨

1. 设置背景

1994 年《婚姻登记管理条例》首次规定婚姻登记机关有权处理婚姻效力纠纷，该条例第 25 条明确，当事人弄虚作假、骗取婚姻登记的，婚姻登记管理机关应当撤销登记，对当事人宣布其婚姻关系无效并收回结婚

---

① 参见马原主编：《新婚姻法条文释义》，人民法院出版社 2002 年版，第 111 页。

证或离婚证。此类规定是有历史背景的：一方面，在当时的婚姻程序立法上并未设立婚姻无效制度，婚姻登记机关撤销婚姻效力的行为实际上是对我国婚姻无效制度的空白填补；另一方面，婚姻登记行为一度被认为是行政许可行为，因此由该行为引发的纠纷，就被当然地规定为须经行政复议或行政诉讼解决的纠纷。

《婚姻法》在 2001 年的修改中设置了无效婚姻和可撤销婚姻制度，针对两类特殊的婚姻情形分别规定了严格的适用条件，其中可撤销婚姻被严格限定为"受胁迫"这一种情形。在此情形下，若允许登记机关撤销婚姻登记，则会明显扩大可撤销婚姻的范围。① 鉴此，我国民政部于 2015 年 12 月发布并于 2016 年 2 月试行的《婚姻登记工作规范》第五章（第 46 条至第 53 条）为婚姻登记机关办理撤销婚姻的相关规定，其中第 53 条明确：婚姻登记机关不受理除受胁迫结婚之外的以任何理由请求宣告婚姻无效或者撤销婚姻的请求。

2. 运行困境

"双轨制"导致法律适用混乱。我国婚姻登记机关除受胁迫这一事由外，不受理其他任何涉及婚姻效力的纠纷，这恰恰与我国婚姻法解释上的规定相抵触。《婚姻法解释（三）》第 1 条即规定了因婚姻登记瑕疵请求撤销婚姻登记的，当事人应申请行政复议或提起行政诉讼。这类相互抵触的规定之所以会出现，可能的原因是有关制订机关将婚姻效力纠纷与婚姻登记瑕疵纠纷进行了区分，认为婚姻登记瑕疵不涉及婚姻效力的范畴。但在司法实务中两者很难明确区分，撤销婚姻登记必然引起具体婚姻的效力变更。行政诉讼重点在于审查行政行为即婚姻登记行为的合法性问题，民事诉讼中的撤销婚姻之诉则主要审查婚姻关系的有效性问题，这两者的审查内容及判断标准差异较大。同类性质的婚姻案件，分别提起行政诉讼或民事诉讼，诉讼结果可能完全不同。如在登记结婚时使用虚假证明、登记机关越权登记等情形，在行政诉讼中属于违法行政行为，可能导致撤销婚姻登记，而在民事诉讼程序中，该婚姻却可能有效。② 除了具体案件审理标准上的差异，两类诉讼的另一差异体现在诉讼时效方面。民事诉讼程序对于可撤销婚姻的除斥期间有着特殊的规定，而行政诉讼上则未予明确。因此，同样是对登记瑕疵提起诉讼，但最后的民、行裁判结果却并不统

---

① 前文已述，根据 1994 年的《婚姻登记管理条例》第 25 条的规定，当事人弄虚作假、骗取婚姻登记的情形是婚姻登记机关撤销婚姻登记的事由。

② 参见王礼仁：《解决婚姻行政诉讼与民事诉讼打架之路径》，载《法律适用》2011 年第 2 期。

一。有的法官依照行政诉讼上的规定对于存在登记瑕疵的婚姻一律加以撤销，有的法官则依照民事诉讼程序上的规定作出处理，在行政诉讼中同样适用民事诉讼除斥期间的规定。

"双轨制"造成诉讼困难。我国立法上不仅对于婚姻撤销之诉的"双轨制"具体诉讼规则未作分别明晰，也未规定两个主体在适用情形上的差异、适用时的选择规则以及适用冲突时的裁决主体，因此造成实务中对婚姻效力纠纷相互推诿的情形，导致当事人诉讼无门，甚至无法摆脱受胁迫婚姻等。① 该情形极有可能造成可销婚姻的诉讼期间无谓经过，从而直接导致当事人申请权灭失。从后续程序上看，婚姻登记机关无权处理与婚姻效力相关的其他民事问题。《婚姻登记条例》第9条第2款规定："婚姻登记机关经审查认为受胁迫结婚的情况属实且不涉及子女抚养、财产及债务问题的，应当撤销该婚姻，宣告结婚证作废。"依法条规定可知，婚姻登记机关对于子女抚养、财产及债务问题均无权处理，若符合前述条件的婚姻由登记机关加以撤销，那么当事人之间关于子女抚养、财产及债务等问题的争议便只能另外向法院提起民事诉讼，这无疑会大幅增加当事人的诉讼成本。

"双轨制"造成司法资源的无谓浪费。以行政诉讼方式处理婚姻登记瑕疵，需要以行政处理结果作为诉讼的前提条件，从诉讼主体来看，在此类行政诉讼中便先后存在着婚姻登记机关、法院、婚姻双方当事人这四方主体；从审理效果上看，法院对于当事人不服行政机关处理结果而提起的行政诉讼，即便认为有误，也只能撤销或指令该机关重新处理，这样一来，一个婚姻行政诉讼案件在行政机关和法院之间循环往复，效率十分低下；从机构性质上看，进行形式审查的婚姻登记机关不同于对实体问题进行处理的裁决机关，其法律专业水平有限，要正确及时处理这类问题较为困难；从诉讼成本上看，无疑要为一个简单但当事人不服的行政行为的纠正付出巨大的时间成本和人力成本，明显不符合诉讼经济原则。②

(二)《民法典》第1052条将撤销婚姻的主体修改为单轨制

作为民法的调整对象之一，婚姻关系属于民事领域的纠纷，通过司法途径加以解决已是现代法治国家的通行做法，行政机关很少介入处理。由

---

① "一男子被陌生女子假结婚骗财想离婚还离不成"，载中国离婚网 http：//www.lihun66.com/hynews/71759.html，访问日期：2016-01-05。
② 参见王礼仁：《解决婚姻行政诉讼与民事诉讼打架之路径》，载《法律适用》2011年第2期。

婚姻登记机关对婚姻登记予以撤销，混淆了婚姻登记机关与司法审判机关的区别，赋予了婚姻登记机关本不该享有的民事裁判职能，从而导致了权力配置上的错误。① 由人民法院统一受理则可以有效避免"分而治之"的复杂局面。《民法典》第1052条第1款规定，因胁迫结婚的，受胁迫方可以向人民法院请求撤销婚姻。该项修改明确了婚姻登记撤销权的形成诉权之属性，规定该种撤销权仅可以诉讼的方式行使，自然，当事人请求撤销的机关只能是人民法院而非婚姻登记机关。与此同时，考虑到"胁迫"多为持续性的行为，本条还将当事人撤销权的行使时间，由"应当自结婚登记之日起一年内"修正为"应当自胁迫行为终止之日起一年内"，更有利于被胁迫方的婚姻救济。

婚姻登记机关则仅应限于处理单纯的行政侵权案件，如拒绝婚姻登记、在登记中乱收费等情形，对于此类行政侵权行为，当事人可申请行政复议或提起行政诉讼。

二、《民法典》第1053条新增隐瞒疾病的可撤销婚姻

《民法典》第1051条虽将"婚前患有不应当结婚的疾病且婚后尚未治愈"的情形从禁婚情形中删除，但隐瞒重大疾病导致婚姻破裂的情况在实践中确有出现，此类婚姻中善意当事人的疾病知情权理应得到法律保护。为充分尊重婚姻自主权，《民法典》设置了婚姻当事人关于严重疾病的如实告知义务和未如实告知情形下的救济。

身体健康状况虽非婚姻缔结的主要考虑因素，但重大疾病显然会影响到婚姻内的经济状况和生育状况，甚至影响对方当事人的健康。婚姻的本质是双方基于感情的信任共同体，在婚姻的缔结过程中，双方当事人应当基于对彼此负责的态度，如实了解并相互相知身体健康状况。本条规定从赋予疾病当事人之婚姻缔结权和保护善意当事人之知情权的角度出发，其积极意义值得肯定。然而，该条规定尚未解决疾病婚姻之范围认定的实践难题。此前，强制婚检作为《婚姻法》之禁婚疾病的配套措施，由行政法规辅助实施，因患有特定疾病而婚姻无效的认定，多由婚检机构直接下结论，因禁婚疾病而提起的婚姻无效之诉，法院可以医疗机构的婚检证明为判断依据。然而，在取消强制婚检后，如何判断禁婚疾病的范围，如何选择合适的鉴定机构，均成为困扰司法机关的难题。需要强调的是，该条

---

① 参见赵钢、刘学在：《婚姻无效之诉与撤销婚姻之诉研究》，载《民商法论丛》2002年第2号。

规定中关于"重大疾病"的界定,与《婚姻法》中关于禁婚疾病的界定一样,尚未形成明确的认定标准或疾病名单,导致相同疾病在司法实践中形成了不同甚至相反的认定结果。

第三节 疾病婚姻效力修订对弱势群体婚姻权利的保障

《婚姻法》将患有医学上认为不应当结婚的疾病作为婚姻缔结的禁止性条件,同时将违反该规定的婚姻定性为无效婚姻。《民法典》删除了上述禁婚条件和无效情形,增加规定了隐瞒重大疾病的可撤销婚姻。从"无效"到"可撤销",疾病婚姻的效力修订保障了患病弱势群体的婚姻缔结自由,也兼顾了被隐瞒疾病之无过错方的损害赔偿请求。与此同时,该项修订也改变了无效婚姻和可撤销婚姻的情形,对于我国无效婚姻制度的理论研究和实践适用带来深远影响。

为进一步解决疾病婚姻同案不同判的实践痛点,相关司法解释应明确"重大疾病"的判断标准和"如实告知"的证明责任。"重大疾病"的判断应以"是否影响当事人的结婚意愿"为标准,结合婚姻的生理功能和社会功能作出例示;"如实告知"应由患病方承担证明责任,同时在婚姻登记环节加强对如实告知义务的释明,要求患病主体以保证书等方式直接履行该项义务。

一、《婚姻法》无效婚姻制度有碍弱势群体的权益保护

在《民法典》颁布并正式施行之前,《婚姻法》一直对患特定疾病主体的婚姻缔结权持否定态度,不仅无视该类弱势群体的情感需求和生理需求,更是剥夺了其通过婚姻关系获得保护的权利。

(一)婚姻关系可为患病弱势群体提供保障

弱势群体是指因某些障碍或者缺乏经济、政治、社会机会而处于不利社会地位的人群,一般分为生理性弱势群体和社会性弱势群体两类:前者因生理或心理原因居于弱势地位,如残疾人、精神病人等;后者因社会因素导致获取的资源和财富受限,如下岗、失业等。① 若仅靠个人力量或能力而无国家或社会力量的帮助和扶持,弱势群体的生活难以达到社会认可

---

① 参见章雨润:《论弱势群体的刑法保护》,东南大学2017年博士学位论文,第5页。

的基本标准。① 患特定疾病的民事主体属于生理性弱势群体的一种，在生活能力和社会地位上无法达到一般水准：不仅要忍受生理病痛，还要面临经济困境，甚至在社会层面和政治层面居于弱势地位。

社会弱势群体的法律保护，多从立法、执法、司法三方面展开。弱势群体的立法保护体系由劳动法、社会保障法、妇女儿童保护法、婚姻法、残疾人保护法等构成。② 在上述保护体系中，涉及民事主体婚姻权利保障的主要是《婚姻法》中关于婚姻自由、一夫一妻、男女平等之婚姻制度的宣示，患病弱势群体的婚姻权利尚未得到关注。不仅如此，《婚姻法》还长期不合理地限制该类主体的婚姻缔结权。婚姻是男女双方在平等自愿的基础上建立的长期契约关系，是适龄主体在经济生活、精神物质等方面的自愿结合，双方共同生产生活并组成家庭。从功能上看，除了满足情感需求和性需求，婚姻还承载着经济功能和帮扶功能。③ 史尚宽先生认为，"共同生活"一般为"精神的生活共同、性的生活共同及经济的生活共同"。④ 婚姻的经济功能和帮扶功能对于患病弱势群体之生活质量的改善具有明显的积极意义。在婚姻关系中，家庭的经济水平和抗风险能力可以通过双方经济条件的整合进行提升，无经济能力或生活不能自理的家庭成员也可依靠有能力的配偶帮助、扶持以维持正常生活。

（二）《婚姻法》无效婚姻制度剥夺了患病弱势群体的婚姻缔结权

我国《婚姻法》一贯将特定疾病作为婚姻缔结的禁止性条件，剥夺患特定疾病主体的婚姻缔结权。1950 年《婚姻法》规定的禁婚疾病主要有四类：有生理缺陷不能发生性行为者；花柳病；精神失常；麻风病等。1980 年《婚姻法》将禁婚疾病的范围修改为"患麻风病未经治愈或患其他在医学上认为不应当结婚的疾病"。2001 年修订后的《婚姻法》在禁婚疾病的规定中删去了关于麻风病的列举性规定，仅保留"患有医学上认为不应当结婚的疾病"这一概括性表述。此次修订也确立了我国的无效婚姻制度，第 10 条、第 11 条明确了无效婚姻和可撤销婚姻的情形。"婚前患有医学上认为不应当结婚的疾病，婚后尚未治愈"成为婚姻无效的

---

① 参见李昌麒：《弱势群体保护法律问题研究——基于经济法与社会法的考察视角》，载《中国法学》2004 年第 2 期。
② 参见冯彦君：《社会弱势群体法律保护问题论纲》，载《当代法学》2005 年第 4 期。
③ 参见周良勇：《论我国部分结婚禁止条件的"解禁"》，载《西南科技大学学报（哲学社会科学版）》2012 年第 2 期。
④ 史尚宽：《亲属法论》，中国政法出版社 2003 年版，第 78 页。

法定情形之一。

从 1950 年到 2001 年,《婚姻法》对禁婚疾病的规定由列举式转变为概括式。显而易见,此类概括性规定无法为疾病婚姻的有效识别提供具有可操作性的认定标准。在司法实践中,禁婚疾病的判断依据主要有《母婴保健法》《传染病防治法》、卫生部《婚前保健工作规范(修订)》、卫生部《异常情况的分类指导标准(试行)》等法律、法规和规范性文件。《母婴保健法》对禁婚疾病的规定主要体现在"婚前保健"一章,第 8 条将婚检范围确定为"严重遗传性疾病、指定传染病、有关精神病";第 9 条将"患指定传染病在传染期内或者有关精神病在发病期内"规定为应当暂缓结婚的情况。《传染病防治法》第 3 条根据传播方式和危害程度将传染病分为甲、乙、丙三类,为禁婚疾病之"指定传染病"的判断提供参考。卫生部《婚前保健工作规范(修订)》将"重度智力低下"和"发病期的重型精神病"列为"建议不宜结婚"的疾病范围。卫生部《异常情况的分类指导标准(试行)》规定"双方均为重症智力低下者"禁止结婚。

(三) 禁婚疾病的范围尚未形成统一的规则标准

与《婚姻法》的概括性规定相比,上述法律及规范性文件对特定疾病的种类作进一步解释和列举,一定程度上增加了相关标准的可操作性。遗憾的是,上述规定仍旧无法为疾病婚姻的认定提供权威、统一的标准。第一,上述文件如《母婴保健法》《婚前保健工作规范》等对于疾病的认定均以强制婚检制度为基础,而该项制度已被取消。我国的强制婚检制度由 1994 年《婚姻登记管理条例》正式确立,1995 年《母婴保健法》规定办理结婚登记必须提交婚检证明,然而,该要求并未被《婚姻法》采纳,2003 年《新婚姻登记条例》也删除了强制婚检的规定。婚前体检由强制变为自愿,尽管多地对婚检持鼓励态度,全国婚检比例也在 2018 年达到了 61.1%,① 但仍无法保障婚前体检覆盖到每段疾病婚姻。第二,上述文件均未直接指明哪些疾病属于"禁婚疾病",仅是将特定疾病分为"建议暂缓结婚的疾病""建议不宜结婚的疾病""建议不宜生育的疾病"等,也未说明上述分类与"禁婚疾病"的关系。第三,对禁婚疾病的列举性规定主要集中于《婚前保健工作规范(修订)》《异常情况的分类指导标

---

① 参见国家卫生健康委、民政部、国务院妇儿工委、共青团中央、全国妇联等五部门联合印发:《关于加强婚前保健工作的通知》。

准（试行）》中，以上文件效力层级不高且颁布时间较早（分别为2002年和1986年）。考虑到我国医疗卫生水平飞速发展，大量疾病已被攻克，特定疾病的传染性和严重程度有待重新考量，加之新型疾病的出现，这些年代久远的规范性文件对特定疾病的列举难免存在与现状不符之虞。

无效婚姻之诉涉及对民事主体之基本婚姻权利的处分，涉及社会公共利益，该制度的设定应当慎之又慎。上述规则现状显然与婚姻关系之重要程度和弱势群体保护的需求不相匹配。不仅如此，缺乏明确可行的立法规则必然会影响疾病婚姻无效案件的审判实践。

二、同案不同判：疾病婚姻无效案件的实践痛点

考量《民法典》对婚姻无效制度在实践层面的影响，应当以全面掌握该制度的实际运行现状为前提。在《民法典》颁布并正式施行之前，疾病婚姻仍是婚姻无效的法定情形之一。自无效婚姻制度2001年确立至今，在禁婚疾病范围不明的情况下，法院依据何种标准对疾病婚姻的效力进行认定？为全面考量该问题，有必要对相关裁判文书进行分析。

（一）疾病婚姻无效案件的情况概述

笔者以"无讼案例网"为平台，设置"案由：婚姻无效纠纷""搜索词：不应当结婚的疾病""截止时间：2020年6月30日"为搜索条件，得到2009年至2020年间共计591份案例。剔除涉及重婚、未达法定婚龄和近亲结婚三类情形的婚姻无效案件246件，以禁婚疾病为由申请确认婚姻无效的有效案例合计345份。上述案例的裁判文书基本呈现了各地法院在禁婚疾病的种类、特定疾病的认定标准、疾病婚姻无效的认定尺度等方面的真实态度。

从疾病种类上看，涉及精神分裂的案例数量最多，共计259份，以艾滋病、梅毒等性传播疾病为申请理由的案例次之，共计38份，以智力残疾为申请理由的案例共31份。除此之外，以抑郁症、癫痫、癌症、脏器功能衰减等其他疾病为申请理由的案例共17份。鉴于精神分裂在禁婚疾病中占据的份额远超其他几种疾病，且裁判文书中体现的实践分歧较为明显，故关于具体疾病的判断标准主要以精神分裂疾病为论证对象。

（二）各地法院在禁婚疾病的判断上存在较大分歧

从精神分裂疾病的判断标准上看，有149份案例认定精神分裂为禁婚疾病并据此确认争议的婚姻关系无效，另有88份案例认定精神分裂不属于禁婚疾病并据此驳回诉讼请求,两者的比例大致为5∶3,均未形成压倒性的优势。其他22份案例因证据不足或申请主体不适格等问题驳回诉讼请求。

1. 法院确认精神分裂为禁婚疾病的理由

将精神分裂认定为不应当结婚的疾病进而确认婚姻无效的案例,其裁判理由大致有三类。第一,大部分法院的裁判逻辑较为简单,即将"暂缓结婚的疾病"直接等同于"禁婚疾病":既然立法及规范性文件将精神分裂认定为暂缓结婚的疾病,则该类疾病自然应属于《婚姻法》第十条所指的不应结婚的疾病,此类婚姻继而应被确认无效。① 第二,少许法院从精神分裂对婚姻关系之妨害的角度,认为患有精神分裂的婚姻关系主体无法保障婚姻质量、无法理解婚姻的意义,甚至可能将不良基因遗传给下一代,因此确认该类婚姻无效。② 第三,还有一些法院在《母婴保健法》的基础上,依据"精神残疾证书"、宣告无民事行为能力人的生效判决、精神疾病鉴定意见等认定该当事人为不应结婚的主体从而确认其婚姻关系自始无效。③

2. 法院认为精神分裂不属于禁婚疾病的理由

值得关注的是,涉及精神分裂的婚姻无效案件中,由于法官对于"暂缓结婚"与"禁止结婚"两者的对应关系持不同意见,司法实践中出现了裁判依据相同而裁判理由不同的现象。此类文书的裁判逻辑则为:精神分裂只是相关立法及规范性文件中被认定"应暂缓结婚的疾病",不属于"应当禁止结婚的疾病",因此不可认定此类婚姻无效。④ 除此之外,还有法院认为患病主体婚后生育的儿子无遗传性疾病,该疾病未对后代造成影响,因此不属于禁婚疾病。⑤

(三) 司法实践中尚未形成统一的疾病治愈标准

依照《婚姻法》第10条第3款,将疾病婚姻认定为无效婚姻的要件是"婚前患有不应当结婚的疾病"且"婚后尚未治愈"。即便婚前确实患有不应当结婚的疾病,但若在婚后得以治愈,也不认定该婚姻无效。因

---

① (2019)新2301民初6130号;(2019)皖0121民初3923号。
② (2019)闽0627民初2821号;(2016)黑0126民初866号。
③ 此三种情形的代表案例分别为(2018)陕0526民初1779号;(2016)渝0101民初7317号;(2016)黑0184民初186号。
④ (2019)渝0151民初1603号。
⑤ (2017)辽0111民初6014号。

此，特定疾病在婚后是否治愈，也是疾病婚姻效力认定的重要要件之一。对于该项要件，司法实践中同样未形成统一的裁量标准，尤其是针对婚前患有特定疾病、婚后有所缓解的情形，目标案例中出现了不同的裁判结果。

仍以精神分裂疾病为例，若有医院的出院诊断意见等证据能够充分证明特定主体的疾病在婚后得以治愈，那么据此认定婚姻有效则并无异议。① 遗憾的是，大多数案例都没有疾病治愈的直接证据，需要法官根据具体情形裁量，继而出现了对疾病治愈的不同认定标准。有法院以患病主体在办理婚姻登记时的精神状态为判断标准，即便婚前婚后均患有精神分裂症，但在登记结婚时未处于发病期，作出的意思表示真实，则该项婚姻合法有效；有法院将患病主体在婚后正常怀孕生子作为疾病治愈的表现；有法院认为即便仍需每日服药，"获准出院"便可证明疾病已治愈；有的法院却将"每日服药"作为疾病未愈的表现继而确认婚姻无效。② 更多的裁判则是依据婚后仍患精神分裂而直接判决确认该婚姻无效。③

（四）同案不同判：疾病婚姻效力认定的突出问题

由上述裁判理由不难看出，在涉及精神分裂的疾病婚姻效力认定上，无论是禁婚疾病的判断，抑或是治愈标准的把握，纵使法条依据相同，实践中仍出现了众多同案不同判现象。该现象在涉及其他疾病的案例中也有体现，如以一方患"梅毒"为由申请确认婚姻无效，大部分判决因《母婴保健法》将性病患者列为"暂缓结婚者"而直接得出"该类疾病属于禁婚疾病"的结论，④ 却仍有法院认为"梅毒为'暂缓结婚疾病'而非'不宜结婚疾病'，'暂缓结婚者'不应等同于'禁止结婚者'。故被告在婚检时发现患有梅毒，不属于法律规定不应当结婚的情形，并不导致婚姻无效"。⑤

立法上未明确禁婚疾病的范围、实践中未形成对各类疾病的统一认定标准不啻为此类同案不同判的最主要原因。诚然，在立法规定不明的情况下，具体案件可由法官发挥主观能动性，依自由心证作出裁决，一定限度

---

① （2017）闽05民终6965号。
② 四种情形的代表案例分别为：（2019）赣0521民初1207号；（2019）晋0411民初42号；（2014）确民初字第00763号；（2017）粤0605民初2872号。
③ （2017）川1521民初1742号。
④ （2014）虎民初字第01556号。
⑤ （2015）杭西民初字第759号。

内的同案不同判现象有其现实合理性。然而，婚姻无效案件不仅与当事人的人身权利密切相关，也与社会公共利益紧密相连。婚姻一旦被确认无效，业已形成的婚姻家庭关系即告解体，对婚姻当事人及其子女的精神、情感、财产权益等方面造成的危害不可估量。此类案件的审理应该尤为审慎，如此严重的同案不同判现象应当限制在尽可能低的范围内。

三、《民法典》为疾病婚姻当事人提供双重权利保障

《民法典》对禁婚疾病性质的调整，不仅赋予了患病弱势群体婚姻缔结权，同时也可为疾病婚姻中的善意当事人提供救济途径。

（一）《民法典》保护患病弱势群体的婚姻缔结权

与《婚姻法》相比，《民法典》第五编"婚姻家庭编"第二章"结婚"的修订主要集中于疾病婚姻之效力认定上。具体内容包括：第一，在禁婚条件方面，《民法典》删除了"患有医学上认为不应当结婚的疾病"的情形，禁婚情形仅剩一类：直系血亲或三代以内旁系血亲。第二，《民法典》同时对婚姻无效情形作出调整，删除了"婚前患有医学上认为不应当结婚的疾病，婚后尚未治愈的"这一情况。第三，《民法典》第1053条新增了"隐瞒疾病的可撤销婚姻"，具体规定为"一方患有重大疾病的，应当在结婚登记前如实告知另一方；不如实告知的，另一方可以向人民法院请求撤销婚姻。"值得注意的是，《民法典》同时限定婚姻撤销权仅可通过诉讼方式行使，删除了《婚姻法》第11条原定的婚姻登记机关的撤销权限。第四，《民法典》第1054条第2款新增了婚姻无效或可撤销情形中无过错方的损害赔偿请求权。在《婚姻法》中，该项请求权原本仅限于因特定情形导致离婚的无过错方享有。婚姻损害赔偿请求权主体范围的扩大，与"一方隐瞒重大疾病导致婚姻可撤销"的情形相呼应，强化了对该类婚姻关系中善意当事人的利益保护。

综合《民法典》对婚姻无效制度的修订不难发现，上述四处修订均围绕着疾病婚姻的效力展开，且从根本上改变了疾病婚姻的性质：疾病婚姻从无效婚姻转变为特定条件下的可撤销婚姻。这一立法规定必将对疾病婚姻的理论研究及实践适用带来深远影响。

（二）赋予患病弱势群体婚姻缔结权的合理性分析

1. 婚姻缔结权是公民的基本人权

婚姻是两性结合形成的为社会制度所确认的夫妻关系。广义上的婚姻

权是指与婚姻有关的各项权利,即双方结合为夫妻的过程中所享有的自由和利益不受侵犯的权利,具体表现为缔结婚姻、存续婚姻、终止婚姻的权利。① 缔结婚姻的权利即结婚自由权,是其他婚姻权行使的前提和基础,是至关重要的民事权利。《世界人权宣言》第 16 条规定,"成年男女、不受种族、国籍或宗教的任何限制,有权婚嫁和成立家庭。他们在婚姻方面,在结婚期间和在解除婚约时,应有平等的权利"。《公民权利和政治权利国际公约》第 23 条和《欧洲人权公约》第 12 条都涉及"结婚权"。② 《中华人民共和国宪法》强调"国家尊重和保障人权""禁止破坏婚姻自由",《婚姻法》也明确规定我国公民享有婚姻自由。在婚姻缔结的过程中,当事人自由真实的意思表示应是婚姻成立的唯一正当依据。患病主体本就是弱势群体,《婚姻法》仅从控制疾病、优生优育、提高人口素质的社会目的出发,采用国家管制的手段,不作区分地禁止特定患病主体结婚,显然是不恰当的。③ 缔结婚姻的自由权作为公民的基本权利,应当受到严格的保护,对于患病主体也不例外,非因维护重大法益之需要不应对其作出限制。④

2. 婚姻与生育的功能分离为弱势群体之婚姻缔结权提供社会基础

随着社会发展和观念转变,婚姻与生育的关系经历了从"统一"到"分离"的过程。在我国封建社会,婚姻与生育紧密相连,"家庭是人口生育的小作坊,婚姻是人口生育的加工手段,生育是婚姻和家庭的主要目的"。⑤ 即便在近现代社会,在缺少避孕技术和人工生育技术的情况下,生育权的实现仍需以结婚权为基础。随着婚姻功能的转变和人工生育技术的发展,婚姻与生育呈现出明显的分离态势。婚姻的功能可分为自然功能和社会功能两个方面,自然功能主要表现为情感功能和性满足功能,社会功能则包括生产功能、消费功能、生育功能和扶养功能。⑥ 传统婚姻强调社会功能如生育功能的实现而人为抑制自然功能的满足。伴随着个人权利

---

① 参见韩松:《婚姻权及其侵权责任初探》,载《中南政法学院学报》1993 年第 3 期。
② 参见张荣芳:《论生育权》,载《福建大学学报(哲学社会科学版)》2001 年第 4 期。
③ 参见申晨:《论婚姻无效的制度构建》,载《中外法学》2019 年第 2 期。
④ 参见马忆南:《民法典视野下婚姻的无效和撤销——兼论结婚要件》,载《妇女研究论丛》2018 年第 3 期。
⑤ 参见高留志:《婚姻与生育的分离——与我国婚姻制度的改革》,载《河北法学》2006 年第 9 期。
⑥ 参见周良勇:《论我国部分结婚禁止条件的"解禁"》,载《西南科技大学学报(哲学社会科学版)》2012 年第 2 期。

意识的觉醒，婚姻的自然功能逐渐强化，情感功能和性满足功能也超越了生育等社会功能，成为公民缔结婚姻的首要考量。

3. 医疗技术的发展为弱势群体之婚姻缔结权提供技术支撑

人工生育技术的发展和绝育手术的推广更是为婚姻与生育的功能分离提供了强有力的技术支撑。夫妻双方拥有了生育方面的自主选择权：可以选择是否生育，也可以选择以何种方式生育。前文已述，我国禁婚疾病的设置与婚姻生育功能的实现直接相关。在婚姻与生育分离的背景下，患病主体在缔结婚姻之后，可以借助避孕技术选择不生育，也可借助医疗技术如人工生育技术、基因阻断技术等排除特定疾病对生育功能的影响。在上述医疗技术发展完善的基础上，《民法典》赋予患病弱势群体缔结婚姻自由权与优生优育的生育政策并不冲突。《母婴保健法》的相关规定也体现了这一立法精神，第10条规定，对诊断患医学上认为不宜生育的严重遗传性疾病的，经男女双方同意，采取长效避孕措施或者施行结扎手术后不生育的，可以结婚。

(三)《民法典》同样保护非患病主体的婚姻权利

《民法典》将疾病婚姻的性质由绝对无效修改为特定条件下的可撤销婚姻，赋予了患病弱势群体婚姻缔结权。与此同时，非患病主体的权利也应得到有效保护。疾病婚姻可撤销制度对于非患病主体的权利保护应分为知情和不知情两种情况讨论。对于知情当事人来说，《民法典》在赋予患病主体婚姻缔结权的同时，也保障了知情配偶的婚姻自主权，民事主体有权自主选择是否结婚以及跟谁结婚，实践中也不乏当事人在知晓对方患有重大疾病后仍愿与其缔结婚姻的情况。在《民法典》颁布之前，《婚姻法》及相关司法解释剥夺了知情配偶的婚姻自主权。疾病婚姻属禁婚情形，即便双方自愿缔结婚姻，与患病者共同生活的近亲属均有权申请确认该项疾病婚姻无效。双方自愿的情节无法阻却同住近亲属的申请权，该项婚姻仍有被确认无效的风险。《民法典》对疾病婚姻可撤销的规定有效保障了未患病方配偶的婚姻自主权：在充分知晓对方身体健康状况的情况下，该方配偶有权选择与其缔结婚姻，该项疾病婚姻合法有效，同住成年家属无权干预。

对于对疾病不知情的配偶来说，疾病婚姻可撤销制度保障其撤销婚姻并获取赔偿的权利。疾病婚姻的有效成立应以患病主体在婚前充分履行告知义务、坦诚告知病情为前提，然而，患病主体为缔结婚姻而故意隐瞒病情的案例也并不少见。① 实践中的处理方式依疾病类型的不同而有出入：法院判断属于《婚姻法》上禁止结婚疾病的，确认婚姻无效；法院判断不属于禁婚疾病的，驳回当事人确认婚姻无效的申请，建议以"感情破裂"为由提起离婚诉讼。②《民法典》在允许患病主体行使婚姻缔结权的同时，也规定了患病主体的如实告知义务，并赋予不知情之婚姻当事人撤销权。婚前被隐瞒的未患病方，在婚后被告知病情或自行发现病情的情况下，有权选择是否行使婚姻撤销权。若该方主体于婚后知情且仍愿与患病方共同生活进而放弃撤销权的行使，则该项婚姻仍旧有效。若未患病方选择撤销婚姻，则该段婚姻自始无效，双方的婚姻状态回复至本段婚姻缔结之前。然而，婚姻状态的回复远不足以弥补不知情方当事人在欺诈婚姻中所承受的无可逆转的损害事实，尤其是涉及共同财产、生育子女的情况。因此，《民法典》将损害赔偿制度引入无效婚姻和可撤销婚姻，无过错方在该段欺诈婚姻中的损失可通过损害赔偿请求权得到救济。无过错方可自由选择对维护权益最有利的方法，既可选择要求侵权人返还财产、赔偿损失，也可要求侵权人恢复名誉、赔礼道歉、精神损害赔偿等。③

---

① 目标案例中存在隐瞒病情情节的案例有16例，除2例涉及性病外（案号为：(2015)开民初字第3507号；(2015)秦红民初字第306号）其他均涉及精神疾病（案号为：(2015)龙民一初字第36号等）。

② 值得注意的是，《最高人民法院关于人民法院审理离婚案件如何认定夫妻感情已破裂的若干具体意见》第3条将"婚前隐瞒了精神病，婚后经治不愈"的情况视为夫妻感情确已破裂的表现之一，与《民法典》关于疾病婚姻可撤销的规定相抵触。

③ 参见江必新主编：《民法典重点修改及新条文解读（下）》，中国法制出版社2020年版，第819页。

第八章 我国婚姻诉讼程序之分类考察Ⅲ
——离婚之诉

离婚是指夫妻双方依照法定的条件及程序解除婚姻关系的民事法律行为。离婚诉讼是婚姻双方选择通过诉讼程序解除婚姻关系而进行的民事诉讼。我国关于离婚诉讼的程序性规定在婚姻诉讼中相对完善，《民事诉讼法》中对其有7个条文的规定，主要涉及本人出庭、调解、不公开审理、判决生效前当事人不得另行结婚、诉讼终结、解除婚姻关系的判决不可再审等事项。《民法典》婚姻家庭编有第四章"离婚"中亦涉及相关程序规定，包括离婚的种类、诉讼离婚的实质标准、离婚的限制条件、军婚的特殊规定等。

第一节 我国离婚之诉的现有规定

一、离婚程序的种类

从离婚程序的种类上看，各主要国家和地区主要采取以下三种做法：一是仅由法院判决或调解离婚，排除协议离婚的适用，如德国、瑞士等；二是虽规定有协议离婚，但仍需将离婚的意愿表达及双方达成的离婚协议呈交法院，由法院进行批准和裁定，代表性国家有法国、美国等；三是实行行政程序协议离婚和法院诉讼程序离婚之双轨制，代表性国家有日本、俄罗斯等，这也是我国在离婚程序上采取的做法。

《民法典》第1076条、第1080条明确规定了两种离婚程序：协议离婚和诉讼离婚。协议离婚是指夫妻双方协商一致，自愿到婚姻登记机关办理离婚登记手续以解除婚姻关系的法定方式和程序；诉讼离婚是指只有一方当事人要求离婚或者双方虽均同意离婚但对子女抚养、财产分割等问题存在分歧时，诉至人民法院而启用的相关程序。①

二、离婚的实质要件

各国在离婚的实质要件上大致有三种类别，我国在这方面有自身的特点。第一类国家和地区对离婚采取禁止的态度，此种做法一般属于天主教国家的遗留规定，且目前均有较大的改观。第二类国家和地区采用限制离婚的做法，包括限制离婚条件、限制离婚时间、设置苛刻条款等。域外大多数国家和地区均对离婚规定有限制性的要求，如德国、日本、英国、法国、澳大利亚等。第三类也即我国立法上采取的做法——自由离婚，只要婚姻关系在客观上已经破裂即可准许离婚，没有其他限制性条件。"我国自1949年以来一直实行离婚自由原则。"②

三、法定离婚标准

离婚标准具有多重功能，不仅是法院处理离婚案件据以判断应否准许的法定条件，同时也对婚姻关系起着规范和指引作用。

（一）我国法定离婚标准的立法模式

我国1980年《婚姻法》采取概括主义的立法模式，将离婚标准明确界定为"如感情确已破裂，调解无效应准予离婚"。1989年最高人民法院发布的《感情破裂具体意见》中列举了13种判断夫妻感情确已破裂的情形；到2001年修改的《婚姻法》则采例示主义之立法模式，在离婚标准方面作出了重大突破，在法条表述上作出了5项具象例示及1项抽象例示。《民法典》第1079条在上述规定的基础上，新增了1项应当准予离婚的情形。综上所述，我国法定离婚标准的特点如下：（1）离婚的标准为夫妻感情确已破裂，且不限于法条中的例示情形。（2）我国在离婚标准方面采无过错主义，无过错方及过错方均可请求离婚。（3）可以离婚的事项不限于感情确已破裂，非感情因素也可引起离婚，如婚姻一方被宣告失踪等。

（二）法定离婚标准的具体演变

首先，2001年《婚姻法》设立了婚姻无效制度，此前《感情破裂具

---

① 参见陈爱武：《人事诉讼程序研究》，法律出版社2008年版，第172页。
② 王礼仁：《婚姻诉讼前沿理论与审判实务》，人民法院出版社2009年版，第176页。

体意见》中的一些情形被囊括进了婚姻无效的情形之中，具体是指患有禁止结婚的疾病（1）、患有精神病（3）等。其次是《感情破裂具体意见》中的部分情形被2001年《婚姻法》中感情破裂的情形所采用并进行了或多或少的调整，如分居（7）、同居（8）、重婚（9）、有赌博等恶习（10）、虐待（13）等。最后，除上述情形外，剩下的7种情形未被2001年《婚姻法》所采纳，继而被弃用。《民法典》第1079条在上述例示外，新增规定：判决不准离婚后，双方又分居满一年，一方再次起诉离婚的，应当准予离婚。

（三）法定离婚标准的具体认定

1. 重婚或与他人同居。《民法典》上的重婚，仅指有配偶者又与他人结婚，而刑法上之"重婚罪"中，无配偶者明知他人有配偶而与之结婚的，也构成重婚。至于"与他人同居"的情形，《民法典婚姻家庭编解释（一）》第2条将其阐述为：有配偶者与婚外异性，不以夫妻名义，持续稳定地共同居住。有配偶而与其他异性同居，构成对夫妻忠实义务的违反，对婚姻关系造成了威胁。[1]

2. 家庭暴力或虐待、遗弃家庭成员。此处"虐待、遗弃"的对象被明确规定为家庭成员，而家庭暴力的作用范围是否也为全体家庭成员呢？笔者认为此处应当作限缩解释。《感情破裂具体意见》中的第13种离婚情形为虐待等暴力行为，暴力行为的实施对象被明确规定为双方亲属，但两者的设置是有区别的：首先，《感情破裂具体意见》中给出了"经教育不改，另一方不谅解"的限制条件，《民法典》中规定的家庭暴力之离婚情形则没有该项限制。其次，《感情破裂具体意见》中的各项情形之适用，其前提条件是"可以"依法准予离婚，而《民法典》中离婚标准的前提条件是"应"准予离婚。最后，结合《民法典》关于离婚损害赔偿的规定来看，也是仅限于夫妻间的家庭暴力。[2] 因此，在符合《民法典》所列情形即应准予离婚的严格前提下，该条文又删除了原有的限制条件，这就决定了应当将该情形中的"家庭成员"限缩解释为"夫妻之间"，至于夫妻之外的其他家庭成员，如果夫妻一方对其有家庭暴力达到了导致双方感情破裂的程度，则可根据离婚标准中的抽象例示条款请求离婚。

---

[1] 参见杨立新：《家事法》，法律出版社2013年版，第142页。
[2] 参见王礼仁：《婚姻诉讼前沿理论与审判实务》，人民法院出版社2009年版，第340页。

3. 有吸毒、赌博等恶习屡教不改的。一方有恶习乃是大多数国家亲属法上明确规定的离婚事由。此项情形的适用，应当同时具备三项条件：一是必须是吸毒、赌博等危害相当或更严重的恶习，二是存在屡教不改的情况，三是配偶一方因恶习而不履行婚姻义务，夫妻难以共同生活。①

4. 因感情不和分居满二年。"所谓分居，是指配偶双方拒绝在一起共同生活，互不履行夫妻义务的行为。"② 该项情形的适用条件较为明确，即在主观上要有分居的愿望，拒绝一起生活，客观上则须满足"导致持续分居状态""该状态持续满两年"这几项并列条件。

5. 一方被宣告失踪。此项条件在我国婚姻诉讼离婚诸项标准的规定上较为特殊，与前四项有明显的不同。一方被宣告失踪，另一方提起离婚诉讼的，该婚姻便无继续维持的必要，法官在此情形下无自由裁量权，只要有被宣告失踪的事实存在，便须判决准予离婚，此前无须进行调解也无法进行调解。③ 此项情形在《感情破裂具体意见》中的第 12 项也有体现，但其区别在于《感情破裂具体意见》中仅要求有下落不明满两年的情形，而在《婚姻法》中则明确了必须具备经法院宣告失踪的前提。

6. 经法院判决不准离婚后，双方又分居满一年，一方再次提起离婚诉讼的，应当准予离婚。早在《感情破裂具体意见》第 7 条，即有"……经人民法院判决不准离婚后又分居满一年，互不履行夫妻义务"的破裂情形。《民法典》在此基础上明确了该项情形的适用条件并将其纳入法定的离婚情形。此项情形的适用，应当限定为先后提起离婚诉讼的为相同主体，对方起诉离婚的不在此列。

除了上述六类明确的立法规定外，其他导致夫妻感情破裂的情形都包含在《民法典》第 1079 条第 3 款第 5 项的弹性条款中，需要法官在司法实践中运用自由裁量权作出判断。此处需要关注的是，《民法典婚姻家庭编解释（一）》第 23 条规定：夫以妻擅自终止妊娠侵犯其生育权为由请求损害赔偿的，人民法院不予支持；夫妻双方因是否生育发生纠纷导致感情破裂，一方请求离婚的，人民法院经调解无效，应依照《民法典》第 1079 条第 3 款第 5 项的规定处理。该条文也是相关立法及司法解释中少见的对于"其他导致感情破裂的情形"的例示。

---

① 参见杨立新：《家事法》，法律出版社 2013 年版，第 143 页。
② 杨立新主编：《最高人民法院婚姻法司法解释（三）理解与运用》，中国法制出版社 2011 年版，第 64 页。
③ 参见杨立新：《家事法》，法律出版社 2013 年版，第 144 页。

四、离婚诉讼案件的程序规则

(一) 对起诉的限制

一是对男方起诉的限制:根据《民法典》第1082条的规定,女方怀孕、分娩后一年内、终止妊娠后六个月内,男方不得提出离婚。这一限制仅仅针对婚姻关系之男方主体,女方不受此限。"这一规定是为了保护妇女和子女的合法权益,在一定的条件下对男方离婚请求权的一种限制。"[①] 二是对重新起诉的限制:根据《民事诉讼法》第127条第7款及《民诉法解释》第214条的规定,判决不准离婚、调解和好的离婚案件、原告撤诉或按撤诉处理的离婚案件,没有新情况新理由,原告在六个月内又起诉的,不予受理。这一限制仅针对原诉讼的原告方,原诉讼被告方不受此限。"这是为了给双方一段时间,以消除双方的隔阂,促进双方和好。"[②] 三是对于离婚诉讼和婚姻无效诉讼竞合的处理,《民法典婚姻家庭编解释(一)》第13条规定,法院就同一婚姻关系分别受理了离婚及申请宣告婚姻无效请求的,对该离婚案件的审理,应当待申请宣告婚姻无效案件作出判决后进行。这一限制是两类婚姻事件的性质决定的,若同一婚姻关系有无效情形的,则应当宣告其无效,而无需再对离婚请求进行审理。

(二) 自认的排除适用

自认是指当事人一方对于他方所主张的不利于己的事实承认其为真实的陈述。我国2001年《证据规定》初步确立了民事诉讼程序中用以体现辩论原则的有关诉讼规则,并在第8条和其他相关条文中首次明确了在普通诉讼程序中将自认等规则排除适用于身份关系诉讼案件。[③] 该项规定在2020年《证据规定》第8条中同样有所体现。具体到离婚诉讼中,对自认的排除体现在:即便是被告对于原告提出的证明夫妻双方感情确已破裂的事实表示承认,法院也不能据此判决离婚,而应当根据案件的客观事实并调查收集相关证据来确认是否存在感情破裂的法定情形。由此可见,为使法官更准确地判断夫妻感情之现状,在规定了自认规则之排除适用的同时,还应当有职权探知主义的相应规则与其配套。

[①] 杨大文主编:《婚姻家庭法》,中国人民大学出版社2015年版,第144页。
[②] 全国人大常委会法制工作委员会民法室编:《〈中华人民共和国民事诉讼法〉条文说明、立法理由及相关规定》,北京大学出版社2007年版,第207页。
[③] 参见张晓茹:《家事裁判制度研究》,中国法制出版社2011年版,第202~204页。

(三) 离婚诉讼中的职权探知主义

离婚诉讼中的职权探知虽然是各国人事诉讼程序遵循的通例，但在我国立法上却并未明确。1989 年《感情破裂具体意见》中明确规定："判断夫妻感情是否破裂，应当从婚姻基础、婚后感情、离婚原因、夫妻关系的现状和有无和好的可能等方面综合分析。"该项规定可以被看作是中国式婚姻诉讼中职权探知的尝试性规定，也是司法实务中法官处理离婚案件的通用标准。在司法实践中，我国法官对于离婚案件的职权探知主要是针对以下几个方面：其一，探知婚姻基础，即看婚姻当事人在结婚时的感情状况，例如了解其是自由恋爱、介绍结婚还是包办结婚等，由此斟酌其感情现状；其二，探知婚后感情，即看婚姻当事人婚后共同生活的表现，联系婚姻基础，分析其婚后的感情变化趋势；其三，探知离婚原因，这也是离婚诉讼中争议的焦点问题，这一过程中可能存在原告为了达到离婚目的而采取夸大事实甚至捏造事实的情况，因此，法官不仅要听取当事人的陈述、审查证据资料，在必要时还可自行调查取证，以期全面了解离婚原因；其四，探知夫妻关系现状，即看原告起诉离婚时夫妻双方的感情状况，这与婚姻基础及婚后感情的探知紧密联系；其五，探知有无和好可能，这是法官在对以上四个方面进行探知后对离婚诉讼当事人的婚姻关系得出的一个基本心证，由此判断是否有和好的可能并作出是否准许离婚的判决。①

(四) 调解的特殊规定

《民法典》第 1079 条规定，法院审理离婚案件应当进行调解，调解无效也是准予离婚的前提之一。最高人民法院《简易程序规定》第 14 条明确了法院在审理婚姻家庭纠纷时应于开庭审理之前先行调解，这是我国关于婚姻家庭案件调解前置程序的明确规定，也是我国家事调解领域最重要的一项制度。与其他几类婚姻诉讼相比，离婚诉讼中的调解规定相对完善：（1）调解是离婚案件的必经程序，前文已述，《民法典》第 1079 条明确规定：法院审理离婚案件应当进行调解，"应当"即表明了调解作为离婚诉讼必经程序的规则地位；（2）离婚调解需要当事人的亲自参与。与此同时，《民诉法意见》第 147 条规定，离婚案件当事人确因特殊情况无法出庭参与调解的，除本人不能表达意志外，应当出具书面意见。

---

① 参见张晓茹：《家事裁判制度研究》，中国法制出版社 2011 年版，第 179 页。

第八章 我国婚姻诉讼程序之分类考察Ⅲ——离婚之诉

（五）当事人或法定代理人应当亲自到庭

我国《民事诉讼法》第 65 条要求在离婚案件中即便有诉讼代理人，当事人本人仍应出庭；确因特殊情况①无法出庭，必须向人民法院提交书面意见。② 上文中提到的《民诉法意见》第 147 条也强调了离婚调解中当事人必须到庭的规定。③

（六）不公开审理

为保证法院裁判的公正性，诉讼案件的审理原则上应当公开进行。然而，由于婚姻事件通常涉及当事人的隐私，从性质上看不宜公开审判，故不公开审理也是各国对于婚姻诉讼案件的通行做法。这里的"不公开"是指不对社会公开。我国《民事诉讼法》将离婚诉讼案件纳入"可以不公开审理"的案件类型，当事人有权向法院申请不公开审理。

（七）裁判的效力

婚姻案件涉及公益，相关裁判是由法院依职权审慎审理后作出的，离婚判决一经生效，即产生既判力，双方当事人之间的婚姻关系即告解除。不仅如此，离婚裁判还具有对世效力，任何人不得再行与之相异的主张。若法院判决不准离婚，则该判决也会产生暂时的阻却效力，也即阻断原告就相同的事实在六个月内再行起诉的效力。除此之外，在判决、调解离婚的情形下，我国《民事诉讼法》第 209 条将该生效判决、调解书排除于再审程序的适用范围，这也是我国离婚诉讼中尤为特殊的规定。

（八）离婚损害赔偿请求权

我国《民法典》第 1091 条确立了婚姻诉讼程序中的离婚损害赔偿规则，《民法典婚姻家庭编解释（一）》第 90 条随后对其进行了相关补充。具体来说，其规则内容主要有以下几个方面：

---

① 比如：当事人是精神病人，不能正确表达自己的意思，其出庭没有意义；当事人正在患传染病；当事人正在国外不便亲自到庭等。参见全国人大常委会法制工作委员会民法室：《中华人民共和国民事诉讼法条文说明、立法理由及相关规定》，北京大学出版社 2012 年版，第 96 页。
② 对于不能表达意思的当事人，不仅可以不出庭，而且也不用提交书面意见。参见全国人大常委会法制工作委员会民法室：《中华人民共和国民事诉讼法条文说明、立法理由及相关规定》，北京大学出版社 2012 年版，第 96 页。
③ 确因特殊原因无法出庭的，除本人不能表达意志的以外，应当出具书面意见。

1. 该请求权的主体为离婚诉讼中的无过错当事人。这里对权利主体有三个限制条件：首先要是婚姻关系的一方主体，第三人无权提出该项请求；其次必须为无过错的一方当事人，有过错方无权提出请求；最后是请求权的行使必须是在离婚诉讼程序中，法院判决不准离婚或者当事人未提起离婚诉讼而单独提出该项请求的，不予支持。《民法典婚姻家庭编解释（一）》对于无过错方提出离婚损害赔偿规定了三种情形：一是无过错方为原告提起离婚诉讼的，损害赔偿请求必须同时提起；二是无过错方为被告的，损害赔偿请求应在一审期间提出，在二审期间提出的，法官应调解，调解不成的，告知其在离婚后一年内提出；三是无过错方为被告，在离婚诉讼中不同意离婚且也未提起损害赔偿请求的，可在离婚后一年内就损害赔偿单独提起诉讼。

2. 离婚损害的赔偿范围不仅限于物质损害赔偿，精神损害赔偿也包括在内，该规定在《民法典婚姻家庭编解释（一）》第 86 条已有明确。精神损害赔偿的常见方式为赔礼道歉、恢复名誉、赔偿损失等，此处对于精神损害赔偿额度的确定，应参照另一方当事人的过错程度、损害后果、社会危害性以及经济水平等因素加以综合考虑。

3. 适用离婚损害赔偿的过错行为与离婚事由高度重合。该请求权规定的过错行为包括重婚、有配偶者与他人同居、家庭暴力、虐待遗弃家庭成员。以上几种情形均被离婚事由中的过错情形完全包含。① 这一特点更加突出了离婚损害赔偿请求权作为离婚诉讼附带请求的权利定位。值得注意的是，该项请求权的适用事由仅限于法条具象列举的四种情形，并未出现概括性条款。

第二节 现有规定的不足之处

在三类具体的婚姻诉讼中，离婚诉讼的程序规定相对完善。但是将这些规定置于司法实践中去应对纷繁复杂、数量众多的离婚案件时，除了我国各类婚姻诉讼程序共通的缺陷如未设专门制度、未设专司人员等以外，其具体规则中的不足之处亦较为明显。

---

① 离婚事由中"有赌博、吸毒等恶习屡教不改"的过错情形之所以不属于可以对之提起离婚损害赔偿的案件适用范围，主要是由于此类恶习与前述情形相比不会对无过错一方当事人不会造成直接、严重的损害。

一、离婚事由中的例示条款未发挥应有功能

离婚事由中的例示情形在实际判决离婚的理由中所占的比例较小,一般仅在10%左右,其他的均是例示以外的情形。例如,有调研数据显示,湖北宜昌中院2005年共审结186件离婚案件,从离婚事由的统计分析上看,因重婚、遗弃而离婚的数量为0;与他人同居而离婚的仅有2件;因家庭暴力而离婚的9件;因虐待而离婚的1件;因赌博恶习屡教不改而离婚的1件;因感情不和分居两年而提出离婚的4件;以上符合法定例示离婚事由的共计17件,仅占全年审结离婚案件数量的9.13%。① 由此可见,我国离婚事由中的例示情形无法代表公民诉请离婚的通常情形,2001年《婚姻法》的修订背景也印证了这一判断。彼时的离婚情形是根据全国妇联、上海、广东等地的离婚情况设定的,无法代表全国离婚诉讼的普遍情形。②

现有离婚例示事由的另一个不足之处是未明确依此类例示事由提出离婚申请的当事人是否限定为无过错的一方,此处特指过错事由,即:重婚或有配偶者与他人同居、家庭暴力或虐待遗弃、严重恶习屡教不改。《民法典》第1079条对于离婚例示情形的适用结果规定为"调解无效的,应准予离婚",即只要符合例示事由,调解无效,法院即可依法作出解除婚姻关系的判决。因此,若对此类例示事由的申请主体不予限制,则会对意图借此离婚者起到引导作用,使其为达离婚之目的而故意为此类行为,从而对婚姻另一方当事人带来损害。这是因为虽有离婚损害赔偿制度对其进行赔偿性的惩戒,但离婚判决一经作出,对本不愿离婚的另一方当事人带来的伤害显然并非离婚损害赔偿制度所能弥补。因此,此处应当将离婚例示事由中过错事由的申请主体限制为无过错一方婚姻当事人,以避免过错人恶意利用该规定解除婚姻关系。

二、离婚调解制度应予完善

我国在婚姻诉讼中一直坚持将调解规定为判决离婚的前置必经程序,然而,离婚案件之调解在规则方面的完备程度以及在实务中的适用现状均远与其重要性不相符合。前已述及,我国法院并未设定独立的机构和人员

---

① 参见王礼仁:《婚姻诉讼前沿理论与审判实务》,人民法院出版社2009年版,第454页。
② 参见胡康生:《修改完善婚姻法需要研究的六大问题》,《法制日报》2000年7月13日第5版。

对离婚案件专司调解,因此在离婚诉讼调解的现有规则中,法官既是离婚案件的审判者同时又是调解的主持者,如此双重身份难免使其在调解过程中无法保持中立地位,或使其在调解阶段即获取了应当在后续的诉讼程序之举证阶段或质证阶段才能获取的案件事实或信息,从而妨碍其在诉讼阶段作出中立判断。与此相对应,在司法实务中,法官不仅存在调解者与裁判者的身份竞合问题,同时还有"调解结案率"等类似的考核目标之"压迫",由此导致的久调不决以及法院在调解中向当事人施压等现象在实务中更是屡见不鲜。若在此种前提下达成解除婚姻关系的调解协议进而制作调解书,其定分止争的效果恐难保障。而此类调解书在《民事诉讼法》第 209 条的规定中属于不能申请再审的文书范围,从而排除了当事人利用再审程序进行救济的途径。因此,家事调解特别是离婚调解更应当慎之又慎,现行规定亟待完善。

三、对离婚案件之缺席审判缺乏救济程序

缺席判决是指:"在某一方当事人无正当理由拒不到庭或者未经法庭许可中途退庭的情况下,受诉人民法院经过开庭审理后,依法对案件所作出的判决。"① 离婚案件中可能会出现当事人缺席的情形,若因此拒绝裁判,则会导致案件久拖不决,对于存在家庭暴力等类似情形的案件,还可能会造成其他不利后果。因此,离婚案件中之缺席判决具有相对合理性。我国现行规则中对于离婚案件中的缺席判决规定了三种情形:早先的《感情破裂若干意见》中规定夫妻一方下落不明的,另一方诉至人民法院要求离婚,人民法院应当受理,并可缺席判决;其后的《婚姻法》第 32 条规定,一方被宣告失踪,另一方提出离婚诉讼的,应予准许;《民诉法解释》第 148 条第 2 款规定,无民事行为能力人的离婚诉讼,法定代理人不能到庭的,人民法院可依法作出判决。上述规定在《民法典》及其司法解释中仍予继受。这三种情形之外的离婚案件不得适用缺席判决。上述三种情形宽严有别,但在适用上却未作统一,导致司法实践中的操作标准不明,有缺席判决范围扩大的风险。

如前所述,《民事诉讼法》第 209 条明确将已发生法律效力的解除婚姻关系的判决、调解书排除于当事人可申请再审的案件范围之外。此项规定足以让我们重新审视离婚诉讼中缺席判决的适用条件。在司法实践中,

---

① 赵钢、占善刚、刘学在著:《民事诉讼法》(第三版),武汉大学出版社 2015 年版,第 270~271 页。

存在原告明知被告的地址，但为达离婚之目的而故意不提供或提供不实地址的情况。在此种情形下，往往会造成法院错误地适用公告送达并作出离婚判决。若被告在上诉期届满后方才发现自己已"被离婚"，由于此时法院的判决已生效力，故其在现有的离婚诉讼规则层面也就丧失了获得救济的途径。

第三节 对生效的离婚判决不能再审之质疑

民事再审程序是指人民法院对已经发生法律效力的判决、裁定，发现确有错误，依法对案件进行再次审理的程序。[1] 为确保判决之安定性，法律赋予确定判决以既判力。于例外之情形，若该判决系因人为之不法行为介入而作出，败诉当事人于不知情之下未及于诉讼上为防御的，大陆法系国家民诉立法普遍以再审程序作特殊救济。[2] 各国一般以再审事由为依据对再审程序之适用作严格限制，我国亦不例外。值得注意的是，我国立法还创设性地将生效离婚判决排除于再审程序的救济范围。这一规定忽视了离婚判决的本质属性，罔顾该类判决出现再审事由的可能，使得对当事人影响甚巨的离婚判决陷入无从救济的困难境地。

一、生效离婚判决不能再审的规则现状及立法理由

根据我国《民事诉讼法》及相关司法解释，解除婚姻关系的判决书生效后，对于其中涉及身份关系的内容，当事人不得申请再审，检察院也不得受理当事人的监督申请、不得提起抗诉。离婚案件被完全排除于再审程序之适用范围。

（一）规则现状

1982 年颁布并施行的《民事诉讼法（试行）》中并未规定生效离婚判决不能再审。迨至 1991 年《民事诉讼法》正式颁布，其第 181 条始规定："当事人对已经发生法律效力的解除婚姻关系的判决，不得申请再审。"《民事诉讼法》虽于 2007 年、2012 年、2017 年、2021 年作了

---

[1] 参见王怀安：《中国民事诉讼法教程》，人民法院出版社 1992 年版，第 323 页。
[2] 参见民事诉讼法研究基金会：《民事诉讼法之研讨（十）》，台湾三民书局 2006 年版，第 222 页。

四次修改，但当事人不能对离婚判决申请再审的规范未作更易，相沿至今。

在我国，对于生效离婚判决，当事人不仅不能申请再审，也不能经由检察院抗诉启动再审程序。最高人民检察院于 2001 年 10 月 11 日发布并实施的《人民检察院民事行政抗诉办案规则》第 6 条规定："有下列情形之一的申诉，人民检察院不予受理：……（二）判决解除婚姻关系或收养关系的。"最高人民检察院于 2013 年发布并实施的《人民检察院民事诉讼监督规则（试行）》第 31 条规定："当事人根据《中华人民共和国民事诉讼法》第 209 条第 1 款的规定向人民检察院申请监督，有下列情形之一的，人民检察院不予受理：……（四）判决、调解解除婚姻关系的，但对财产分割部分不服的除外"。《民诉法解释》第 297 条规定："对下列情形提起第三人撤销之诉的，人民法院不予受理：……（二）婚姻无效、撤销或者解除婚姻关系等判决、裁定、调解书中涉及身份关系的内容"；第 382 条规定："当事人就离婚案件中的财产分割问题申请再审的，如涉及判决中已分割的财产，人民法院应依照民事诉讼法第 207 条的规定进行审查，符合再审条件的，应立案审理；如涉及判决中未作处理的夫妻共同财产，应告知当事人另行起诉。"第 414 条规定："人民检察院对已经发生法律效力的判决以及不予受理、驳回起诉的裁定依法提出抗诉的，人民法院应予受理，但适用特别程序、督促程序、公示催告程序、破产程序以及解除婚姻关系的判决、裁定等不适用审判监督程序的判决、裁定除外。"

（二）立法理由及学界通说

对于 1991 年《民事诉讼法》第 181 条规定，具有准官方立法理由性质的《〈中华人民共和国民事诉讼法〉释义》作如下解释："该规定是必要的。在解除婚姻关系的判决发生法律效力之后，原婚姻关系双方当事人有可能与他人建立新的婚姻关系，为了保持新的合法婚姻关系的稳定性，必须排除对于原解除婚姻关系的判决作出变更的可能性。"① 时任最高人民法院民庭庭长的唐德华认为："这一规定是由此类案件和此类判决的特点决定的。解除婚姻关系的判决生效后，当事人之间的婚姻关系不复存在，当事人双方都可重新结婚。即使发现人民法院关于解除婚姻关系的判

---

① 本书编写组：《中华人民共和国民事诉讼法释义》，中国政法大学出版社 1991 年版，第 232 页。

决确有错误，或不应判离而离，一方当事人已经重新结婚后，对方当事人提出再审申请，即使人民法院撤销原判决，也不能使当事人之间的婚姻关系自然恢复，更不能解除已经重新结婚的当事人的新的婚姻关系，申请再审对当事人毫无意义。再者，人民法院已经生效的解除婚姻关系的判决，也难以认定是否确有错误。因为这种判决的作出是以一方坚决要求离婚，双方感情破裂为基础作出的。允许当事人申请再审效果也不好。"① 2012年《民事诉讼法》修改时，官方立法解释提到："解除婚姻关系的判决或者调解书发生法律效力后，男或女任何一方都没有与他人再婚的，如果双方感情确未完全破裂的话，法律也给双方提供了救济渠道。根据《民法典》第1083条的规定，离婚后，男女双方自愿恢复夫妻关系的，可以到婚姻登记机关进行复婚登记。因此，一方以感情未破裂为由，申请对离婚判决进行再审也没有任何意义。"② 我国学界通说亦主张离婚判决不得再审。离婚判决生效后当事人即恢复婚姻自由状态，若当事人再婚，则即使离婚判决经再审改判，此时于提起再审之诉之人已无实益；如若当事人尚未再婚，则可以自愿复婚，没有大费周折提起再审之诉的必要。③

从上文的论述中可知，支持离婚判决不能再审的立法主要有以下几方面的理由：（1）解除婚姻关系的判决是否错误难以认定；（2）若原当事人一方或双方已婚，须维持后一合法婚姻关系的稳定性；（3）若原当事人双方未婚，可自行复婚，申请再审便无意义。以上理由不足以否定对生效离婚判决进行救济之必要性，后文将作详述。

二、生效离婚判决可以再审的学理分析

作为法院对当事人解除婚姻关系的形成诉权所为的肯定性裁判，离婚判决的依据必然是形成权之基础事实。鉴于人身关系的特殊性，法官在基础事实的判断上可能更易出现错误。除此之外，在审理普通民事案件时可能出现的程序性错误在离婚判决中同样不可避免。

---

① 唐德华：《新民事诉讼法条文释义》，人民法院出版社2008年版，第534页。
② 全国人大常委会法制工作委员会民法室：《〈中华人民共和国民事诉讼法〉条文说明、立法理由及相关规定》，北京大学出版社2012年版，第332页。
③ 参见潘剑锋：《民事诉讼原理》，北京大学出版社2001年版，第344页；张卫平：《民事诉讼法》，中国人民法学出版社2011年版，第294页；汤维建：《民事诉讼法学》，北京大学出版社2014年版，第230页。

(一)离婚判决在性质上属于形成判决

准确界定离婚判决的性质,是讨论其再审必要性的先决条件。离婚判决究其本质,实乃法院对当事人解除婚姻关系之形成权所进行的肯定性裁判。作为民事权利体系中的重要内容之一,形成权是指得依权利人一方的意思表示而使法律关系发生、内容变更或消灭的权利。这种由形成权的行使而产生、变更、消灭的法律关系包括债之关系、物权关系以及身份关系,① 婚姻关系的解除即属于此处身份关系的消灭。

与请求权的行使须有相对人的协力不同,形成权通常是以权利人的单方意思表示达到形成效果,无须相对人助力,多数形成权属之。除此之外,少数形成权须以提起诉讼的方式行使,这类形成权被称为"形成诉权",相应地,该类诉讼被称为"形成之诉"。换言之,形成之诉的本质即为以诉讼的方式行使形成权,而这种特殊方式仅限于实体法的明确规定。在形成之诉的情形下,要件事实之发生,不会直接导致法律关系变动,必须由当事人通过诉来主张该要件事实的存在,继而被法院认可并作出判决,唯待判决确定后,法律关系始生变动。② 由此可见,形成之诉导致法院的判断介入到私法法律关系的变动中来,即法院支持原告的诉讼请求,实际上是从实体法上支持了原告的形成权,而法院不支持原告的诉讼请求,实际上是从实体法上驳回了原告的形成权。此种"介入"的立法意图有二,一是此类形成权的行使对相对人的利益影响甚巨,为求结果公平,需要法院居中裁决;二是为了使形成权的行使得到控制,避免在形成行为是否有效的问题上出现不确定性,特别是在形成权的行使必须具备特定理由的场合,由生效的形成判决来决定其效力,以避免上述不确定性。③

就离婚而言,如果夫妻双方能够对婚姻关系的解除达成协议,可以产生离婚的法律效果;相反,如果夫妻双方不能达成离婚合意,则只能由当事人一方提起离婚诉讼并请求法院裁判解除婚姻关系。离婚诉讼乃当事人以诉讼的方式行使以解除婚姻关系为目的的形成权,属于形成之诉。离婚判决实际上即为法院支持了原告所享有的解除婚姻关系的形成权。申言之,法院是否支持原告的离婚请求,取决于对应原告所享有的形成权之法律要件是否存在,对此,法院须从事实认定和法律适用两个方面进行判

---

① 参见王泽鉴:《民法总则》,北京大学出版社 2009 年版,第 97 页。
② 参见[日]新堂幸司:《新民事诉讼法》,林剑锋译,法律出版社 2008 年版,第 149 页。
③ 参见申卫星:《民法基本范畴研究》,法律出版社 2015 年版,第 187 页。

断，具体来说，如果法院支持原告的离婚请求，则表明原告具备《民法典》中规定的离婚形成权的行使条件，反之亦然。

明确离婚判决的本质，对分析离婚判决再审正当性有两点意义：第一，从法官对于形成权要件事实的判断出发，我们虽不怀疑形成之诉相比于普通民事诉讼甚至他类形成之诉有其自身特质，但这显然不足以排除法官在事实认定和法律适用上发生错误的可能。根据1980年《婚姻法》的规定，请求离婚作为一种形成权，以"感情确已破裂"为形成基础，如果说"感情破裂"相对抽象，法官主观能动性的发挥有个体差异，是否错误不好认定的话，2001年《婚姻法》修改中以例示事由将"感情确已破裂"的判断单独、具体地列出，在方便法官对形成权之基础事实存在与否进行判断的同时，也为审核法官在事实认定和法律适用上有无错误提供了便利；第二，从形成之诉的目的考虑，正是因为解除婚姻关系之形成权的行使对相对人的利益影响甚巨，在双方无法达成离婚协议的情形下，始由法院裁判认定形成权的要件是否具备，从而使婚姻关系的变动更加慎重和明确。该种立法所体现的对于婚姻当事人的利益保护以及对于婚姻关系变动的审慎态度恰恰凸显了对确有错误的离婚判决进行再审救济的必要。重视婚姻家庭关系的保护是国际社会之共识，在域外国家和地区的家事实体法和程序法中，大多设置了特殊的家事司法政策如独立的家事法院、家事审判庭，出台独立的家事事件立法等，均彰显了家庭关系之慎重保护必要性。作为家庭关系中的重要一环，婚姻关系理应在程序法上受到重要关注。而我国程序立法对于婚姻关系之特别规定竟为剥夺当事人之再审诉权，显然与保护婚姻关系的立法精神背道而驰。

再审程序目的在于通过撤销已经生效但仍有错误的民事判决、裁定，并对其再次审理以维护确定判决之公平正义，保护败诉当事人之正当实体权利，实现民事争议之正确解决。毋庸讳言，为了维护生效裁判的稳定性及司法权威，对其适用条件应当进行严格限制。以德国民事再审制度为例，其对于生效判决可依无效之诉或回复原状之诉进行再审，其中，无效之诉的法定事由为原判存在程序性错误（《德国民事诉讼法》第579条），而回复原状之诉的法定事由为原判损害当事人的实体权利（《德国民事诉讼法》第580条）。除了再审事由的明确规定，其在再审申请期间[①]和再

---

① 如《德国民事诉讼法》第586条规定："再审之诉应在一个月的不变期间内提起。此期间自当事人知悉不服理由之日开始……自判决确定之日起已满五年的，不得提起再审之诉。……"参见丁启明译：《德国民事诉讼法》，厦门大学出版社2016年版，第132页。

审申请主体①等方面均作出了严格的限制,为维护法的安定性以及法律秩序的稳定性,这些限制是具有合理性的。相比而言,我国的再审制度在申请主体、提起期间以及再审事由的设置方面均较宽松。在现行制度架构中,《民事诉讼法》却对能够再审的案件范围进行限缩,将解除婚姻关系的判决排除在外,这显然与离婚诉权的设置目的相悖。

结合以上两点,我们不难看出,对于离婚判决来说,法院对形成权基础事实的判断,不可避免地会出现错误。为维护婚姻法律关系的稳定性,完全可以对再审的适用条件进行更加严格的限制,抑或对离婚判决程序设置更为审慎的规则,而不应以牺牲权利受侵害之当事人的救济途径为代价,将离婚判决排除在再审之外。

(二) 生效的离婚判决也存在再审事由

如上所述,再审程序是以牺牲判决的既判力和法的安定性为代价的,因此,在适用上应有严格的限制,只有具备法定再审事由,方能启动再审程序。离婚判决的本质是法院对于当事人解除婚姻关系之形成权的确认,这一确认过程无法完全杜绝发生错误的可能,即生效的离婚判决也有可能存在法定再审事由。

我国现行《民事诉讼法》第207条列举了13项再审事由,其中涉及事实认定的事由有6项、法律适用的事由有1项、程序性违法事由有6项。②只要符合再审事由之一,再审程序即可启动。就离婚案件而言,纵

---

① 德国的民事再审程序在主诉的当事人之间进行,再审之诉只能由主诉中败诉的一方当事人提起。对撤销婚姻之诉所作出的判决也可以由主管的行政机关或者受害的第三人提起。参见〔德〕罗森贝克、〔德〕施瓦布、〔德〕戈特瓦尔德著:《德国民事诉讼法(第16版)》,李大雪译,中国法制出版社2007年版,第1221页。

② 我国民诉立法规定的13项再审事由如下:(1)有新的证据,足以推翻原判决、裁定的;(2)原判决、裁定认定的基本事实缺乏证据证明的;(3)原判决、裁定认定事实的主要证据是伪造的;(4)原判决、裁定认定事实的主要证据未经质证的;(5)对审理案件需要的主要证据,当事人因客观原因不能自行收集,书面申请人民法院调查收集,人民法院未调查收集的;(6)原判决、裁定适用法律确有错误的;(7)审判组织的组成不合法或者依法应当回避的审判人员没有回避的;(8)无诉讼行为能力人未经法定代理人代为诉讼或者应当参加诉讼的当事人,因不能归责于本人或者其诉讼代理人的事由,未参加诉讼的;(9)违反法律规定,剥夺当事人辩论权利的;(10)未经传票传唤,缺席判决的;(11)原判决、裁定遗漏或者超出诉讼请求的;(12)据以作出原判决、裁定的法律文书被撤销或者变更的;(13)审判人员审理该案件时有贪污受贿,徇私舞弊,枉法裁判行为的。"其中1至5项以及第12项事由涉及事实认定,第6项事由涉及法律适用,第7至第11项事由涉及程序适用。值得注意的是,第13项事由在《民事诉讼法》第46条第3款也有规定,该法条属于"审判组织"一章,因此第13项事由应属"审判组织不合法"这一程序性事由。

然其在性质上有自身的特殊性，但在审理程序上与其他民事案件并无太大差别。我国现行的民事诉讼程序并未设置专门的人事诉讼或家事诉讼规则，对于离婚案件的审理仍需依据通常之诉讼程序进行，因此，上述13项可以启动再审程序的事由也会不可避免地存在。在再审的必要性上，离婚案件与其他民事案件并无二致。

（三）生效的离婚判决存在错误的可能

我国的法定再审事由在离婚案件的审理过程中均可能存在，对其开启再审程序并无疑义。启动再审程序的另一个必要性体现在原离婚判决本身存有发生错误的可能。

1. 我国判决离婚的法定事由

离婚之诉属于形成之诉，形成判决的实现需要法官对于当事人的形成权之条件进行判断。在满足程序性事项的前提下，法官需依据我国现行的离婚法定事由来对该形成之诉进行裁判。判决离婚的法定事由，即法官据以作出解除婚姻关系判决的实体法依据。我国1980年《婚姻法》首次将"感情确已破裂"确定为判决离婚的法定情形。1989年最高人民法院《关于人民法院审理离婚案件如何认定夫妻感情确已破裂的若干具体意见》（以下简称《具体意见》），采取了例示主义的立法模式，列举了符合"夫妻感情确已破裂"的13种具体情形。2001年修改的《婚姻法》承袭并吸收了《具体意见》的合理内容，其第32条第3款将"重婚或有配偶者与他人同居；实施家庭暴力或虐待、遗弃家庭成员；有赌博、吸毒等恶习屡教不改；因感情不和分居满二年"等四种情形明确规定为"感情确已破裂"的离婚事由。《民法典》在此基础上新增规定，判决不准离婚后又分居满一年的，一方再次起诉离婚的，应当准许。

2. 离婚判决在事实认定方面存在错误的可能

离婚判决作为民事判决的一种，因涉及身份关系而有一定的特殊性，但普通民事案件在审理过程中可能会发生的判决错误在离婚案件中同样不可避免，并且由于其特殊性可能还会增加离婚判决在事实认定方面发生错误的可能。

（1）相关条文过于陈旧，阻碍法官对新情势下的纠纷事由作出判断。我国先后以制定司法解释及修法的形式对于"感情确已破裂"这一法定离婚事由的具体体现作出了相对具体的规定，为法官作出正确的事实认定提供明确的依据。值得注意的是，我国现行《民法典》中列举的应准予离婚的情形，在1989年的司法解释中均有所提及，仅是相关表述略有不同。也即自1989年最高人民法院的司法解释出台至今对"感情确已破裂"的内容并未有实质性的扩充。与此同时,在司法实务中,随着社会的发展、思想观念的变化、生活方式的变迁等,各种新情况层出不穷。最高人民法院分别于2001年、2003年、2011年针对《婚姻法》的适用出台了三项司法解释以及2021年的《民法典婚姻家庭编解释(一)》,虽对现有离婚事由中的特定术语作出了文义解释,却并未对法定离婚事由"感情确已破裂"作出补充的例示规范。因此,在司法实践中,法官仅能依据一条概括性条款去判断立法和司法解释规定之外的当事人所提离婚请求之事由是否成立。立法上的滞后显然在一定程度上影响了离婚案件法官在事实认定上的准确性。

(2)某些离婚诉讼中,离婚事由是否存在难以调查取证,进而影响法官对事实的正确认定。在我国判决离婚的法定事由中,有些事由因其本身的特殊性,往往存在当事人难以举证以及法官难以调查取证的问题,如家庭暴力的事由。因为这类案件往往涉及个人或家庭隐私,外人难以知晓,且多数当事人在婚姻关系尚未恶化到离婚边缘时,大多忍辱求全,不会大肆张扬,也不会保留证据。这无疑会给离婚诉讼中的证据调查带来一定的障碍,进而影响到法官准确认定事实。

(3)法官对"感情确已破裂"这一法定离婚事由的判断存在主观性和片面性。诉讼离婚不同于一般的民事案件,同一种原因,对甲可能导致离婚,对乙则不然。法官在认定夫妻感情是否完全破裂时需要考虑的因素很多,根据《具体意见》的规定,应当从婚姻基础、婚后感情、离婚原因、夫妻关系的现状和有无和好的可能等方面综合分析夫妻感情是否确已破裂。法官在离婚案件的审理过程中,更多的是实行职权探知主义。某一法定事由是否导致夫妻感情破裂,只能由法官从具体个案中甄别,很难确定一个普适的法定判断标准,这是由离婚案件的特殊性决定的。由于法官在判断法定离婚事由是否具备时有较大的自由裁量空间,事实认定的错误自然不可避免。

3. 离婚判决在程序适用方面存在错误的可能

相较于事实上的错误,程序性错误的判断是直观、明显的。由于事实认定的主观性和复杂性,生效裁判在事实上的错误可能存在难以判断的情况,而在程序适用方面,这种情况则不会出现。程序性事项具有直观性、程式化的特点,每一类程序性事项的进行均有各类文书、庭审笔录予以记载,也有庭审录像予以还原,再审事由中的程序违法事项在特定的离婚案件中存在与否之判断十分直观。然而,由于法律的错误规定,此类明显存在的、可被直观判断并会严重影响离婚案件判决结果的程序性事项的错误在现行民事诉讼制度框架内却无法得到纠正。

(四) 现行立法之理论依据并不成立

本书于第一部分的结尾归纳了支持离婚判决不能再审的三项立法理由，针对第一个理由，笔者已在前文作出回应，从离婚判决的性质来看，它不仅存在错误的可能，而且对其有无实体错误的判断也有明确的基准可资遵循，至于程序是否违法的判断方面则与其他民事案件无异，"是否错误难以认定"这一理由并不能成立。

至于第二个理由，也是支持该项特殊立法的主流观点，笔者认为也不成立。该项规定的目的在于维持后一婚姻关系即判决生效后一方当事人另行结婚所产生的婚姻关系的稳定性。但需要反问的是，难道前一合法的婚姻关系就不应作同等保护吗？前一合法婚姻关系中的当事人在受错误判决的情形下就理应丧失救济途径吗？这显然是难以作出合理解释的。需进一步指出的是，若解除婚姻关系的判决生效后双方当事人均未另行结婚，一方申请再审理由成立，原判决撤销后并不存在"伤及无辜"的可能。江苏省泰州市人民检察院抗诉的一起涉及行政诉讼的"被离婚"案件中，①相关学者的意见也否定了这一理由。通过民政局骗取离婚证的行为是基础行为，后与不知情第三人领取结婚证的行为是后续行为，基础行为无效或被撤销，后续行为也当然无效。② 我国台湾地区"亲属法"上设置了离婚无效及被撤销制度，被宣告无效和撤销的离婚同样面临着后续婚姻之效力认定问题。台湾学者认为，离婚之后，若一方当事人再婚，因前婚之离婚撤销有溯及效力，重婚自可成立，善意之后婚配偶将无法受到保护，但得请求损害赔偿。③

针对最后一个理由，笔者认为，离婚判决进行再审与当事人复婚与否

---

① 案情简介：殷某与江某于1998年2月登记结婚，育有一女。2008年，江某与一女子冒用殷某的名义及身份至江苏省靖江市民政局申请办理离婚登记，该局向江某及该女子颁发了"苏靖江离字××号离婚证"。2010年3月16日，该局为江某与张某两人办理了结婚登记并颁发了"苏靖江结字××号结婚证"。2010年3月26日，江某在深圳一家酒店出席活动时摔倒致颅脑损伤死亡。殷某因向对方提起人身损害赔偿时方知自己"被离婚"两年。殷某以民政局为被告提起行政诉讼，要求撤销"苏靖江离字××号离婚证"和"苏靖江结字××号结婚证"。
② 参见陈学东等：《"被离婚"案件如何做好行政诉讼法律监督》，载《人民检察》2013年第18期。
③ 参见戴炎辉、戴东雄：《亲属法》，台湾顺清文化事业有限公司2002年版，第263页。

并无联系。"若原当事人双方未婚,可自行复婚,申请再审便无意义",这样的解释显然十分牵强。既然"如果双方感情确未完全破裂",而法院又在该情形下判决双方离婚,这样的判决就是一个错误判决。对于错误判决,法院应当撤销判决、维护司法公正,而不是让当事人被迫接受错误判决、承担错误后果。即便双方日后有可能复婚,但一个曾经发生的错误审判并不会因双方复婚而得以纠正。

三、离婚判决可以再审的现实阐释

离婚判决不仅在理论上有开启再审程序予以救济的必要,在司法实务中也存在着再审救济的现实需要。以程序性违法为主要动因的"被离婚"案件证明了错误离婚判决之确实存在,凸显了受害当事人无从救济的现实困境。不仅如此,相关案例和文书也反映了对错误离婚判决进行再审的迫切需求。

(一)实践中的现实困境——以"被离婚"案件为代表

生效的离婚判决不得申请再审,立法本意乃是为了维护社会关系的稳定,而当离婚判决确有错误甚至被恶意利用时,无过错一方当事人往往陷于无法救济的困难境地,从而使得一项普通的民事纠纷演变为社会问题,"被离婚"案件就是其中具有代表性的一类。"被离婚",是指夫妻一方在不知道自己被对方起诉离婚的情况下,法院缺席判决解除婚姻关系的情形。前文已述,"未经传票传唤,缺席判决的"属于我国立法明定的程序性再审事由之一。"被离婚"案件中,因一方当事人故意隐瞒或提供虚假的送达地址,导致传票的送达无效继而作出缺席判决,该情形本身即构成法定的再审事由。明显错误的"被离婚"判决在实践中救济无门,造成了严重的社会问题。《中国新闻周刊》中曾有一篇相关主题的报道,题为《"被离婚"者的缺席审判》。① 该篇报道较为详尽地展现了我国司法实践中"被离婚"案件的现状,笔者试缕析如下:

1. 实践中"被离婚"者不在少数。一些在毫不知情的情况下遭遇"被离婚"的受害者试图在网络上寻求帮助并组建了名为"被离婚受害者"的QQ群,群成员最多时有近30人。懂得通过网络寻求帮助并能够准确搜索到该QQ群的"被离婚"者毕竟较少,网络之外应当存在更多有类似遭遇的受害者。湖北省宜昌市中院的王礼仁法官在接受采访时提到,

---

① 参见陈薇:《"被离婚者"的缺席审判》,载《中国新闻周刊》2015年第5期。

其一审审理过1000多件离婚案件，遇到被离婚案件大概四五件。依此比例推论，司法实践中"被离婚"的案件绝非罕见，"被离婚"者更不在少数。

2. 网络上可查的"被离婚"案件均未得到纠正。受害者群的创建人之一宋某某，其前夫是被称为"钢铁大王"的某钢铁集团董事长杜某某。两人的离婚案因涉及巨额财产分割而备受关注，相关论文及新闻报道很多。该案原审法院的院长迫于舆论压力启动了再审程序，但之后的三次开庭均无任何实质性进展，该案后转至河北高院，但至今尚无推进。文中提到的其他受害人也曾向法院申请再审，无一例外地均被法院以现行《民事诉讼法》第209条的规定为由予以驳回。

3. "被离婚"案往往存在严重的程序错误，其中以不当的缺席判决为甚。以《2009海民初字第19150号判决书》为例证予以说明。该起离婚诉讼中的被告从未离开过居住城市，也未更改过联系方式，甚至与原告经常见面。仅因原告故意提供错误的户籍地址，法院未尽充分送达义务，导致传票无法送达被告，最终法院作出了准许两人离婚的缺席判决。从立案到审结的10个月内，离婚案的另一方当事人一直被蒙在鼓里。

4. 不撤销离婚判决而单独就财产问题再审，并不能有效维护当事人的权益。司法实务中的"被离婚"案件，往往是原告一方在被告不知情的情形下先行转移财产，继而提起离婚诉讼，声称对方下落不明，请求法院解除婚姻关系并分割财产。在此情形下，关于夫妻共同财产仅有原告方提供的证据，"被离婚者"不仅在不知情的情形下被解除了婚姻关系，在财产分割方面也必然遭受不公正的裁判。待其得知真相，即便对财产分割的判决申请法院再审，但由于此时其对判决离婚时夫妻双方的共同财产的范围及其数额进行举证通常十分困难，因而大多会承担举证不能的后果。其不妥之处显而易见。

（二）检察机关对于错误的离婚判决进行法律监督困难重重

对于"被离婚"案件，努力纠正错误判决的不止受害一方当事人，检察机关也进行过尝试。笔者以"检察机关对'被离婚'案件提起抗诉"为关键词在网络上进行搜索，发现实践中存在多起检察机关对明显违法的离婚判决提起抗诉的案例，如：2009年呼和浩特市人民检察院对（2007）赛民初字第320号民事判决书向呼和浩特市中级人民法院发出检察建议书、2012年张家界市人民检察院对（2010）桑法民一初字第287号判决书向张家界市中级人民法院提出民事抗诉、2009年深圳市检察院对罗湖区法院 2004 年的一份离婚判决向深圳市法院提出民事抗诉等。前文已述，最高检早于 2001 年发布的《人民检察院民事行政抗诉办案规则》中即规定检察院不得受理离婚案件的申诉，而这些案例中检察机关的"违规"，反映了该类案件在司法实务中的救济紧迫性。

从这类案件的抗诉理由上来看，不仅有事实认定错误，也有程序违法的错误。因为，此类"被离婚"案件中，一般仅有一方当事人陈述事实、提供证据，法院在"夫妻感情破裂与否"及夫妻共有财产认定上，往往缺乏充分的证据，一方当事人蓄意作伪证也所在多有。不仅如此，这类案件审理现象中，程序违法更为突出，典型的如法院草率认定另一方当事人下落不明、送达诉讼文书等。前面提到，检察机关坚持抗诉的案例，进一步印证实践中对于"被离婚"的当事人通过再审予以进一步的救济有十足的必要。

（三）相关裁判文书凸显当事人的权利救济困境

笔者在"中国裁判文书网"的高级检索栏中，以"民事案由"为一级案由，以"解除婚姻关系"和"离婚"为关键词，选择"再审审查与审判监督"程序，对 2018 年之前的相关案例进行检索。剔除涉及婚姻关系存续期间的债务问题、夫妻财产分割及精神损害赔偿问题的裁定书后，① 余下的 7 份裁定书虽然从数量上看略显单薄，但其申请再审的理由均属于本书讨论的解除婚姻关系的判决书确有错误的情形。7 份裁定书中再审申请人的申请理由详见下表：

表 8-1　　　　　　　　离婚判决当事人申请再审的理由

案　　号	再审申请人之申请理由
（2016）陕 01 民申 48 号	原判决剥夺了申请人举证、质证、辩论的权利；原判决认定事实不清、主要证据未经质证和伪造
（2016）苏 04 民申 47 号	双方的夫妻感情并没有破裂
（2016）晋 08 民申 11 号	有新证据证明原判决是错误的，且原判认定申请人与被申请人之间感情破裂的事实是错误的

---

① 相关案例为：（2016）苏民申 3564 号、（2016）苏 03 民申 126 号、（2014）渝五中法民申字第 00038 号、（2014）晋市法民申字第 15 号、（2016）苏 05 民申 6 号、（2014）威民申字第 76 号、（2015）瓦民监字第 14 号等。

续表

案　　号	再审申请人之申请理由
（2015）德中民申字第 142 号	申请人与被申请人感情尚未破裂到离婚的程度；一、二审法院认定夫妻感情破裂符合离婚条件缺乏有效证据证明，在没有查明事实的情况下直接判决离婚错误
（2015）青中民申字第 472 号	二审未经传票传唤，缺席判决，剥夺了申请人的上诉权
（2015）同民申字第 10 号	双方感情并未破裂，一、二审法院判决离婚违法
（2015）温瑞民申字第 17 号	申请人有精神分裂症，为限制民事行为能力人，未指定法定代理人参诉，调解程序违法

以上再审申请理由多为事实认定和程序适用错误，均符合法定再审事由的规定，若发生于其他普通类型的民事诉讼中，再审法院经审查认为理由属实的，应裁定启动再审程序以纠正生效的错误裁判。但上述再审裁定书中，法官无一例外地以现行《民事诉讼法》第 209 条为依据驳回了申请人的再审申请。有些裁定书的裁判理由部分载明了对再审申请理由的调查结果并对其进行了驳斥，[①] 而有些裁定书未对申请人的申请理由进行回应便直接依据法条规定得出结论，驳回再审申请[②]。此种不论再审申请理由是否正当便一律驳回的做法虽于法有据，但显然侵害了可能承担错误判决结果的一方当事人的救济利益。

四、对生效离婚判决进行再审的制度探讨与域外借鉴

由上文可知，生效离婚判决不能再审这一规定的现有理论支撑不足以构成对其进行再审的理论障碍，在制度设计上，对生效的离婚判决进行再审亦无障碍。再审不准离婚的，后一婚姻关系因重婚而自始无效。

（一）对生效离婚判决进行再审并无制度上的障碍

若将离婚判决纳入再审程序的规制范围，其适用条件及审理过程与普通的民事案件无异，故不予赘述，学理上的争议点在于再审之后续程序的处理上，主要担心在当事人一方或双方在离婚判决生效后另行结婚的情况

---

① 参见（2015）青中民申字第 472 号、（2015）同民申字第 10 号。
② 参见（2016）晋 08 民申 11 号、（2015）德中民申字第 142 号。

下，若法院再审后裁定撤销原判决，当事人之间的原婚姻关系及后一婚姻关系如何处理。笔者认为，我国现行立法上并不存在针对此类问题的制度障碍，这就是，婚姻诉讼当事人可以重婚为由申请法院宣告后一婚姻关系无效。

重婚，是指有配偶而又与他人结婚的，或者明知他人有配偶而与之结婚的行为。根据《中华人民共和国刑法》第 258 条的规定，有配偶而重婚的，或者明知他人有配偶而与之结婚的，处 2 年以下有期徒刑或者拘役。在我国立法上，重婚属于婚姻无效的情形之一，重婚者的后一婚姻自始无效。在重婚的情况下，由于其违反了一夫一妻制原则，因而无论重婚的后婚配偶是出于善意或恶意，明知或不知对方有配偶，都不能改变后一婚姻无效的性质。① 由此可见，重婚行为的后一婚姻当事人，无论其是否知情，无论其善意恶意，后一婚姻自始无效。这一原理也类推适用于离婚判决生效后原婚姻双方当事人再婚的情形。若法院再审后撤销原离婚判决，即表示离婚判决所确定的解除婚姻关系的效果自始未发生，则原离婚诉讼双方当事人的婚姻关系自始即存在。此时原离婚诉讼当事人的后一婚姻即为重婚，属于我国婚姻无效制度的规制范围，婚姻当事人及利害关系人可依据我国《民法典》及相关司法解释向法院申请宣告婚姻无效。若离婚判决错误的原因归责于一方当事人，则后一婚姻关系的无过错方可要求前者承担损害赔偿责任。

（二）德国相关立法之启示

如前所述，在再审程序中将解除婚姻关系的判决排除适用的规定似为我国独有，域外国家和地区的再审程序中鲜有对案件类型进行排除的做法。以德国的民事诉讼立法为例，其在肯定离婚判决再审正当性的同时，对离婚案件的审理作出了若干特别规定，以求降低发生错误判决的可能。

1. 对婚姻案件的再审并无排除规定

德国于 2008 年 12 月 17 日颁布《家事事件与非讼事件程序法》，将此前规定于民事诉讼法中的相关规则进行了专门立法。该法第二编"家事事件程序"第一章"总则"中第 118 条是关于家事事件再审的原则性规定："婚姻事件和家庭争议事件的再审程序，准用《民事诉讼法》第 578 条至第 591 条（即《德国民事诉讼法》第四编'再审程序'的全部内容）。"由此可见，在婚姻案件的再审适用上，再审之诉对于离婚判决也

---

① 参见余延满：《亲属法原论》，法律出版社 2007 年版，第 192 页。

是一并适用的，对于再次审理的程序重新适用身份诉讼的规则。在权威教科书《德国民事诉讼法》中，专门提到了对我国学者所担忧的原婚姻当事人再婚的情形下对离婚判决再审的处理问题："对于离婚判决的再审，尽管实体法被简化，在另一方配偶再婚后也是允许的。不过必须仔细地审查，提起无效之诉是否是一种不合法的权利行使。"①

2. 对被申请人缺席判决的排除

《家事事件与非讼事件程序法》第130条是关于婚姻诉讼缺席判决的规定，具体地说，在原告缺席的情况下，应对其作缺席裁判，视为原告撤回起诉。而针对被告的缺席裁判，以及依据案卷资料所作的缺席裁判，均不合法。德国《民事诉讼法》第612条明确规定，离婚诉讼中对于被告限制适用缺席判决。即德国民事诉讼法上的缺席判决不适用于婚姻诉讼中被告缺席或依案卷资料进行审理的情形。这一相对严格的规定可以促使离婚案件中的被告履行出庭义务，便于法官查明事实，避免错误裁判，更可以有效地降低"被离婚"类似情形的发生概率。

反观我国，司法实践中因当事人恶意诉讼，利用缺席判决获得生效离婚判决并经公告送达的案例屡见不鲜。现行《民事诉讼法》并未排除离婚案件中缺席判决的适用，实践中某些法院在婚姻诉讼中适用缺席判决的几率还比较高。② 缺席判决难以保障当事人辩论权、处分权有效行使，本是为保障诉讼进程和"效率"价值而牺牲"公正"价值之权衡之举，然而，在剥夺离婚判决之当事人再审救济权的同时，缺席判决的适用明显有损"公正"价值之实现。同理适用公告送达制度，作为一种法律拟制，公告送达无法从事实上确认受送达人对生效判决的收悉，尤其是在恶意诉讼骗取离婚判决的场合，对不知诉讼发生的受送达人更难课以关注公告送达之要求。如此一来，公告送达在经过法定期限即视为送达就会导致受送达人在不知情的情况下"被离婚"。"对离婚判决可适用公告送达"与"生效离婚判决不得再审"相结合，被离婚之当事人完全丧失了获得救济的合法途径。

3. 对婚姻诉讼案件设置独立的诉讼程序规则

在德国的诉讼程序框架中，婚姻家事案件不仅由专门法院或专门法庭进行审理，还为其规定了独立的诉讼程序规则，以期为婚姻家庭关系提供

---

① ［德］罗森贝克、［德］施瓦布、［德］戈特瓦尔德著：《德国民事诉讼法（第16版）》，李大雪译，中国法制出版社2007年版，第1274页。
② 参见胡军辉：《论离婚判决的既判力及其程序保障》，载《法学家》2014年第3期。

更好的诉讼保障。如强制律师代理制度，德国《家事事件与非讼事件程序法》第114条第1项规定，在联邦家事法院、联邦高等法院及联邦最高法院进行的婚姻及其结果事件、家事诉讼，当事人应聘请律师进行代理。又如强制诉前调停机制，2000年德国《法院外争议解决促进法》正式生效，在家事纠纷中引入法院外的强制诉前调停程序。2001年《民事诉讼改革法》规定强制审前和解，设置"和解法官"，发挥裁判前的纠纷化解功能。① 除此之外，家事案件中还规定了针对人的证据方法如当事人、证人的特殊询问规则。② 婚姻诉讼案件在我国的民事程序立法中也属于应当先行调解的对象，但在调解规则、调解主体等方面未设特别规定。在婚姻诉讼的审前准备阶段推行强制调解，除了满足多元化纠纷解决之需要，也可以为法官提供了解案情、识别恶意诉讼、核对当事人联系方式、证据交换及争点整理、避免错误的缺席判决及公告送达的机会。在婚姻诉讼的审理过程中，也应强调法院的释明义务，充分重视对人的证据方法之特殊询问手段，保障当事人辩论权的有效行使。强调婚姻关系判决的说理性，尤其是判决离婚的案件，对于离婚事由的阐述应课以法官具体化义务，以督促裁判的慎重作出，也为再审事由的判断提供明确依据。

再审制度的主功能在于纠正已生效裁判中存在的无法通过其他方式予以救济的错误，以最大限度地保障当事人的利益。我国现行《民事诉讼法》第209条将生效的离婚判决排除在再审程序的适用范围之外，忽视了离婚判决本身错误的可能、阻却了当事人的救济路径，导致离婚案件恶意诉讼频发、"被离婚"之当事人司法救济无门等实践中亟待解决的现实问题。在德国等大陆法系国家，离婚判决仍属于再审救济范围，在承认离婚诉讼等人事诉讼案件特殊性的前提下，为维护离婚判决的稳定性，往往从源头上降低错误判决发生的几率，即在离婚案件的审判过程中增加必要的限制，尽量规避或降低被当事人恶意利用或法官作出错误判决的可能性。这样的做法无疑值得我们借鉴。

---

① 参见杨临萍、龙飞：《德国家事审判改革及其对我国的启示》，载《法律适用》2016年第4期。

② 参见郝晶晶：《我国当事人陈述制度的规则审视——以裁判文书为分析样本》，载《法商研究》2018年第4期。

第九章　家事审判改革中婚姻诉讼程序的实践成果

在家事审判改革中，试点法院积极探索与婚姻诉讼程序有关的具体改革措施，如家事调查员制度、离婚冷静期制度、离婚证明书制度、心理疏导回访制度等。婚姻家事纠纷具有显著的人身性、伦理性、隐私性及公益性等特征，与普通民事诉讼相比，家事审判之婚姻诉讼追求的不仅仅是案件本身的实体公正和程序正当，更侧重于对婚姻家庭关系和社会公共秩序的维护，这就彰显了婚姻家事诉讼在司法实践中设定不同于普通民事诉讼之特别制度的必要性。本章以司法实践中运行良好且影响较大的家事调查员制度和诉讼离婚冷静期制度为总结样本，归纳家事审判改革中与婚姻诉讼相关的实践成果。

第一节　家事审判改革成果概述

婚姻家庭以两性关系和血缘关系为依托，是人类社会最基本的社会关系，是社会稳定的重要基础。婚姻家庭纠纷的妥善解决直接关系国家发展进步和社会和谐稳定，意义重大。随着经济社会的飞速发展，我国传统的社会结构及家庭分工发生了重大变化，婚姻家事矛盾凸显，其中突出的表现即为离婚率的逐年攀升和婚姻家事案件的数量激增。例如，2003年在民政部门登记离婚的数量为69万对，2015年这一数字增长至314.9万对。又如，2015年全国法院受理的涉及婚姻家庭、抚养、继承等婚姻家事纠纷达181.7万件，占民商事案件的16.45%。2016年最高人民法院发布《家事改革意见》并随后宣布在全国118个基层法院和中级法院开展为期两年的家事审判方式和工作机制改革试点工作。除了上述最高院确定的法院外，各省、自治区、直辖市高院均可在本地区选定其他开展家事审判改革的试点法院。至此，全国范围内的家事审判改革工作正式展开。

2018年，最高院发布《关于进一步深化家事审判方式和工作机制改革的意见（试行）》（以下简称"《深化家事改革意见》"），对家事审判改革中的成功经验作出总结和指导。

一、家事审判改革的多维角度

在为期两年的家事审判改革过程中，各地各级法院积极探索、勇于实践，形成了各具特色的家事案件审判模式。以笔者所在的广东省为例，广东省早在2010年便率先启动家事审判改革，省高院选取中山中院、珠海市香洲区法院等7个法院试点设立17个家事审判合议庭，专门审理离婚纠纷、婚姻无效纠纷等10类案件，① 取得了卓有成效的改革成果，主要体现在以下几个方面：

第一，改革中形成了有针对性的审判指引。广东高院总结全省的审判改革经验，发布了多项涉及家事审判工作全流程的操作指引，其中较具代表性的有：《家事审判合议庭操作指引》《广东省人身安全保护裁定适用指引》《广东法院家事审判工作规程（试行）》《广东法院家事调查员工作规程（试行）》《广东法院审理离婚案件程序指引》等。以上文件涉及婚姻家事纠纷的审判、调解、保全等多个环节，为全省乃至全国的家事审判改革发挥重要的指引作用。

第二，积极探索设置专门化的家事审判机构。2011年7月，广东高院即决定在广州市白云区法院、深圳市龙岗区法院等8个法院的民一庭增设试点家事审判合议庭。2013年9月，深圳市宝安区法院正式成立全省首家具有独立编制的家事审判庭。2013年8月，广东高院继续扩大省内进行家事审判改革的试点法院范围。在此基础上，2016年4月，广东省内的深圳宝安法院、中山一院、珠海香洲法院、东莞二院被确定为全国家事审判改革试点法院。同年12月，广州中院少年家事审判庭揭牌，成为广东省首家少年审判和家事审判专业庭。除了机构专业化，广东省的家事审判改革同样重视参与人员的专业化。除了通过专题座谈、研讨会、培训班等方式提高家事审判法官的专业素养和办案水平，广东省还在全国首推家事调查员制度，于2016年11月聘任首批46名、覆盖全省21个地级市的省级家事调查员。

---

① 十类案件分别为：离婚纠纷、婚姻无效纠纷、撤销婚姻纠纷、家庭成员间损害赔偿纠纷、扶养抚养赡养纠纷、监护权探望权纠纷、同居关系析产子女抚养纠纷、收养关系纠纷、确认亲子关系纠纷、分家析产纠纷。

第三,充分重视婚姻家事纠纷主体的人身权保障。在广东省家事审判试点工作伊始,中山第一法院即对全国首例离婚纠纷案中违反人身安全保护裁定的当事人实施拘留。2011 年,珠海市香洲区法院发出全国首份"远离令"①和全省首例以男性为保护对象的人身安全保护裁定。值得注意的是,我国《民事诉讼法》至 2012 年才初次规定了行为保全制度,上述法院在婚姻家事审判中实施的人身安全保护措施颇具先进性。2012 年,广州市黄浦区法院发出全省首份同居关系人身安全保护裁定。②

二、家事审判改革的创新举措——以深圳市宝安区法院为例的展开

作为广东省内首批启动家事审判改革的单位,宝安法院早在 2012 年即启动了家事审判改革,2013 年成立了全省首个家事审判庭。2016 年,宝安法院被确定为全国家事审判改革试点法院。宝安法院不断完善家事纠纷综合解决机制,改革成果显著,并于 2017 年作为试点法院代表在全国部分法院家事审判改革推进会上作经验介绍。2018 年,深圳宝安法院发布《宝安法院家事审判改革状况白皮书》,对家事审判改革的实践运行和创新举措作出总结。

(一)家事审判改革的实践驱动

婚姻家事纠纷的审判需求是各地法院启动家事审判改革的重要依据。宝安法院的实践现状清晰地反映了婚姻家事纠纷的新情况、新特点。

1. 案件类型多样,离婚纠纷占比较大

2012 年至 2017 年间,宝安法院家事纠纷的受理数量分别为 1371 件、2099 件、2051 件、2083 件、1718 件、1610 件,囊括了离婚纠纷、抚养纠纷、基层纠纷和同居关系纠纷等,离婚纠纷每年占受案总数的近 80%。从深圳全市法院的数据来看,该项特征仍旧较为突出。深圳中院 2020 年发布《深圳法院家事审判白皮书》显示,2017 年至 2019 年,深圳全市两

---

① 该份"远离令"在离婚诉讼中发出,具体内容为:禁止被申请人殴打、威胁、骚扰、跟踪申请人及其亲友;禁止其在距离申请人父母现居住小区 100 米内活动。参见韩芳、任慧娟:《珠海发出第一份反家暴"远离令"》,载《人民法院报》2012 年 2 月 26 日,第 3 版。

② 该份人身保护令裁定:禁止被申请人在保护令有效期内殴打、威胁申请人;禁止以电话或其他通信方式骚扰申请人;禁止被申请人进入申请人的工作场所、居所。若被申请人违反上述禁令,将被处以罚款、拘留;构成犯罪的,依法追究刑事责任。参见崔拓寰:《广东法院家事审判制度改革的实证分析》,《东南司法评论》2016 年版,第 309~326 页。

级法院共受理家事案件 20379 宗,审结 20020 宗,其中离婚纠纷案件 13324 宗,占审结家事案件数量的 66.6%。

2. 人身安全保护令在婚姻家庭纠纷中发挥重要作用

2013 年宝安法院在深圳率先建立人身安全保护令制度。2013 年至 2017 年,宝安法院共受理 39 份申请,审查签发了 27 份人身安全保护令。上述保护令虽数量不多,但相关数据仍可清晰呈现婚姻家庭纠纷中暴力行为的特点:在 39 份案件中,有 37 件由女性提出申请、因遭受身体暴力如殴打行为而申请保护令的有 32 件、有 37 件与离婚纠纷案件相关、未签发的人身安全保护令均缘于申请人未提供足够的证据。上述小范围数据部分呈现了需要通过人身安全保护令进行救济的弱势主体的特征,其大多是离婚纠纷中遭受行为暴力伤害的举证能力较弱的女性当事人。因此,人身安全保护令的制度构建与完善也应着重考虑此类主体的现实需要。

3. 传统审判模式难以在规定审限内案结事了

实践中,婚姻家事纠纷的超期审理现象较为普遍,有大量简易程序案件因审限不足转为普通程序案件,即便如此,也有许多普通程序的婚姻家事案件难以在六个月内审结。究其原因,除了法律文书送达困难、当事人举证困难等司法因素之外,传统家庭观念的制约、离婚衍生纠纷的增多等因素同样对法院行使家事审判权提出较大挑战。婚姻家事纠纷背后的情感色彩和伦理特点使其无法简单套用普通财产纠纷的审判逻辑,对其构建社会化、综合性的解决方式迫在眉睫。

(二)家事审判改革的代表性成果

1. 设置专门化的家事案件审理程序

为解决婚姻家事纠纷的上述实践难点,各试点法院在家事案件之专门化审理程序方面作出积极探索。各法院家事审判程序之具体规则各有不同,但在关键环节的设置上仍有共同规律可循。

第一,充分重视婚姻家事调解的专门化。在婚姻家事纠纷的解决机制中,无论是社会救济抑或公力救济,调解一直是其中的关键步骤,这一传统在家事审判改革中也不例外。调解不仅贯穿于婚姻家事案件审判的全过程,也在诉前和诉中被单独强化,较具代表性的即为诉前联调程序和审前调解程序。与普通民商事纠纷的法院调解机制不同,这两类程序主要借助行政机关、社会组织甚至专业调解人员的力量。以宝安法院的家事调解员为例,此类调解员多是律师、心理咨询师、社区调解员等,具有较强的沟通能力和丰富的调解经验,可以为法官和当事人提供充分的调解帮助。

第二,着力构建家事纠纷协同解决机制。为实现家事审判之司法功能与社会功能的有机结合,各地法院积极探索与妇联、公安、民政等行政单位和社会组织的联动合作。法院与妇联的合作多集中于调解环节,如宝安法院与宝安区妇联共同成立婚姻家庭纠纷人民调解委员会,该委员会在宝安法院设置专门的工作室并指派全职调解员。法院与公安的合作则侧重于婚姻家庭弱势群体的人身安全保护。宝安法院与深圳市公安局宝安分局共同印发《关于执行人身安全保护令的办法》,建立法院和公安局在人身安全保护上的协作机制。法院发出的人身安全保护令会同时向当事人和当事人所在地的派出所送达,以提醒公安机关加强对受害者的保护。法院与民政部门的合作则集中在人口信息共享等环节。民政机构对法院开放流动人口和出租屋综合管理信息查询端口,有效协助法院查找当事人的居住地址以便及时准确地送达诉讼文书,进而加快诉讼进程。①

2. 践行专业化的家事案件审判机制

第一,落实离婚证明书的发放。离婚证明书是法院为离婚当事人出具的,用以证明双方已解除婚姻关系的书面证明。《深化家事改革意见》指出,判决或调解离婚的案件,法院可依申请为当事人出具离婚证明书。实践中,诉讼离婚的当事人难免需要证明自己的离婚事实,因离婚判决书载有较多的隐私信息,出具给案外人着实不便。离婚过错事实大多涉及隐私,离婚判决中离婚财产分割状况也会对原家庭财产状况作详细记载,均不便让案外人知晓;离婚当事人的离婚事由也不宜让未成年子女知晓。离婚证明书仅记载当事人信息及证明离婚等必要事项,不涉及具体的案件事实,充分保护离婚案件当事人的个人信息和家事隐私。不仅如此,相比于生效的离婚判决书,离婚证明书篇幅短小且可依需要发放多份,方便当事人使用。

第二,实行财产申报制度。为解决家事案件中法院调查取证难的问题,针对婚姻家事诉讼中当事人故意转移、隐匿、毁损共同财产等行为,宝安法院要求所有涉及财产分割的婚姻家事案件实行财产申报制度,以促进家事诉讼中的诚实信用原则的践行和共同财产分割的公平。原告在立案时填写共同财产申报表,被告在举证期限届满时提交申报表,并由法院明确告知双方不如实申报财产的法律风险。

---

① 参见张力英、龙美君:《论我国家事纠纷综合解决机制的完善——以深圳市宝安区人民法院家事审判改革为视角》,载孟祥刚主编:《家事审判研究——"德州杯"家事审判论坛优秀论文选》,人民法院出版社 2018 年版,第 74 页。

第三，关注家事案件的心理疏导。宝安法院与深圳心理咨询师协会于 2017 年达成框架合作协议，在宝安法院家事诉讼中心共建综合心理疏导室，由协会派驻专业心理咨询师在法院为婚姻家事案件当事人提供心理疏导、心理测评等服务。同年，宝安法院出台《家事案件心理咨询工作规程》，为婚姻家事诉讼中的心理疏导机制的适当运行提供明确规则指引。婚姻家事案件心理疏导机制贯穿于诉讼的各阶段：在纠纷进入诉讼前，心理疏导的重点在于提前干预，积极参与诉前联调工作，消除当事人的情感障碍；诉讼中的重点则在于强化疏导，修复破损的婚姻关系；在诉讼后则注重跟踪回访、情感帮扶和家庭成长辅导等方面。心理疏导机制的实践效果显著，2017 年全年制作家事个案报告书 20 余份，通过心理干预和疏导挽救了百余个家庭，进行诉讼后定期回访近 60 次，发出《社会帮扶意见函》12 份。

综上所述，以宝安法院为代表的多个试点法院在家事审判改革中探索实践了多项创新举措，取得了良好的司法效果和社会效果。然而，上述改革成果多致力于解决婚姻家事案件中的财产关系纠纷，对身份关系纠纷的化解也多局限于家事调解环节，在婚姻诉讼之程序规则的优化方面尚显不足。在婚姻家事纠纷中，婚姻诉讼是较为纯粹的身份关系纠纷，仅在离婚损害赔偿中涉及赔偿数额认定的财产性争议。因此，婚姻诉讼的改革重点较普通民事案件应有显著区别，也与其他家事纠纷案件不尽相同。在婚姻诉讼中，夫妻双方的感情状况是影响诉讼结果的关键因素，以此为调查对象的家事调查员制度亦是针对婚姻诉讼程序的改革举措。

第二节 家事调查员制度

家事调查员制度是指法院依职权指派家事调查员对家事纠纷的相关事实进行调查，形成的调查结果可以作为裁判依据的制度。[①] 最高人民法院 2018 年 7 月发布《深化家事改革意见》，其中第三部分对家事调查员制度作出规定。家事纠纷不仅法律关系纷繁复杂，而且涉及社会公共利益问题，仅凭法官的力量很难核查家事纠纷发生的根本原因、还原事实真相。与此同时，婚姻诉讼当事人尤其是弱势群体一方往往受限于举证能力较弱

[①] 参见任容庆：《论家事诉讼中家事"三员"协作体系的构建》，载《法律适用》2017 年第 19 期。

而无法充分维护自身的合法权益。为解决婚姻家事诉讼中的调查难、举证难的突出问题,有必要设立家事调查员制度,由家事调查员协助法官对案件事实进行探明。

一、在家事审判中引入家事调查员的必要性

在处理家事案件过程中设置专门的家事调查员,是职权探知主义的适用和体现,有助于全面了解当事人的婚姻状况,对家事纠纷的事实适时进行更为清晰、全面、准确的探知,为婚姻家事案件的公正合理审判提供重要的信息支持。[①]

(一)有利于更好地实现家事审判的实质正义

前已述及,对于婚姻家事利益的分配应当体现实质正义。在普通民商事纠纷的处理过程中,法官遵循不告不理原则,充分尊重和体现当事人的处分原则和辩论原则,尽可能减少司法权对民事活动的干预。而婚姻家事纠纷具有社会公益性,尤其是婚姻身份关系的处理结果不仅关系到单个家庭的健康幸福,也会影响整个社会的和谐稳定,涉及妇女、未成年人等弱势群体的保护。根据程序相称原理,建立家事调查员制度,辅助法官进行职权探知,能够更好地查清当事人的个人情况、夫妻感情状况、财产收入情况、子女抚养现状等,进而挖掘出婚姻纠纷的深层矛盾和根源,保护双方当事人的利益,获得婚姻诉讼之司法效果和社会效果的统一。

(二)有助于弥补家事法官在事实认定上的局限

婚姻诉讼案件的处理追求法律效果与社会效果的统一,进而要求法官具备平衡情理与法理的能力,此种要求与法官原本的角色特征并不一致。在此种矛盾下,家事调查员作为法官的辅助者,可以有效地弥补法官在处理情理因素上的局限性,增强案件裁判的可接受性。家事纠纷往往存在大量的个人隐私和家庭共同隐私,如家庭生活细节、夫妻内部矛盾等。家事调查员能够以当事人较易接受的方式了解婚姻隐私和情感需求,全面掌握当事人的真实婚姻家庭状况,进而有利于婚姻家事纠纷的公正处理。

二、家事调查员的主要职能

根据域外经验和我国的试点成果,在家事案件的处理过程中,家事调

[①] 参见胡夏冰:《积极推进建立家事调查员制度》,载《人民法院报》2017年3月21日第2版。

查员应当利用相关专业知识和业务技能，对案件中的有关事实和特定事项进行调查，收集相关信息和资料并向法院提出调查报告，以修复婚姻家庭关系，保障弱势群体的合法权益。

（一）探查职能

单从法律适用的角度来看，婚姻家事案件涉及的法律因素一般并不复杂，难点在于纠纷背后情理因素的查明。家庭矛盾往往由诸多生活琐事共同引发，从证据适用的角度上看，当事人很难保存和固定证据，并且举证质证的过程也容易演变为婚姻当事人之间的相互指责，很可能会进一步激化矛盾。家事调查员作为中立的外部力量参与家事案件的事实调查，能够降低被调查者的抵触情绪和防备心理，努力探寻当事人之间情感或利益矛盾的核心。只有充分发挥探查职能，明确纠纷背后的情感症结，才能为法官关于"感情破裂"之情节的判断提供准确信息，随后的调查和裁判才能对症下药。

（二）修复职能

在家事纠纷的处理过程中，家事调查员在探知事实的同时，也可促使当事人消除对立情绪，适时发挥情感修复功能。尤其是在离婚纠纷中，家事调查员能够在判断婚姻关系的实际状态或挽回可能性上发挥重要作用。家事调查员在调查、访谈、聊天过程中明确情感积怨和被调查者的身心状态，梳理有助于缓和婚姻家庭矛盾的事实，缓和当事人之间针锋相对的关系，对于尚有余地的婚姻进行有针对性的挽救。即便无法在家事调查的过程中成功挽救婚姻家庭关系，也可为诉讼调解及后续审判提供具有重要参考价值的事实信息，帮助法官作出各方当事人均认可的裁判结果。①

（三）保护职能

保障弱势群体的合法权益是我国家事审判方式改革的目标之一，也是家事事件的基本处理原则。保护弱势群体原则在家事事件中主要体现在未成年人最佳利益原则和婚姻弱势群体的人身安全和举证能力保护问题。在我国现阶段婚姻家庭案件的司法处理中，未成年子女通常不是家事纠纷的直接当事人，在诉讼过程中容易存在父母本位的倾向而忽视了对于未成年

---

① 参见赵蕾：《家事审判中的特殊规则——以家事审判方式改革为背景的分析》，载《河南财经政法大学学报》2016 年第 4 期。

人的保护力度。在婚姻诉讼中,儿童不但要承受抚养关系改变所带来的伤害,而且其情感需求和物质利益也极易被忽视。在婚姻诉讼中设置家事调解员,可以尽可能全面地了解未成年人的心理状态、成长环境等情况,帮助未成年人选择更有利于自己成长的抚养主体和生活环境。此外,在离婚、子女抚养案件中,普遍存在弱势一方举证能力差、举证困难等问题,家事调查员制度是保护该类弱势群体合法权益的重要手段。

三、家事调查员的法律地位与选任资格

(一)家事调查员的法律地位

自家事审判改革工作开展以来,各地试点法院积极推广家事调查员制度。家事调查员的产生方式和法律地位直接影响了家事调查工作的专业化程度和实际效果,从各地法院的实际情况来看,委托制是我国家事调查员制度的主流选择。委托制是指利用多元化纠纷解决机制,直接从街道办、妇联、司法局、教育局等部门临时聘任家事调解员。① 除此之外,有少数法院采取向社会公开招聘的方式产生家事调查员,如徐州市贾汪区法院。也有个别法院将家事调查员实际纳入法院人事系统中管理,从法院内部的法官助理和书记员中选任调查员,如甘肃省华池县法院、山东省即墨市法院等。还有一些法院在家事调查员制度的基础上,吸收了更广泛的社会力量参与家事事件的事实调查中。如,江苏泰州法院在家事调查员的选任上实行"1+1+1"模式,家事调查由一名法官助理牵头,具体工作由普通调查员和公益律师结对开展。② 截至目前,大多数法院仍是采取外聘式的家事调查员制度,外聘式的优势显而易见,可以在有限成本的前提下调动更多的社会资源,更好地完成家事调查工作。然而,此类管理模式也存有一定的弊端:法院对家事调查员缺乏有力的制约手段,一旦出现徇私枉法或泄露当事人隐私等违法违规行为,除了取消其调查员资格,没有更有效的惩戒措施。

《深化家事改革意见》第16、17条对家事调查员的法律地位作出规定,人民法院应当建立家事调查员名册,由司法行政、教育部门、妇联、共青团、社区等单位群众组织推荐,由人民法院选任。域外关于家事调查

---

① 参见王琦:《聚焦我国家事审判改革的几个面向》,载《政法论丛》2018年第1期。
② 参见任容庆:《论家事诉讼中家事"三员"协作体系的构建》,载《法律适用》2017年第19期。

员也多是采用法院系统内的管理为主：我国台湾地区规定家事调查员是法院的正式司法人员，享有单独的服务序列和法定的职业保障，是法官处理家事案件时的辅助人；① 日本于 1947 年建立家事法院，在 1951 年便在家事法院内设置了家事调查官以辅助法官调查案件。根据日本《法院法》的规定，家事调查员的调查对象包括：家事审判和调停案件、部分人事诉讼案件、少年保护案件等。从长远来看，建立专业化、职业化的家事调查员队伍更能适应家事审判改革的发展需要。可尝试设置专门的家事调查员职位，吸引具备相关知识的人才加入家事调查员的队伍。

综合实践经验，我国的家事调查员制度可探索实行专职人员和兼职人员并存的模式。专职家事调查员应当通过资格考试，考察其法律常识、伦理问题、沟通能力等。兼职家事调查员可由法院从妇联、人民陪审员、基层法律服务工作者中选任。同时，应当在立法上明确家事调查员的地位和功能，并注意区分其与家事法官、法官助理、书记员等的职责内容，尤其应注意明确家事调查员在调查事项上的范围与边界，充分发挥各自的职能优势。

（二）家事调查员的选任资格

家事调查员的素质和能力在很大程度上影响着该项制度的实践效果，应当设置与之功能相适应的选任资格和条件，确保家事调查员能够胜任工作需要。我国试点法院对家事调查员的能力要求主要集中在以下三个方面，一是法律背景，包括从事法律工作或法律专业毕业，二是基层工作经验，三是具有适于处理家庭纠纷的专业背景。《深化家事改革意见》第 17 条明确提出了家事调查员的选任标准，具有较强的前瞻性。结合《深化家事改革意见》的相关规定，综合域内域外司法实践的特殊情况，调查员应当满足如下条件：

首先，家事调查员并非必须是法律专业人士，但应当具备心理学、教育学、社会学等方面的专业知识，日本和我国台湾地区均作此类要求。家事调查制度的目的在于探查家事纠纷产生的情理原因，家事调查员的专业素质直接决定家事调查报告的质量，进而影响法官对重要要件事实的认定。调查员在家事调查中需要面对情绪激动且敏感的当事人，需要心理学、社会学等方面的技能和方法。其次，家事调查员应当具备一定的调查技能和较强的沟通协调能力，具有丰富的社会知识和经验，且以已婚人士

---

① 参见胡夏冰：《台湾地区的家事调查官制度》，载《人民法院报》2017 年 3 月 17 日。

为宜。婚姻经历能够帮助调查员更好地发现情理因素的深层原因，也便于与被调查人员产生共鸣。

四、家事调查的主要步骤

从实践经验来看，家事调查员的工作流程可大致分为三个步骤。一是调查启动阶段，由家事法官根据案情需要委托特定的家事调查员，向其介绍案情并提出具体的工作要求。二是调查进行阶段，家事调查员依照法官的要求，以客观、保密为原则独立完成调查。三是报告采纳阶段，家事调查员完成调查报告，提交报告并接受法官的询问，必要时要求其出庭说明情况当事人的质证。

家事调查程序在第一个阶段的重点主要集中于程序开启的主体上。一般来说，家事调查之必要性应由家事法官结合案情作出判断，同时也出于避免诉讼拖延、提高审理效率的考量，自然也应当由法官来判断家事调查员的介入必要性。实践中也有法院允许以当事人申请的方式开启家事调查。如宁波市海曙区法院允许法院审核当事人的申请并在确有必要的前提下开启家事调查程序，柳州市中院也探索实行当事人申请的家事调查启动方式。①

家事调查程序第二阶段的重点在于明确家事调查的内容。从试点法院的既有经验来看，家事调查的内容包括法律要件事实和其他影响法官自由心证的事实。前者包括但不限于：夫妻感情是否破裂，子女抚养、抚养费支付，夫妻共同财产分割及共同债务的负担等。后者包括：夫妻双方的性格特点和受教育情况、实际相处情况、是否有和好可能、子女抚养现状、老人赡养情况、与家庭成员之间的关系等。一些法院以"委托调查函"的形式将家事调查的具体内容作出明确。昭通市鲁甸县法院在实践中将离婚案件划分为冲动离婚、危机婚姻和死亡婚姻三类，并针对不同案件类型明确不同的调查内容。② 与此形成鲜明对比的是，一些法院并不指定调查事项，由家事调查员在了解案情后自主决定调查内容或笼统要求调查员对案件进行全方位调查。显而易见，后一种做法明显不妥。上文对调查员的任职条件已有论述，其在沟通和心理疏导方面的优势不足以弥补其在法律知识和审判经验上的欠缺，调查员的能力不足以让其准确判断出哪些事项

---

① 参见费文斌：《打造家事审判改革的"柳州模式"》，载《中国法院报》2018年9月13日第5版。
② 参见刘芳坊：《创新家事纠纷解决机制 守护家庭和谐港湾》，http://www.zfw.yn.gov.cn/sdjs/pajs/201807/t20180724_776128.htm 最后访问日期：2021-3-10。

是对确定裁判之事实认定有益的内容。这不仅会浪费调查员的精力，也会拖延调查进程进而导致诉讼延滞。不仅如此，家事调查之社会调查的性质也决定了家事调查员不应干预或介入法官之司法调查的范畴，应当对其调查对象作出具体充分的阐明。

　　家事调查程序第三阶段的重点在于家事调查报告的具体内容和质证要求。家事调查员完成调查工作后，应向法院出具书面形式的调查报告，作为法院审理裁判的参考。调查报告应当包括法院委托调查的所有事项，以及家事调查员的必要分析和建议。《深化家事改革意见》第24条指出，家事调查报告可以作为人民法院审理案件时的参考，但并未明确家事调查报告的法律效力。有学者认为家事调查属于司法调查，家事调查报告的内容可以作为法院认定事实的依据，应当作为证据加以利用。① 也有学者持相反观点，认为家事调查属于社会调查，其社会属性占据主导地位，家事调查报告不应属于民事证据。笔者认为，家事调查报告仅能作为法院认定事实的参考而非法定依据。从调查权限的来源上看，《深化家事改革意见》第15条指出家事调查员的调查权限来自法院委托，调查报告中的内容仅为法官认定事实时的"参考"，不能直接认定家事调查员享有司法意义上的证据调查权。同时，从专业化程度上看，目前我国家事调查员的选任条件较为宽泛，专业素质有待考察，规范化的培训体系尚未搭建，其专业化程度难以达到鉴定人、专家辅助人等主体的水平。因此，家事调查员对于被调查事项的真实性不具备足够的辨别能力，且很有可能在调查收到个人情绪和主观因素的影响，客观性欠缺。

　　家事调查程序第三阶段还涉及被调查当事人的权利救济。《深化家事改革意见》第19~20条规定，当事人可以对家事调查员的构成提出异议并申请回避；第24条规定，当事人可以就调查报告申述意见；第26条规定，违反保密义务的调查员应当对当事人承担赔偿责任。上述规定形成了家事调查程序中当事人权利保护的基本框架，域外相关规定也可作为进一步保障当事人权利的借鉴，如我国台湾地区规定了家事调查官的出庭情形，在法官认为有必要的场合，可以命令调查官到场陈述意见。此外，出于保护当事人或第三人隐私和名誉的考虑，日本和我国台湾地区还规定了不允许当事人或利害关系人知晓调查报告内容的情形。②

---

① 参见刘敏：《论家事司法中的家事调查员制度》，载《法治现代化研究》2020年第4期。
② 如调查员查明夫妻双方的婚生子与男方并无血缘关系，如果允许男方查看家事报告，便使子女遭受沦为私生子的风险，对未成年人的成长不利，在这种情况下，人民法院可以拒绝当事人提出的要求知悉该部分具体内容的请求。

第三节 诉讼离婚冷静期制度

一、离婚冷静期概述

"离婚冷静期"制度无疑是《民法典》婚姻家庭编中最受大众关注和讨论的内容之一。离婚冷静期制度并非我国创设,为减少冲动离婚、维护家庭和谐稳定,其他国家和地区也有类似的制度设计,如韩国的"离婚熟虑期"或美国的"离婚等候期"等。遗憾的是,《民法典》离婚冷静期仅涉及登记离婚的方式,未在诉讼离婚中引入冷静期间。与此相反,在家事审判方式改革的司法实践中,试点法院已经在一定范围内探索施行诉讼离婚冷静期制度。不仅如此,最高院的文件中也对诉讼离婚冷静期作出规定。依照 2018 年《深化家事改革意见》第 40 条,人民法院在双方当事人同意的情况下可以设置不超过 3 个月的冷静期。

从程序价值上看,冷静期是在调解和好未果的情况下,法官积极营造有利于夫妻双方冷静思考的氛围,暂停离婚诉讼程序,引导双方理性对待分歧与矛盾。在实体意义上,冷静期不仅是当事人自我反思和情感修复的程序安排,同时也创造了法院发挥司法能动性、在冷静期中融入家事调解的绝佳契机,加上专业智识的吸纳、多元举措合力的发挥,最终走向和好或者和平分手。①

由此观之,诉讼离婚冷静期是兼具程序和实体意义的妥当安排——当事人愿意给彼此反省和改过的机会,同时自我反应并理性表达和好抑或离婚的意愿。与此同时,法院以及其他社会力量可以积极参与,促使当事人理性对待婚姻问题,推动矛盾化解,达至情感修复抑或友好离婚的目标。在家庭本位的家事审判方式改革理念指引下,通过离婚冷静期制度探索,暂缓双方当事人的离婚步伐,可以及时有效地发挥家事审判在解决纠纷之外的修复和治疗作用,提高婚姻纠纷化解的质量和温度。试点法院在改革中积累了丰富的实践经验,为离婚冷静期的完善提供助力。

---

① 参见郭剑平:《我国离婚冷静期制度构建的法理学思考》,载《社会科学家》2018 年第 7 期。

二、诉讼离婚冷静期的设置意义

（一）有利于婚姻矛盾的有效化解

婚姻不仅是民事主体之间的私人行为，还同时负载着维系亲情伦理的功能，直接影响社会的和谐稳定发展。相对应地，在婚姻诉讼中，法官不仅担负定分止争的司法职责，还承载着慰藉当事人、调节和修补家庭关系的社会期许。离婚诉讼的主要目的不仅是解除既有的身份关系，更需要对财产分配、子女抚养等重要事项作整体安排。应该看到，随着社会价值观日趋多元，社会婚恋观也日益复杂，夫妻感情生活逐渐成为婚姻中的首要考量，婚姻关系的"风险指数"不断增加。为遏制冲动离婚现象，从根源处化解家庭矛盾，试点法院尝试"以时间换空间"的冷静期制度，透过争议焦点探究法律事实背后的客观真实，发现离婚诉讼的症结，并在必要时提供心理咨询或其他帮助，促进有和好可能的夫妻关系走向和睦。该项目标的实现进程即是家事审判调整、修复与治疗功能的发挥过程。

（二）有利于弱者权利的有效保护

前文已述，未成年人利益最大化原则应当是婚姻诉讼之立法和司法模式构建中的重要原则。诉讼离婚冷静期制度的设立，在挽救婚姻的同时也可有效地实现对未成年子女的最大化保护。家庭氛围和亲子关系决定着未成年人的性格特征、行为模式和价值观念。夫妻双方在诉讼离婚期间的争吵和敌对、在婚姻关系解除后的关爱缺失和疏于管教，将不可避免地造成子女的心理阴影和性格缺陷。

离婚冷静期制度对未成年子女的保护主要体现在以下几点：第一，能够缓和离婚诉讼期间紧张的家庭氛围和夫妻关系，为子女维持相对安宁的家庭环境；第二，在诉讼离婚冷静期内，法院通过家事调查、家事调解、心理疏导等方式深入了解并疏解夫妻关系恶化的症结点，同时也能通过家事调查及时发现子女的心理问题并进行及时辅导，保障未成年子女的身心健康；第三，即便夫妻双方经过离婚冷静期后依然选择结束婚姻关系，也能增加和平离婚的概率，降低对未成年子女带来的心理冲击；第四，离婚冷静期制度不仅为夫妻双方提供了对婚姻关系冷静思考的时间，也为其创造了妥善安排未成年子女抚养探视问题的时间，双方更可能对上述问题达成共识，对离婚后的子女生活作出妥善的安排。

(三) 有利于司法资源的优化配置

在婚姻家事案件中，离婚诉讼一直是在数量上占比较多，自然需要占用较大比例的司法资源，诉讼离婚冷静期制度对改善该问题发挥作用。从既有实践经验看，在诉讼离婚的冷静期内，有些法院聘请婚姻家庭咨询师，为婚姻诉讼当事人和未成年子女开展心理评估与疏导工作；有些法院安排家事调查员作相关的调查取证工作，形成家事调查报告并作为法官后续的审理参考；有些法院安排家庭咨询师、心理咨询师参加婚姻家事调解，以减轻法官在审判外的工作负担；还有法院根据前述的疏导、调查、调解的工作结果对案件进行繁简分流，以确定后续审判策略、提升审判质效……如此种种，不一而足。总的来看，诉讼离婚冷静期缓解了司法资源的紧张现状，也在一定程度上减轻了法官的办案压力；增加社会力量的参与，探索离婚案件的多元化纠纷解决，实现婚姻诉讼之司法效果和社会效果的统一。因此，诉讼离婚冷静期制度彰显了婚姻诉讼的社会性和公益性，其在优化司法资源配置、助力司法供给侧改革等方面发挥着十分重要的积极作用。

三、诉讼离婚冷静期的比较法考察

两大法系相关国家较为成熟的离婚冷静期制度，对我国冷静期建构与发展也有一定参照意义。

(一) 域外冷静期的设置概况

两大法系代表国家和地区关于"离婚冷静期"的称谓不同，比如熟虑期、考虑期、反省期、修复期等，但在使用特点及运用情况上有一定的相似性。

表 9-1　　　　　　　　离婚冷静期制度的域外对比

国家	法律	冷静期期限	使用特点及运用情况
德国	《民事诉讼法》	≤1 年	法院通常在冷静期间指引当事人到婚姻顾问处接受"治疗"
法国	《民法典》	3 个月	法院给予双方当事人自行修复感情时间，在冷静期届满后 6 个月内未重新提出申请，该共同申请失效

续表

国家	法律	冷静期期限	使用特点及运用情况
英国	1996年《家庭法案》；相关规定于2001年停止实施	3个月至9个月	参加信息会议并超过3个月，否则任何一方不得作出婚姻破裂的呈请；该呈请作出后，在申请离婚令之前当事人应经过8个月的反省与考虑期
美国	各州立法及法案如纽约州《家庭关系法》	90天至2年	以保护未成年子女利益为根本出发点；当事人需接受"离婚教育"
瑞典	《婚姻法》	6个月	考虑期届满后夫妻一方需提出请求离婚判决的意思表示，方能选择离婚判决。如果考虑期间届满后1年不提出该意思表示，离婚协议自动消除
韩国	《婚姻法》	无子女，1个月；有子女，3个月。	家事法院安排离婚指导会；离婚判决书制作完成后，仍设置14天的考虑期，当事人无异议时才向律师送达判决书。

（二）域外考察之经验总结

域外的诉讼冷静期制度在降低离婚率方面起到了十分明显的积极作用。上述立法经验可对我国婚姻诉讼程序中离婚冷静期的设置提供较具针对性的经验启示和实践样本。

1. 应在立法层面明确诉讼离婚冷静期的适用条件和细则

纵观两大法系代表国家和地区的婚姻诉讼制度，虽在制度名称和呈现形式上略有差异，但均在立法层面对诉讼离婚冷静期制度作出规定。不仅如此，还根据不同的情形对冷静期的长短或适用方式作出了较为恰当的区分。尤其是在未成年子女利益保护方面，如纽约州《家庭关系法》为离婚程序设置了1年的警告与预防期，对于有未成年子女的家庭，该期间需延长1年。华盛顿州的相关法案也有类似规定：离婚程序在正式进入诉讼之前需经过90天的考虑期，有未成年子女婚姻考虑期延长至180天。（考虑加个英文注释）《民法典》第1077条为登记离婚的夫妻设置了为期30天的离婚冷静期，但未明确相关的适用细则，也未要求婚姻登记机关、社会组织等主体在离婚冷静期内为当事人提供以修复婚姻关系为目的的帮助，更未在诉讼离婚中引入离婚冷静期制度，难以充分发挥该项制度在修复婚姻家庭关系上的积极作用。总的来看，我国现有的离婚冷静期仅是为当事人双方提供的冷静思考、妥当抉择的时期，尚未引入第三方力量的参与。

2. 应科学设定诉讼离婚冷静期并辅以完善的程序设计

从域外经验来看，各国在离婚冷静期上达成共识的做法大致有：从保护未成年子女合法权利的角度出发设置不同时长的冷静期；从缓和矛盾和挽救婚姻的角度出发在冷静期内对夫妻双方进行心理辅导和家庭教育；从妥善解决纠纷的角度在冷静期内进行家事调查、法院调解等措施。除此之外，从我国家事审判改革的实践经验来看，试点法院在离婚冷静期内也同时配套财产申报、反家暴人身保护令等内容，充分保障当事人的合法权益。以上域外经验和实践成果，均为诉讼离婚冷静期的立法设置提供了样本和依据，为该项制度的科学立法创造条件。

四、离婚冷静期之试点经验总结

（一）诉讼离婚冷静期的实践经验

在家事审判改革实践中，各地法院积极探索，设置离婚冷静期，并对适用情形、冷静期限及具体规则作以规定。

表9-2　　　　　　　　　　离婚冷静期制度的实践探索

法院	期限	创新举措	相关内容
山东武城法院		挽救婚姻计划书	由不同意离婚的一方当事人提出挽救婚姻的详细计划
南宁市江南区法院	2个月	离婚冷静缓和期	法院为当事人提供免费的婚姻家庭咨询服务
河南开封中院	结婚一年以下无子女2个月；结婚一年以下有子女3个月；结婚一年以上七年以下无子女3个月，有子女4个月；结婚七年以上无子女4个月，有子女5个月	对冷静期的期限作了细致分类；延长审限	冷静期内委托社会组织进行调解；冷静期可作为延长审限的理由申请延期

续表

法院	期限	创新举措	相关内容
福建永安法院	1~2个月	离婚冷静期建议书	冷静期间内有和好愿望的一方应主动修复感情；邀请心理咨询师提供心理辅导；聘请家庭调查员进行庭前调查
广东中山中院	1个月	调解不能当即成功的适用冷静期	离婚案件开庭前必须进行调解，不能当庭成功的给予一个月的冷静期

各地冷静期实践在互通有无、相互借鉴中逐步发展，总体而言呈现如下优点：

1. 适用范围不断扩大。由冲动离婚和危机婚姻扩展至死亡婚姻，离婚冷静期的适用范围不断扩大。对于冲动性离婚和危机婚姻，设置冷静期的目的在于情感的修复，家庭的重圆。对于死亡婚姻，因关涉未成年子女抚养、探望权、财产分配等事宜，更需理性对待，从而对冷静期制度提出了需求。

2. 适用期限灵活有度。考量因素具有综合性，包括冲动性离婚、危机婚姻还是死亡婚姻的差别、婚姻时间的长短、有无子女、是否系重组家庭等。简言之，从个案出发，以职权主义发挥为主，兼顾当事人意愿，设置1~6个月不等的期限。

3. 运行保障注重衔接。冷静期实体建构同时，诸多法院逐步完善与冷静期制度相称的程序资源。或者将冷静期作为延长审限的事由，或者主张冷静期不计入审限。在与调解程序衔接上，前述五个法院或者直接嵌入调解程序中，在冷静期内注重调解的矛盾化解，或者先行调解，待调解未果后再设置冷静期，或者制定以冷静期为基础的婚姻修复计划。

4. 运行效果成效已显。从实践运行中看，冷静期的调整、修复功能正不断释放。据统计，在北京西城区法院，自试行该制度以来累计收到575件，28%的家事纠纷在"冷静期"内得到解决。在已进入"冷静期"的67起离婚案件中，上海静安区法院成功挽回了27个濒临破碎的家庭。①

---

① 参见刘白露：《疗伤与祛痛：北京家事审判的变革之道》，载《法周刊》2017年5月22日第1版。

(二) 诉讼离婚冷静期的相关规范

除了各试点法院在实践中的创新举措外，各地高院还出台了一批与离婚冷静期密切相关的规范文件。

2018年《广东法院审理离婚案件程序指引》第27~29条便对诉讼离婚冷静期制度作出规定，第27条明确了该项制度的设置目的，赋予当事人和解的权利并明确了终止冷静期的情形。① 第28条、29条分别规定了"情绪约束冷静期"和"情感修复冷静期"。前者适用于当事人在开庭时情绪激动，法官认为不宜继续开展庭审的情形。在该情形下冷静期的时长为20天以内，法院会对当事人开展心理疏导工作，期满后继续进行庭审。后者主要针对一方当事人有和好的意向且法官认为确有和好可能的场合，此种情形下冷静期最长为60天，在此期间法院应对当事人进行督促回访。

山东省高院同样出台了类似的规范文件即2018年《山东省高级人民法院家事案件审理规程》，其中18~21条对诉讼离婚冷静期作出厘定。首先，离婚事件进入诉讼后，法院应在充分了解双方婚姻状况的基础上将该项婚姻评估为"危机婚姻"或"死亡婚姻"。第二，针对"危机婚姻"应引入不超过3个月的冷静期并且剔除出审理期限。在此期间内，法院应要求不愿离婚的一方当事人提出具有可行性的婚姻挽救计划，或委托专家为夫妻双方提供心理辅导，或任命家事调解员对影响夫妻感情的主要矛盾进行调解。离婚冷静期内双方当事人的沟通结果将作为后续离婚诉讼中判断双方感情状态的重要依据。第三，该规程明确强调，不应针对"死亡婚姻"适用冷静期制度，在该种情形下应当重点保障当事人的离婚自由。

五、离婚冷静期的应然建构

(一) 明确诉讼离婚冷静期的适用范围

离婚应是夫妻双方经过慎重考量之后的理性选择而非感性冲动。设置诉讼离婚冷静期的目的并非限制民事主体的离婚自由，而是暂时停止离婚的步伐，引导当事人慎重冷静地处理婚姻矛盾，减少冲动离婚的概率。需要明确的是，并非所有的离婚诉讼案件均适宜引入冷静期制度，明确区分离婚诉讼的类型并为之设置有针对性的适用规则尤为必要。

---

① 在出现家庭暴力、吸毒、转移财产、藏匿未成年子女、故意拖延诉讼等情况时，法院可以终止冷静期。

根据婚姻关系之矛盾程度的不同，离婚事件大致可细化为三类：冲动离婚、危机婚姻和死亡婚姻。冲动离婚，是指夫妻间的矛盾可自行化解，一时冲动引发的离婚纠纷。危机婚姻是指夫妻感情确已出现较大裂痕但尚未达到破裂的标准，仍有和好可能的婚姻。在此类婚姻诉讼中，原告一般为无过错方，被告大多为有过错方。死亡婚姻是指双方的感情破裂且没有修复的可能，大多是一方有违背公序良俗的明显过错的情形。诉讼离婚冷静期仅适用于冲动离婚和危机婚姻，与之相对的死亡婚姻则不宜适用。对于无法挽救的死亡婚姻，当事人双方存在无法调和的矛盾，强硬地为其设置冷静期，极大可能会激化婚姻矛盾，甚至引起当事人的过激行为。对于死亡婚姻，法院应及时对当事人提供婚姻辅导和心理咨询，尽量稳定双方的情绪，充分调查矛盾根源后促使双方和平分手。因此，对于危机婚姻和死亡婚姻的识别与区分便是正确适用离婚冷静期的必要前提。该前提的实现主要依靠家事法官的职权探知功能，包括但不限于查看案件材料、引入家事调查、借助心理专家测评等方式，发掘有利于婚姻维持的事实，为当事人的纠纷化解创造合适的契机。

（二）为不同情形的危机婚姻设置相应的冷静期间

综合域外经验来看，诉讼离婚冷静期之最终期限的确定应是综合考量感情状况、已婚时间、调和难度、子女情况等因素的结果。同时，基于法官履行程序促进义务和维护当事人合法权益的角度，冷静期的期限不宜过长且不计入审限。我国家事审判改革中，也有法院作出相关的成功尝试，河南省开封市法院即为一例。该院的家事法院会在审查材料并会见当事人后，将离婚事件区分为婚姻死亡抑或婚姻危机，对于婚姻危机的情形，则根据结婚年限和子女的情况将冷静期的时长作出细分：结婚一年以下无子女的，冷静期为2个月；结婚一年以下有子女的，冷静期为3个月；结婚一至七年且无子女的，冷静期为3个月，有子女的为4个月；结婚七年以上无子女的冷静期为4个月，有子女的为5个月。

（三）明确离婚冷静期的适用阶段

除了在冷静期时长上进行差异化设置，还应根据冷静期的实施时段对其作出区分。诉讼离婚冷静期与离婚诉讼的进程相伴，可在诉前、诉中和诉后各阶段进行合理使用。

诉前冷静期是指在立案阶段对离婚原因进行初步判断，如对冲动离婚暂缓立案并设置一定期限的冷静期。在此期间内，法院安排心理咨询师、家事调解员等进行案前调解。对双方矛盾较深、当事人拒绝调解或一时难以调解和好的案件，可经当事人申请终止冷静期转入诉讼程序，尽快进行立案审理。① 诉中冷静期是诉讼离婚冷静期的主要形式。当事人的离婚请求进入诉讼系属后，家事法院判断该项婚姻有和好的可能，即可在诉讼期间的特定时段内暂缓判决，以心理疏导、家事调查、家事调解等方式帮助当事人舒缓情绪，对离婚决定作出冷静慎重的思考。对于夫妻矛盾较深，经过诉前或诉中冷静期的运用均未能消除隔阂的，可适当引入诉后冷静期。感情冷静期放在结案后，主要针对夫妻矛盾在短时间内难以化解的危机婚姻，法院引导当事人在冷静期内自我反省和调整。实践中此种冷静期的适用条件为：于诉中冷静期内未达成调解协议，且离婚判决效果不好的，采用"六个月冷静期内不再要求离婚"的调解方法与结案方式。

（四）完善离婚冷静期的终止机制

在大多数情况下，诉讼离婚冷静期在期间届满后自动终止。而在特定条件达成时，该期间也有可能提前终止。一是双方当事人已重修旧好，感情修复的目的达成而提前终止。二是一方当事人有家庭暴力、藏匿子女、转移财产等恶劣行径的，在此种情形下对方当事人的人身安全和财产权益面临着巨大的风险，有权申请提前结束冷静期。在冷静期因期间届满而自动终止的情况下，法官应对冷静期内夫妻双方的感情修复进展进行询问并将相关情况作为后续裁判的重要依据。在冷静期因当事人和好而提前终止的情形下，当事人可申请撤回起诉。在冷静期因一方的恶意行为而提前终止的情形下，法官应及时采取财产保全或人身安全保护令等措施。

（五）完善离婚冷静期的辅助机制

1. 探索建立家庭财产申报制度

对诉讼离婚冷静期辅以家庭财产申报制度有其现实必要性，不仅可以有效遏制当事人在该期间内转移、毁损财产或虚构债务的恶劣行径，还有助于离婚纠纷中的财产分割问题的妥善解决，对夫妻双方矛盾化解、友好协商提供支持。离婚财产分割通常是婚姻家庭案件的主要纷争之一。上文已述，在诉讼离婚冷静期间可能会发生当事人隐瞒所得、转移财产的行为，离婚财产申报制度是应对此类行为的有效手段。具体地说，在离婚诉讼中，法院应在立案和送达起诉状副本时一并送达《财产申报表》，要求

---

① 参见覃海逢：《关于我国协议离婚制度若干问题研究》，载《学术论坛》2013年第5期。

双方当事人在举证期限内就全部个人财产和夫妻共有财产向法院作出申报，明确不动产、大额动产、收入、大额支出等信息并承诺申报事项全面、真实。对于拒不申报或虚假申报的，可视情节轻重对其进行罚款、训诫等强制措施。

2. 适当引入心理干预机制

诉讼离婚冷静期是对夫妻双方开展家事咨询、心理疏导的恰当时机，也是司法柔性关怀的恰当体现。在离婚纠纷中，婚姻状态、未成年人意志等是案件处理的关键因素。考虑到婚姻危机的状态判断较为主观，且未成年人通常难以准确进行自主表达，给婚姻案件的事实查明和结果预判造成较大的障碍。引入专业的心理疏导机制和心理研究人员，适用科学的测评手段，能够帮助家事法官将抽象问题具体化、数据化，并且帮助欠缺表达能力的未成年人完整恰当地表达自身的诉求，更好地维护其合法权益。诉讼离婚中的心理干预机制一般由法官发起。在立案或者调解阶段，法官根据案件情况认为有必要开展心理疏导的，应在征得当事人同意后为其提供心理咨询服务，帮助当事人理清婚姻矛盾的症结，以适当的方式表达诉求。司法实践中不乏关于心理干预机制的实践创新，较具代表性的有：盐田市中院使用"360度夫妻感情测评表"，借助心理学的分析结果对婚姻状态作出判断，区分危机婚姻和死亡婚姻；无锡中院推出"婚姻案件要素信息采集表"，帮助法官从心理学视角审视离婚纠纷；江苏省高院制定《心理疏导工作规则》，要求在当事人情绪异常、波动较大或有过激行为的情况下对当事人进行心理疏导。上述改革举措为保障庭审顺利进行、促使当事人和平解决纠纷作出了突出贡献。

第十章 家事审判改革背景下我国婚姻诉讼程序之完善建议

总的来说,我国现行的婚姻诉讼程序在规则层面数量不足且分布零散,在制度层面未设与其案件性质相适应的操作原则,在运行层面没有专门的人员或机构专司其职,在实务层面不能满足办理婚姻诉讼案件的现实需要。在此背景下,结合家事审判改革的有益成果,完善我国的婚姻诉讼程序具有较强的现实意义。

第一节 我国婚姻诉讼程序立法的应然模式之选择

域外许多国家和地区都制定了婚姻诉讼相关程序法规,而我国现行法律法规中有关婚姻诉讼程序的规定不仅很少,且分散于多项法律条文之中,严重制约了离婚纠纷案件的审判效率和质量,有必要对婚姻诉讼程序作出专门规定。

一、现有立法模式之比较

从世界范围来看,婚姻诉讼程序的立法模式主要有三类。

一是制定人事诉讼或家事诉讼程序单行立法,婚姻诉讼程序是其中的重要组成部分。此类模式的典型代表有日本的《人事诉讼法》、韩国的《家事诉讼法》等。此种模式的适用前提是该国家或地区已有成熟的人事诉讼或家事诉讼程序法典作为依托,依此构建的婚姻诉讼程序规则体系结构完整、内容翔实完善。

二是在民事诉讼法中以单独一编(或一章)来规定人事诉讼或家事诉讼程序,婚姻诉讼程序同样是该单独编或章中的重要组成部分。此类模式的典型代表国家和地区有法国、我国台湾地区等。该模式的适用前提是该国家或地区的民事诉讼法典中已有关于人事诉讼或家事诉讼程序的专章规定，依此构建的婚姻诉讼程序规则体系在内容上虽较第一种立法模式稍显简略，但在系统性和具体性方面仍较完备。

三是既未设人事诉讼程序或家事诉讼程序的单独法典，又未在民事诉讼法中以专编或专章的形式予以体现，而是松散地分布于婚姻家庭实体法、民事诉讼法以及调解规定、证据规则等规范性文件中的且与婚姻诉讼程序相关的内容，英美法系国家和地区多采此种立法模式。[①] 第三种模式的适用前提是该国家或地区现有的民事诉讼制度体系中已有符合人事诉讼或家事诉讼程序之特殊性的原则规定，并有相关诉讼判例予以支撑，依此构建的婚姻诉讼程序规则体系虽内容分布松散，但实用性较强，足以应对司法实践的适用需求。值得注意的是，该种立法模式与我国现行婚姻诉讼程序的零散规定并不等同。此处的松散立法，虽然在形式上未作统一梳理，但采此种立法模式的国家和地区大多已在民事诉讼程序上存在相关的符合人事诉讼或家事诉讼性质的特殊原则、特殊判例对零散立法提供支撑，属于"形散而神不散"。我国现行的婚姻诉讼立法则不在此列。

以上立法模式是各个国家和地区在充分考虑婚姻诉讼程序的特殊性质并结合自身的法律文化传统、法律体系现状、公民诉讼观念等因素后得出的最佳选择，且随着人事诉讼或家事诉讼程序的发展而不断地进行改进，在调整婚姻家庭关系方面发挥着积极的作用。

二、我国婚姻诉讼程序应采用单独立法模式

从严格意义上讲，以上三种立法模式均不能为我国的婚姻诉讼程序立法所直接采纳。笔者认为，结合婚姻诉讼规则的现状，我国的婚姻诉讼程序应当以"婚姻诉讼条例"的名称采用单独立法的模式。具体原因试缕析如下：

第一，我国尚未构建独立完整的人事诉讼或家事诉讼程序，也没有针对其特殊性的原则规定。虽然婚姻诉讼程序是域外国家和地区人事诉讼或家事诉讼程序的重要组成部分，但结合我国民事诉讼立法的现状，完整的人事诉讼或家事诉讼程序的构建尚须时日。而婚姻诉讼案件在各类婚姻家庭案件中所占数量最多，且是衍生其他类型婚姻家庭案件的基础和前提。因此，先行制定婚姻诉讼程序之单行法，不仅可以促进人事诉讼或家事诉讼程序的完整构建，而且该单行法中的相关原则性规定也可为其他类型的

---

① 参见陈爱武：《人事诉讼程序研究》，法律出版社2008年版，第140页。

人事诉讼案件提供借鉴。

　　第二，我国现行《民事诉讼法》中的篇章安排决定了"婚姻诉讼程序"无法作为专编、专章或专节纳入其中。现行《民事诉讼法》有四编内容：总则、审判程序、执行程序以及涉外民事诉讼程序的特别规定，"婚姻诉讼程序"与其中的任何一编都无法并列，因此不能设置专编；第二编审判程序中有7章内容：第一审普通程序、简易程序、第二审程序、特别程序、审判监督程序、督促程序、公示催告程序，"婚姻诉讼程序"依旧无法并列其中，因此不能设置专章；第二编第四章（法典第十五章）为"特别程序"，从字面上看貌似是针对不同于普通民事案件的特殊案件而设置的程序，但是细探其内容，实际上主要是非讼事件程序，"婚姻诉讼程序"在此章中也无法与非讼案件之程序相并列，因此不能设置专节。综上所述，在我国现行《民事诉讼法》中并未系统设置人事诉讼程序的背景下，"婚姻诉讼程序"无法纳入其中。

　　第三，我国现有的关于婚姻诉讼之程序性规则的分布现状决定了应当对"婚姻诉讼程序"单独立法。前文已述，我国的婚姻诉讼程序规则不仅零散分布于《民法典》婚姻家庭编、《民事诉讼法》、相关司法解释及其他规范性文件之中，而且在《民法典》《民事诉讼法》中也未呈现最基本的系统性分布。上文已将在现行《民事诉讼法》中系统规定"婚姻诉讼程序"的可能性予以排除，而若在《民法典》婚姻家庭编中专章规定相关程序性事项也不符合其作为实体法的性质定位。唯有将"婚姻诉讼程序"单独立法，并将其作为《民事诉讼法》的关系法、下位法之一，才能更好地整合现有的程序性规定，更好地体现婚姻诉讼案件的特殊性。与此同时，对"婚姻诉讼程序"单独立法也是维护《民事诉讼法》稳定性的必然要求。婚姻诉讼程序立法制定之初，难免存在程序不完整、具体操作规则不够细化等有待进一步完善之处，若将其直接置入《民事诉讼法》中，对婚姻诉讼程序的调整必将与《民事诉讼法》的相对稳定性形成矛盾。

　　第四，婚姻诉讼程序本身的特点也决定了应当进行单独立法。婚姻诉讼程序与我国普通的民事诉讼程序在原则规定和规则设置上均有较大的不同，且在婚姻诉讼程序内部，也有婚姻无效诉讼、可撤销婚姻诉讼以及离婚诉讼的进一步分类，不同种类的婚姻诉讼案件在程序设置上也不尽相同。该类程序本身的特殊性和复杂性也为其单独立法提供了必要。

　　因此，笔者建议先对"婚姻诉讼程序"进行单独立法，待我国的人事诉讼程序或家事诉讼程序建立之时，无论是其采取单独立法的模式还是在《民事诉讼法》中设置专编，婚姻诉讼程序作为其重要组成部分均可被顺理成章地直接纳入其中。还应注意的是，在具体制定婚姻诉讼程序法规时，应对婚姻诉讼程序的立法目的、审判方式、审理范围作出具体界定：婚姻诉讼程序的目的，是为了妥善处理双方当事人之间产生争议的婚姻关系，维护社会稳定与和谐；婚姻诉讼应尽可能地采用不公开、非对抗的审理方式，发挥法官的职权作用，并在其中运用灵活多样的调查、调解方法；婚姻诉讼案件的具体范围应包括：离婚案件、确认结婚无效案件、确认离婚无效案件、结婚可撤销案件、离婚可撤销案件。

第二节 我国婚姻诉讼程序应确立的特殊原则

由于婚姻诉讼案件的特殊性质，其在所需原则上与我国民事诉讼程序现有的、针对普通民事案件的、一般用于解决财产关系纠纷的原则有明显不同。

一、职权主义原则

(一) 职权主义原则的概念

婚姻诉讼以确认、变更婚姻关系为主要内容，涉及家庭稳定、社会秩序及国家公益，不能任由当事人自由处分。而婚姻诉讼中往往可能出现当事人隐瞒事实真相等不利于案件公正审理的情况，为探求实体真实，已确立人事诉讼或家事诉讼程序的域外国家或地区，大多限制辩论原则和处分原则的适用，同时认可法官的职权探知。

与辩论主义相对比，职权探知主义包括以下三方面内容：一是当事人未主张之事实，法院亦得将之采纳为裁判之基础，可称为职权斟酌事实原则；二是当事人间所不争执之事项（程序上自认事实），法院得不将其采纳为裁判基础，而依据调查证据结果做相反的认定，可称为自认无拘束力原则；三是法院得依职权调查证据，而不受限于当事人的声明，可称为职权调查证据原则。

(二) 我国现有规则中的职权主义之体现

2019年《证据规定》第8条明确了在身份关系诉讼案件中排除适用通常诉讼程序中的自认规则，即在我国的婚姻诉讼中，当事人的自认和对他人主张的事实不予争执的事实不能直接作为裁判的依据，法官仍应依职权进行调查。《民法典之婚姻家庭编司法解释（一）》第11、12条对确认婚姻无效案件审理过程中的国家干预和职权审判原则作了规定。具体为：人民法院受理请求确认婚姻无效案件后，原告申请撤诉的，不予准许；对婚姻效力的审理不适用调解，应当依法作出判决；人民法院受理离婚案件后，经审理确属无效婚姻的，应当将婚姻无效的情形告知当事人，并依法作出确认婚姻无效的判决。

(三) 该项原则的具体构建

就职权斟酌事实原则而言，其在案件审理阶段和裁判阶段均有体现。法官在案件的审理阶段，可以在认为有必要时依职权探知事实，而不论是否已为当事人所主张。在裁判阶段，法院就影响裁判结论的事实已形成内心确信时，为得公平适正之裁判，得依职权予以斟酌，而不论当事人是否主张。

就职权调查证据原则的适用来说，法院依职权调查证据，并非仅就当事人所为的证据声明作补充性调查，而是在就待证事实的存否尚未形成内心确信的范围内，均可依职权调查证据。法院调查证据不受限于当事人声明证据的范围。法院审理涉及亲子、收养、未成年监护权等事件，应以未成年之最佳利益为最高指导原则，法院应依职权为相关调查，并可向相关主管机关和福利机构征询意见。

在婚姻诉讼程序中确立职权原则，并非要完全限制当事人对诉讼权利的行使。当事人的程序主体地位及其处分权的主要内容依然存在。当事人仍然应当提出事实主张和相应的证据，而不是由法官全权包揽。作为辩论主义之体现的当事人主张和举证的权能依然存在，只是当事人未主张的事实也可能得到法院的承认，当事人的责任得到了大幅减轻，但并不表示法院必须负担调查一切可能的事实、收集所有证据的责任。[①] 值得一提的是，在通常诉讼中，主张责任和证据调查都仅限于当事人提出的内容。在

---

① 参见 [日] 谷口安平：《程序的正义与诉讼》（增补本），王亚新、刘荣军译，中国政法大学出版社2002年版，第145页。

婚姻诉讼程序中确立职权主义原则，同样应当给予当事人针对法院调查和收集的材料充分陈述意见的机会，以避免法院对当事人的突然袭击。

二、强制调解与禁止调解相结合原则

（一）强制调解原则的概念

强制调解，是指大部分婚姻诉讼案件在法院裁判之前必须经过调解程序，如离婚之诉、域外国家和地区家事诉讼中的夫妻同居之诉等。婚姻诉讼纠纷的解决不是简单地分清是非，而是应当促使当事人双方消除对立、化解矛盾。调解制度在解决纠纷方面有其独特的优势，有助于缓和对抗、消除婚姻诉讼中的情感对立、更好地保护夫妻关系中弱势一方和未成年人的利益，促进实质正义的实现和纠纷的彻底解决。因此，域外设置了人事诉讼程序或家事诉讼程序的国家和地区或是将调解设定为必经程序，或是建立了专门的家事调解程序，或是规定了法官的调解义务，以期通过非公开和非对抗的方式来解决婚姻诉讼纠纷。[①]

（二）禁止调解原则的概念

在婚姻诉讼程序中，由于某些案件的特殊性质，法律明确规定绝对禁止适用调解程序，同时排除适用当事人和解，此即"禁止调解原则"，如我国的婚姻无效之诉。这是因为此类案件中法律关系是否发生效力，并不取决于当事人双方的意愿，而是由实体法中的强制性条款规定的。调解或和解程序的适用会动摇强制性规定，导致其形同虚设。与此同时，此类案件中涉及的相关扶养、财产分割等附带性事项是允许例外适用调解与和解的。[②] 值得注意的是，我国立法并未明确规定可撤销婚姻案件可否进行法院调解，《民法典婚姻家庭编解释（一）》也未指出在该类诉讼中对调解程序的排除问题。笔者看来，可撤销婚姻案件并不像婚姻无效案件那样侵害社会公益，只是没有满足"双方有结婚的合意"这一要件，主要还是涉及婚姻当事人双方的私益。因此，在可撤销婚姻诉讼中应当允许调解程序的适用，但不宜设置强制调解。

（三）立法体现

《民法典》第 1079 条第 2 款规定：人民法院审理离婚案件，应当进

[①] 参见邵彩然：《论人事诉讼程序》，中国政法大学 2006 年硕士学位论文。
[②] 参见陈爱武：《人事诉讼程序研究》，法律出版社 2008 年版，第 147 页。

行调解；若感情确已破裂，调解无效的应准予离婚。由此可见，我国在离婚诉讼中设置了调解前置程序，未经法院调解不得作出离婚判决。目前我国在婚姻诉讼中实行调审合一的调解模式，调解的过程贯穿于案件审理过程，在最终无法调解和好的情况下，法官才会作出离婚判决。禁止调解原则在我国的相关婚姻诉讼规范中也有体现。比如，最高人民法院2004年发布的《关于人民法院民事调解工作若干问题的意见》第2条规定：婚姻关系确认案件，法院不予调解。又如，《民法典婚姻家庭编解释（一）》第11条规定：人民法院受理请求确认婚姻无效案件后，对婚姻效力的审理不适用调解，应当依法作出判决。

三、不公开审理原则

（一）概念

根据我国《民事诉讼法》第10条的规定，普通民事诉讼案件以公开审理为原则，不公开审理为例外。公开审理有利于实现社会对司法过程的监督，防止法官先定后审、肆意裁判，从而保护当事人的合法权益。婚姻诉讼案件的审理则恰好相反，应以不公开审理为原则，公开审理为例外，这是由婚姻诉讼案件的特殊性决定的。不公开审理，是指考虑到某些类型的案件性质特殊，不对外公开其审理过程。婚姻诉讼案件多涉及当事人的家庭隐私、感情生活及未成年子女的切身利益，公开审判制度直接有违婚姻诉讼案件在程序"私密性"上的要求。为维护当事人的隐私及尊严，保护未成年子女的利益，故婚姻诉讼案件应遵循不公开审理原则。若对婚姻诉讼案件采用公开审理的方式，当事人便可能在公众面前难以作出真实的陈述甚至故意隐瞒事实真相，而婚姻诉讼又实行职权探知主义，为求案件客观真实甚至需要强行要求当事人作出陈述，这样就可能会隔断当事人通过诉讼维护权利的念头，使权利受侵害的状况难以通过诉讼予以排除。① 为在婚姻诉讼中发现实体真实、实现实质正义、妥善处理纠纷，婚姻诉讼案件即应当不公开审理。

（二）立法体现

我国《民事诉讼法》第137条规定：民事案件的审理除涉及国家秘

---

① 参见［日］梶村太市、德田和幸编：《家事事件手续法》，有斐阁2005年版，第164页。

密、个人隐私或者法律另有规定的外，应当公开进行。离婚案件、涉及商业秘密的案件，当事人申请不公开审理的，可以不公开审理。由此可见，我国对于离婚诉讼案件已有不公开审理的相关规定，这就为在婚姻诉讼程序中设立不公开审理原则奠定了基础。将离婚诉讼纳入"可以不公开审理"的范围，即对离婚案件以公开审理为原则，不公开审理为例外：需要当事人提出申请方能不公开审理。笔者看来，此种制度安排应当作一调换，即将离婚案件以及其他种类的婚姻诉讼案件纳入"应当不公开审理"的案件范围，以不公开审理为原则，公开审理为例外。① 而且要将不公开的内容扩展至调解不公开、庭审不公开和判决不公开。但若双方当事人对于无碍公序良俗的案件合意公开，也可公开进行。

四、本人诉讼原则

（一）概念

在诉讼程序特别是庭审中，即便委托了诉讼代理人，也需要当事人亲自到庭参加诉讼，这是本人诉讼原则的要求。在普通民事诉讼程序中，授权诉讼代理人的当事人没有必要亲自到庭，而婚姻诉讼程序中的规定则与此相反。② 设置该项原则主要有以下原因：首先，身份关系具有不可替代性，案件情况涉及婚姻生活的私密内容，诉讼代理人不可能比当事人更加了解案件真实情况。故从当事人陈述的真实可靠性来说，当事人本人亲自到庭陈述事实，有利于法官掌握案情并作出妥当裁判。③ 其次，从促进调解的可能性来说，当事人亲自到场陈述事实经过，可以打破因双方沟通不畅而导致的不良心理状态，有助于促使调解成立。最后，从婚姻诉讼的实践经验来说，要求当事人亲自到场，也有利于避免前文中提到的因被告未出庭而缺席判决所导致的"被离婚"等情况的发生。因此，应尽量扩大婚姻诉讼当事人的诉讼能力，只要有意思表达能力，就应使其为诉讼行为。反之，在某些情况下，若当事人一方（主要是被告）不出庭，法院甚至可以强制其出庭。域外国家和地区的婚姻诉讼程序中也有类似的规定，如日本的人事诉讼程序中就规定，婚姻案件的当事人本人应当亲自参

---

① 参见郭美松：《人事诉讼程序研究》，西南政法大学 2005 年博士学位论文。
② 参见郭美松：《人事诉讼程序研究》，西南政法大学 2005 年博士学位论文。
③ 参见张晓茹：《家事裁判制度研究》，中国法制出版社 2011 年版，第 170 页。

加诉讼，法院可命令其出庭。本人不能出庭或者住地遥远的，可托受命法官进行询问，对于不出庭的当事人，准用《民事诉讼法》中关于不出庭证人的规定。①

(二) 立法体现

我国民事诉讼程序上已有关于本人诉讼原则的体现。《民事诉讼法》第65条规定，离婚案件有诉讼代理人的，本人除不能表达意志的以外，仍应出庭；确因特殊情况无法出庭的，必须向人民法院提交书面意见。不能因当事人委托了诉讼代理人就免除其出庭义务。

此项立法是在考虑到婚姻诉讼案件特殊性的基础上制定的，笔者认为，在构建婚姻诉讼程序时，应继续沿用我国现行法律规定的本人直接诉讼原则，并应当将其适用范围从离婚案件扩展到婚姻诉讼其他类型的案件。另外，应当对婚姻诉讼中无故不出庭的当事人实行强制到庭，并辅以一定的惩罚措施。

五、全面解决原则

(一) 概念

普通民事诉讼案件通常仅涉及当事人之间的私益，只须在当事人之间相对地解决，而婚姻诉讼案件关系社会公益，影响范围较广，且大多涉及对夫妻共有财产的处理及子女抚养等问题。因此，在婚姻诉讼中，应尽量避免对基于同一婚姻身份关系而产生的多种形式的争议进行多次审判，法院在对当事人之间的婚姻身份关系进行裁判的同时，应尽可能地将该婚姻身份关系涉及的诉讼请求一并审理，以避免婚姻关系长期处于不稳定的状态。这就需要法院对于婚姻诉讼案件所涉及的身份关系予以一般性地、对世地确定，促使婚姻关系达到稳定状态，以期全面地解决纠纷。② 为此，域外各国各地区的婚姻诉讼程序中有许多特殊的规定：一方面，应实行别诉禁止原则，相应地放宽诉的合并、追加和反诉等规定，将同一身份关系引发的纷争尽可能集中于一个诉讼程序中加以处理。如针对一个婚姻关系

---

① 参见刘艳群：《论我国人事诉讼程序之建构》，四川大学2005年硕士学位论文，第34页。
② 参见陈计男：《民事诉讼法论》(下)，台湾三民书局出版公司1994年版，第412页。

提起婚姻无效或撤销婚姻或离婚之诉，因理由不充分而被法院驳回诉讼请求的，承受该判决的原告，不得援用以前依诉的合并、变更或追加中所主张的事实，提出独立的诉讼请求；对于被告而言，曾在反诉中提起婚姻无效或撤销婚姻或离婚之诉，因理由不充分而被法院驳回诉讼请求的，承受该判决的被告与类似情形的原告作相同处理。此类规定可以尽量避免不同的法院针对同一诉讼标的，在多个诉讼中作出不同甚至矛盾的裁判，以此保障婚姻身份关系的确定性。① 另一方面，应赋予婚姻诉讼之生效判决以对世效力，使非当事人的案外第三人也必须受此项判决的拘束。此外，全面解决原则还包括在婚姻诉讼处理婚姻身份关系的同时，将该婚姻所涉的财产分割、子女抚养等相关问题一并处理。因本书仅探讨婚姻家庭纠纷中的婚姻身份关系，所以在此不予详解。

（二）相关规定

《民法典婚姻家庭编解释（一）》是我国婚姻诉讼程序相关规则中关于"全面解决原则"的最直接体现，第16条明确规定："人民法院审理重婚导致的无效婚姻案件时，涉及财产处理的，应当准许合法婚姻当事人作为有独立请求权的第三人参加诉讼。"关于该项原则的其他相关规定，则适用《民事诉讼法》中关于诉的合并、变更、追加及第三人的相关规定。全面解决原则也必然是婚姻诉讼程序中的一项重要的指导原则。所有基于同一身份关系的诸项身份纠纷均可在同一诉讼系属过程中得到处理，原告可自由变更诉讼请求，被告可随时提出反诉，此外还应对第三人参加之诉的适用范围进行扩充，如在离婚之诉中，第三人可针对该诉提出婚姻无效之诉。婚姻判决已经确定的，原告基于可变更的请求、被告基于提出反诉继而产生的事实，均不可再针对同一身份关系提起相关人事诉讼。除了上述身份纠纷，基于特定身份关系所产生的附带事项抑或关联请求也可合并进行，如我国立法上已规定的离婚损害赔偿，② 确认婚姻无效之诉中的财产分割和子女抚养③等问题。立法上应当增加可撤销诉讼及离婚诉讼中法院对于财产分割和子女抚养一并处理的规定。④

---

① 参见张晓茹：《家事裁判制度研究》，中国法制出版社2011年版，第173页。
② 具体规定于2001年《婚姻法》第46条。
③ 具体规定于《婚姻法解释（一）》第9条及《婚姻法解释（二）》第4条。
④ 《婚姻法解释（二）》第25条规定：当事人的离婚协议或者人民法院的判决书、裁定书、调解书已经对夫妻财产分割问题作出处理的，债权人仍有权就夫妻共同债务向男女双方主张权利。这是司法解释中对于法院判决书对夫妻财产分割作出处理的间接体现。

六、未成年人最大利益原则

（一）未成年人最大利益原则在我国立法上的体现

前已述及，未成年人最大利益原则不仅是家事正义理念中实体正义的最佳诠释，也是德国、英国、澳大利亚等国家和地区家事审判改革中的重要指导原则，澳大利亚设置家事法院的首要理由即为"基于保护未成年人权利和福利的需要"。我国 2020 年 10 月修订的《中华人民共和国未成年人保护法》第 4 条也对最有利于未成年人原则作出宣示。在婚姻家事诉讼中，未成年人最大利益原则要求法院或其他纠纷解决机构在处理涉及未成年人的家事纠纷时，应当首先考虑该儿童的最大利益，并将保障该儿童的未来发展权益作为考量婚姻家事纠纷之整体解决效果的首要衡量因素。父母离婚对未成年子女的身心健康均会产生重大影响，由于儿童在智力、生理、心理方面均未发育成熟，加之遭遇父母离婚或其他家事纠纷，在婚姻家事诉讼中处于明显的弱势地位。

《民法典》婚姻家庭编体现了儿童最大利益原则。《民法典》第 1084 条第 3 款明确规定，离婚后，不满两周岁的子女以由母亲直接抚养为原则；已满两周岁的子女若父母对抚养问题协议不成的，法院应根据具体情况按照"最有利于未成年子女原则"判决；子女已满八周岁的，尊重其真实意愿。不满两周岁的子女大多处于哺乳期，由母亲抚养完全符合子女利益，也是对审判实践经验的归纳吸收，如无特殊原因，母亲不得推卸应当承担的抚养责任，父亲也不得无故争夺直接抚养权。[①] 对于两周岁以上的未成年子女，其抚养权问题应由父母协商，在自愿的基础上以未成年子女最大利益原则为指导作出安排。父母一方有如下情形的，可优先考虑：已做绝育手术或丧失生育能力的；子女随其生活较久，改变生活环境对子女健康成长明显不利的；无其他子女且另一方有其他子女的；随其生活对子女的成长有利，而另一方患久治不愈的传染性疾病或其他疾病或有其他不利于子女身心健康情形的。[②] 对于八周岁以上的未成年子女，作为限制

[①] 但存在如下情形的，子女也可由父亲直接抚养：(1) 哺乳的母亲患久治不愈的传染性疾病或其他严重疾病，子女不宜与之共同生活的；(2) 母亲有抚养条件不尽抚养义务，而父亲要求子女随其生活的；(3) 有其他原因，子女确实无法随母亲生活的；(4) 双方协商由父亲直接抚养，并对子女健康成长无不利影响的。参见余延满：《亲属法原论》，法律出版社 2007 年版，第 371 页。

[②] 参见杨大文：《亲属法与继承法》，法律出版社 2013 年版，第 168 页。

民事行为能力人，子女本人有一定的认知能力，可以进行与其年龄、智力相适应的民事活动，其中就包括由子女本人判断由谁抚养更有利于自己的健康成长。因此，对此类子女的抚养权问题，应充分尊重其真实意愿。值得注意的是，未成年子女的识别能力毕竟有限，存在无法全面判断抚养条件的可能，对他们的意见应当充分尊重但并非绝对采纳。法官仍应发挥主观能动性，对抚养权的归属问题作出最有利于未成年子女成长的判断。

未成年人最大利益原则在我国家事审判改革中同样也有较为系统的体现。2016年《家事改革意见》提出依法保护未成年人的原则性规定，并提出在改革中设置未成年人案件综合审判庭。2018年《深化家事改革意见》的规定则更为系统，意见全文共49条，其中有多处规定涉及未成年人权利保护，包括建设专业系统的未成年人心理疏导机制（第28、29条）、涉未成年人家事案件应当不公开审理（第36条）、法院应单独听取八周岁以上未成年人关于抚养权分配的意见并提供符合其心理特点的询问环境（第38条）、家事案件中与未成年人利益保护相关的事实法院应依职权主动调查（第42条）。

（二）未成年人最大利益原则的域外经验

域外国家和地区在家事法院之程序运行上依据未成年子女最大利益原则设置了特殊的诉讼规则，可为我国婚姻家事诉讼的程序建构提供思路。为减少父母离婚对儿童造成的负面影响，美国自20世纪80年代即启动了"父母教育计划"，家事法院强制离婚父母参与，帮助父母了解和掌握儿童教养技巧，更好地处理与孩子的亲密关系。在英国，涉及儿童的诉讼均有专门人员协助，由社会福利专家向法庭提交关于儿童生活环境的调查报告，便于法官了解儿童的心理状况和真实态度，为抚养权的裁判提供依据。澳大利亚也引入了亲子培训、针对子女的教育还珠计划等，法官在离婚案件的审理中也应听取未成年人的意见。[①]

七、检察机关参与诉讼原则

（一）概念

检察机关参与诉讼是指检察机关参与婚姻诉讼案件审判程序的原则。

---

① 参见 Carol Smart, Papers Celebrating the 25th Anniversary of the Family Court of Australia: From Children's Voices, Family Court Review, Sage Publications, Inc., July, 2002。

检察机关参与诉讼原则在我国婚姻诉讼程序的现有规定中并无直接的体现。司法实践中，即便婚姻诉讼程序实行职权探知主义，也难以保证对实体真实的绝对发现。而婚姻诉讼之判决相较于普通民事判决有更强的裁判效力，也即对未参加诉讼的案外第三人也有拘束力。检察机关参与婚姻诉讼，是为了维护社会公益，不受民事诉讼程序上"不告不理"原则的限制，只要发现在婚姻家庭生活中出现了有违公共秩序或善良风俗的行为，即可自主决定提起或参与到婚姻诉讼中去。① 我国已有学者提出："应将违反亲属法并损害或危及公序良俗的案件纳入检察机关参与民事诉讼的范围。"②

为切实保障案外第三人的合法权益，保护社会公益及国家利益，日本、德国等国家和地区对于检察官参与人事诉讼案件的审判程序是予以认可的，并将之作为对法官职权探知主义的必要补充。尤其在日本的人事诉讼程序中，检察官充当着十分重要的角色，发挥了不可或缺的作用。日本《人事诉讼法》规定，检察官被准予以当事人的身份或以其他方式参与人事诉讼。具体而言其以原告身份只能提起婚姻撤销诉讼，在其他人事诉讼中则可作为共同诉讼人或独立被告，也即在人事诉讼中本应作为被告者死亡的，即可将检察官作为被告。除此之外，法官认为必要时，可以让检察官列席辩论期日，就案件发表意见、主张事实或提供证据。③

(二) 相关规定

我国检察机关的职能主要有两大部分：代表国家提起公诉和监督法律的实施，检察官参与制度正是检察机关监督法律实施的题中应有之义。这不仅是出于完善诉讼规则的考虑，更是为了满足维护社会公益的需要。婚姻诉讼之司法实践中大量存在的家庭暴力、"包养小三"以及以离婚为手段来逃避购房等各类政策限制的虚假离婚现象，此类情形中的当事人及其近亲属一般不会主动提起诉讼，故只能由代表公益的检察官提起诉讼。

我国没有检察机关参与婚姻诉讼的规定，但是存在需要进一步完善的相关程序规范。例如，《民法典婚姻家庭编解释（一）》第14条规定："夫妻一方或者双方死亡后，生存一方或者利害关系人依据婚姻法第十条

---

① 参见张晓茹：《家事裁判制度研究》，中国法制出版社2011年版，第140页。
② 江伟：《略论检察监督权在民事诉讼中的行使》，载《人民检察》2005年第9期（下）。
③ 参见［日］松本博之：《日本人事诉讼法》，郭美松译，厦门大学出版社2012年版，第129页。

的规定申请宣告婚姻无效的，人民法院应当受理。"① 该项规定中并未明确申请宣告婚姻无效的原告方，已有学者提出了以"检察机关"参与的方式解决该项问题的建议。比如江伟教授提交的关于修改民事诉讼法建议稿第347条建议即规定："诉讼中检察院可以提起宣告身份关系无效的家事诉讼，可以提出事实主张和证据。"② 由此可见，我国在构建婚姻诉讼程序时有必要将检察机关参与诉讼之原则列入其中。

检察机关参与婚姻诉讼一般包括两种模式：一是以当事人的身份即作为原告或被告参与诉讼，二是以诉讼参与人的身份参与诉讼，即列席相关婚姻诉讼案件的审判并提出事实主张与证据。在该项原则的设置中应当对检察机关参与的案件范围进行严格限制：当其作为当事人参加诉讼时，应仅限于确认婚姻无效之诉、撤销婚姻之诉以及因重婚而导致感情破裂的离婚诉讼中的当事人身份；当其作为其他诉讼参与人参与诉讼时，也是限于法官认为必要的情形，此时检察机关可以出席婚姻诉讼案件的庭审，并陈述意见、提出事实和证据。③

第三节 我国婚姻家事纠纷审判组织的专业化建构

一、家事审判机构专业化的必要性分析

鉴于婚姻案件和家事案件的特殊性，域外主要国家和地区以家事法院、人事法院、家事法庭等为主要形式构建了专门化的审判机构。家事审判机构的专业化建设同样是我国家事审判改革试点中的重要内容。在改革施行之初，便将"加强家事审判队伍建设、探索家事审判专业化发展"作为改革目标。为促进婚姻纠纷等家事纠纷的公正、高效解决，维护当事人的实体权益和程序利益，维护婚姻家庭及社会的和谐稳定，有必要建立专业高效的家事审判机构。

---

① 此前，《婚姻法解释（二）》第5条《民法典》规定："夫妻一方或者双方死亡后一年内，生存一方或者利害关系人依据婚姻法第十条的规定申请宣告婚姻无效的，人民法院应当受理。"《婚姻家庭编解释（一）》删去了对死亡后一年的时间限制。
② 江伟主编：《民事诉讼法典专家修改建议稿及立法理由》，法律出版社2008年版，第350页。
③ 参见郭美松：《人事诉讼程序研究》，西南政法大学2005年博士学位论文，第143页。

(一) 家事审判改革开展前婚姻诉讼案件的审理机构设置

我国最高人民法院于 2000 年 8 月启动了审判机构改革,将民事审判庭一分为四,其中民事审判第一庭专门负责婚姻家庭、人身权利、房地产合同纠纷、特别程序案件的审理工作。① 这种机构设置上的调整体现了一定的专业性,但其分类工作不够细致,特别是将主要涉及人身权利的婚姻家庭类纠纷与涉及财产权利的房地产合同纠纷归入同一个审判庭着实不妥。不仅是审判机构的分工不够细化,而且在审判人员方面也没有配置专业分工的法官。法官的非专业化,不仅会降低司法效率、浪费司法资源,也会有碍于司法公正的实现,不能为当事人提供妥善的程序保障。在不同性质的案件混于一庭的情况下,法官很容易根据相同的诉讼法理即依照当事人主义对婚姻诉讼案件进行审理。即便法官能够认识到不同性质的案件应当适用不同的办理方式,但法官设置的非专业化又使其在审理民事审判第一庭所辖各类不同案件时需要频繁转换适用不同的程序法理,从而使法官经常处于变换不居的工作状态,无形中增加了法官精力的耗费,同时也不利于提高专业审理的熟练程度。

(二) 家事纠纷的特殊性对人民法院审判组织的专业化分工提出要求

我国现有的专门法院如海事法院、知识产权法院、互联网法院的构建背景无一例外均是需要满足特定种类案件之专业性的特点,为之配备专门机构和专业法官。婚姻家庭纠纷的复杂性和特殊性对人民法院的功能分化和职能分工提出了更高的要求。前文已多次提及,作为民事司法实务中数量最多的案件种类之一,婚姻家事纠纷具有人身性、公益性、伦理性等特征,与普通的民商事纠纷存在明显不同。普通的民事审判以定分止争为目标,而婚姻家庭案件的审判还额外承担着修复家庭关系、维护社会稳定的司法功能和社会功能,不应与普通民商事纠纷适用完全相同的诉讼规则和审判组织。

家事审判机构的专业化设置也可提高婚姻家事案件的审判质效。为婚姻家庭案件打造专业的审判机构,可以实现司法资源的科学调配和审判资源的高效利用,从而更好地满足婚姻家事案件的实务需求。在相关改革开展之前,我国的婚姻家事案件与普通民事案件统一审理,婚姻诉讼中的特

---

① 参见《最高法院进行重大机构改革》、《加快改革进程确保司法公正》,载 2000 年 8 月 9 日《法制日报》第 1、2 版。

殊审判规则如职权探知主义、自认的排除适用、隐私权保护等的适用无法得到有效监管，当事人享有的有别于普通民事案件的诉讼权利与义务也存在无法得到适当保障的可能。家事审判机构的专业化设置必然带来审判规则和审判人员的专业化，从而保证特殊诉讼规则的严格遵守和当事人诉讼权利的有效实现。

(三) 家事审判机构的专业化有利于家事审判人员的稳定优化

专业化的审判机构能够催生高素质的审判人员，培养在特定审判领域内熟练掌握审判规律和实践技巧的法官及其他专业人员，是法官职业化建设的有效途径。将婚姻家事案件集中由专门的机构和人员长期持续地审理，有利于家事法官队伍的稳定性，便于积累审判经验，准确地把握婚姻法律关系的特点，统一裁判理念和审判尺度，准确适用审判规则，实现法律适用和裁判标准的相对统一。

在法官专业化建设之外，婚姻家事案件的妥当解决还需要借助家事调查员、家事调解员等其他专业人员的有力配合。家事审判机构的专业化也为上述人员的专门化管理提供了机构条件。其他专业人员可以与家事法官通力协作、积极配合，形成专业化的审判团队，为婚姻家事案件的妥当解决提供完善的人员配套。

二、实现家事审判机构专业化的有益基础

(一) 域外主要国家和地区的家事审判机构设置

适用机构的确定是设置具体诉讼规则特别是管辖规则的前提。从域外人事诉讼或家事诉讼制度较为完善的国家和地区对于家事案件管辖主体的设立情况来看，其设置模式较为多样，主要的模式有以下四种：一是在普通法院之外设置专门的家事法院管辖家事或人事诉讼案件，婚姻诉讼案件亦被包括其中；二是在普通法院之外设立少年法院（或者青少年法院）管辖家事或人事诉讼案件，婚姻诉讼案件也在其内；三是在普通法院内部设立专门的家事法庭管辖婚姻事件及其他家事事件；四是在普通法院内部设立专门的家事法官，掌管相关案件的审理和裁判。

为婚姻家事案件设置专门的家事法院是域外国家和地区的主流选择。日本共设 50 余所家事法院，在内部设置上与地方法院一致，并在特定家事法院辖区内设置分院以便利当事人参与诉讼。我国台湾地区选取少年、家事案件合一的机构设置方式，设少年及家事法院集中处理此类纠纷，未设专门法院的地区则由地方法院之家事法庭负责审理。英国也于2013年《法院与犯罪法案》中对家事审判机构开展改革，设置独立于治安法院和郡法院的家事法院。美国各州在家事审判机构的专业化设置上选择不一，目前有十余个州成立了家事法院，但几乎所有州都有专门的家事法庭。[①] 德国的家事审判制度也较为健全，就审判机构的专业化而言，德国在1971年之后在各级法院设立专门的家事法庭。

（二）我国家事审判机构专业化的改革经验

《深化家事改革意见》第5条明确，积极推进机构队伍专业化建设，组建专业化家事审判机构或团队。第46条提出，中级人民法院、基层人民法院可通过加挂牌子或者单独设置的方式设立家事审判机构，或在相关审判庭内设立专业化的合议庭或者审判团队负责审理家事案件。与域外国家和地区的实践操作类似，我国家事审判改革中关于审判机构之专业化建设也根据各试点地区的实际情况采用了因地制宜的设置方式。

一些试点地区选择在法院内部组建设立全新的家事法庭。如深圳宝安区法院于2013年便正式成立了省内首家配备独立编制的家事法庭，选拔了一批经验丰富，具有相应的心理学、社会学知识，热爱家事审判工作的法官，组建起专业化的婚姻家事审判团队，专门审理婚姻关系纠纷、离婚后财产纠纷、抚养纠纷、继承纠纷、同居关系纠纷等各类婚姻家事案件。同时探索家事纠纷综合协调解决机制，选任多名家事调解员、家事调查员、社工等司法服务人员，并联合公安、妇联、民政等多部门，为当事人提供高质量的家事诉讼服务。有的试点法院选择将擅长婚姻家事案件审理的法官纳入已有的少年案件审判庭中，整合设置少年家事审判庭，如广州市中院。广州中院于2016年挂牌成立全省首家"少年家事审判庭"，将受理的婚姻案件交由原少年庭审理。改革后，广州中院少年家事审判庭的主要职责包括：涉未成年被告人、被害人的刑事案件；婚姻家庭、继承纠纷；涉未成年民事侵权纠纷等。

在构建专业化审判机构的同时，各地的试点法院还重视审判场域的专门化。建设专业的家事案件审判场所，并配套相应的硬件措施。例如，在家事法庭的格局设计上，各地法院均对相关场所进行改造，最常见的便是将传统审判庭改造成"圆桌法庭"，缓和原被告席的对立性，体现柔性修复的观念。还有法院在家事法庭之外，配套建设了心理评估室、儿童观察

---

① 如纽约州家事法院。

室等家事纠纷处理场所，体现婚姻家事司法中的人性关怀。

三、婚姻诉讼案件审判专门化的应然构建

(一) 设置家事法庭和家事法院

作为广义家事案件的一类，婚姻诉讼案件的审理有其特殊性。考量我国法院机构设置的现实状况并吸收借鉴家事审判改革的实践成果，现阶段应在各地法院设置家事审判庭，并设置专司婚姻诉讼案件的婚姻事件合议庭，主要负责婚姻诉讼案件的审判、总结审判经验、联系婚姻登记机关等相关事宜。此类合议庭应当在工作中具有较强的主动性，设置有利于化解婚姻纠纷的辅助设施、设备，如配置心理咨询室等。

家事案件相较于普通民事案件具有特殊性和专业性，为应对此类案件的司法需求，相关的程序法理和诉讼规则均应作出与财产类纠纷不同的制度安排。为妥当解决家事纠纷，需要设置特殊的程序规则并安排具有相关审判技巧和专业技能的法官和其他辅助人员。从前文的域外经验不难看出，大多数国家和地区在婚姻家事案件的专业化改革方面均选取了设置家事法院的方式。家事法院的设置对我国婚姻家事事件的妥当解决同样意义深远，是婚姻家事案件审判机构专门化的终极目标，既可更好地实现柔性司法和实质正义，也可有效保护婚姻家事案件当事人的诉讼权利，提高审判质效。因此，在设置家事法庭和婚姻事件合议庭的基础上，还应选取家事审判改革成果较突出的地区设置家事法院作为专门法院的一种。

(二) 婚姻诉讼案件审判人员的专业化建设

除了复杂的案件事实和法律适用，婚姻诉讼案件还涉及社会学、伦理学以及民风民俗等各类综合知识，这就要求婚姻诉讼案件的审理法官必须具备较高的理论素质和综合知识。具体来说，婚姻事件合议庭的专职法官应当满足如下条件：(1) 熟练掌握婚姻诉讼案件的基本理论和诉讼知识，参与过相关业务培训，素质全面；(2) 具有较丰富的婚姻诉讼案件审判经验，可以从现有民事审判第一庭中主司婚姻家庭案件的法官中选任；(3) 善于作思想工作，具有较强的沟通调解能力、较成熟的调解技巧、强烈的责任感和耐心细腻的工作方法；(4) 针对较为复杂的婚姻诉讼案件，应根据当事人的要求安排具有必要经历的已婚法官处理。婚姻案件涉及个人情感、夫妻生活、子女抚养等问题，由已婚法官处理可能使婚姻案

件当事人更易产生共鸣,从而便于诉讼活动的进行。① 当然,该项要求并非绝对,也不能笼统地以是否结婚来判断法官个人的婚姻诉讼案件审判能力,因此,该项条件的适用可以结合婚姻当事人的申请作弹性处理。②

除了要有专门处理婚姻诉讼案件的法官,专门的婚姻纠纷调解员也必不可少。不区分调解和审判的主体,往往会造成调解人员具有潜在强制力,在法院追求高调解率的大背景下可能导致"以拖压调、以判压调、以诱促调"等现象,损害当事人的利益。为彻底化解婚姻当事人之间的矛盾,提高离婚案件的调解质量,有必要提高家事调解员的准入门槛,选任专门的调解员来担任离婚案件的调解工作。调解员的选任可以从心理学、社会学、教育学、法学、医学等方面的专门人士中考虑,并对其进行相关的调解培训。调解员除承担离婚案件的调解工作外,必要时还可为当事人提供心理咨询服务。配置专门的调解人员,实行"审调分离",并非意味着法官在案件审理过程中完全不能适用调解。此处的"审调分离"是指法官在其办理的离婚案件开始审理之前并不参与到调解程序之中,同时,在调解程序中担任过调解员的法官也不能在以后的审判程序中继续担任审判员。只要不违背上述规则,法官在案件的审理过程中依然可以根据需要合法合理地适用调解原则。

第四节 完善我国婚姻诉讼程序的具体设想

诉讼程序的设立不仅需要提纲挈领的原则规定,还应有符合其自身特点的规则体系。上文已对我国婚姻诉讼程序的应应原则、适用范围及适用机构已进行了逐一界定,本节内容则主要是对具体婚姻诉讼案件应有之程序规则进行相应完善。

一、婚姻诉讼程序的适用范围应予扩充

在设立相关婚姻诉讼程序的国家和地区,婚姻事件大致包括离婚之诉、同居之诉、撤销婚姻之诉、确认婚姻无效之诉以及确认婚姻关系存在

---

① 我国台湾地区"家事事件处理办法"第4条规定:"家事法庭,置法官若干人,担任事件之调解及裁判。法官三人以上者,置庭长一人。候补法官及未结婚之法官,原则上不得承办。"如果让一个未婚的法官去审理离婚或者离婚后财产分割、子女抚养的案子,不仅难以胜任,还可能面临许多尴尬。
② 参见王礼仁:《婚姻诉讼前沿理论与审判实务》,人民法院出版社2009年版,第874页。

与否之诉。相形之下，我国现有规则中反映出的婚姻事件则仅包括离婚之诉、撤销婚姻之诉以及确认婚姻无效之诉这三种类型。构建我国的婚姻诉讼程序，是否应当对其适用的案件范围进行适当扩充？比如是否应当将离婚无效之诉和同居之诉囊括其中，这里试作简要探讨。

（一）有必要扩充婚姻无效之诉及可撤销婚姻之诉的涵盖范围

我国《民法典》只有婚姻无效而没有离婚无效的规定，这是立法上的明显缺陷。增设关于离婚无效之诉的相关规定，可以保持离婚法律制度与结婚法律制度在规则设计上相互呼应，为离婚时意思表示不真实的当事人提供法律救济途径。目前，无论是错误的诉讼离婚抑或是错误的登记离婚，均无法在我国现行制度框架内得到纠正。对于错误的诉讼离婚，应当通过再审程序予以救济，而错误的登记离婚，则应当通过设置离婚无效之诉在民事诉讼框架内进行救济。需要指出的是，此处笔者探讨的离婚无效乃系广义的解释，包括离婚无效和离婚可撤销。

根据我国《民法典》第1051条的规定，我国现行的婚姻无效案件专指结婚无效的情形，而不包括对离婚无效的宣告。但是我国曾有过关于离婚无效的相关规定。我国1994年颁布的《婚姻登记管理条例》第25条明确规定："申请婚姻登记的当事人弄虚作假、骗取婚姻登记的，婚姻登记管理机关应当撤销婚姻登记……对离婚的当事人宣布其解除婚姻关系无效并收回离婚证，并对当事人处以200元以下的罚款。"

在我国的婚姻诉讼中增加这一诉讼类型，最直接的作用就是可以应对登记离婚中的"假离婚"情形，开辟我国离婚救济的新途径。婚姻诉讼之司法实践中大量存在以"假离婚"来规避法律或国家政策的行为，如借"假离婚"逃避债务、借"假离婚"逃避购房政策限制等非法行为。由于婚姻登记机关属于行政机关，不具有司法审查权，在登记离婚的办理过程中，仅是对婚姻当事人的离婚材料进行书面审查及对相关事项进行问询，以上真正的非法事由很难被发现，登记离婚发生错误在所难免。若在立法中增设离婚无效之诉，则针对此类违法情形，利害关系人或检察机关即可以提起离婚无效之诉，由人民法院依法宣布其登记离婚无效。其实，除了双方合意利用离婚制度达到非法目的的行为外，还存在因被欺骗或受胁迫而离婚的情形。在此类情形下，若是设置了离婚可撤销之诉，被欺骗或受胁迫的一方当事人即可通过向法院起诉来维护自己的合法权益。

(二) 同居之诉应当缓行

同居之诉，是指通过诉讼的方式督促婚姻关系之对方当事人履行同居义务的请求。域外国家和地区的婚姻诉讼程序中多规定了这一诉讼种类。笔者看来，我国目前的婚姻诉讼程序构建中尚不宜规定这一诉讼种类。因为实行同居之诉的国家和地区之婚姻家庭实体法上均有明确的关于配偶权及夫妻同居义务的相关规定，但在我国实体法上则不然。我国《民法典》中并未明确规定"夫妻有同居的义务"，仅是在第 1042 条第 2 款中有"禁止有配偶者与他人同居"的间接表述。因此，拟议构建的婚姻诉讼程序中暂不适宜规定以配偶权或夫妻同居义务为基础的案件类型。

二、确认婚姻无效程序设置之完善

我国现行的婚姻无效之诉在适用范围上仅限于申请确认"结婚无效"的单一情形，且有权申请确认"结婚无效"的主体范围较窄。为了更好地发挥确认婚姻无效诉讼的制度价值，笔者认为对该类诉讼应进行如下完善：

(一) 有权申请宣告婚姻无效的主体范围应予扩充

为加强对无效婚姻的纠正，维护社会公益和伦理，维护当事人的合法权益，应适当拓宽有权申请宣告结婚无效的主体范围。根据婚姻无效的理由不同，"结婚无效"的申请主体应作区分：(1) 以重婚为由申请宣告无效的，现有规定为当事人、近亲属、基层组织，这里应当强调重婚者前配偶的申请权。同时，重婚属于重大违法事由，会损害公共利益，依照检察机关参与诉讼的原则，检察机关也应有权申请确认无效。(2) 以未达法定婚龄及有禁止结婚的亲属关系为由申请宣告无效的，现有规定为未达法定婚龄的当事人及其近亲属，此处还应增加"基层组织"。此外，对于被申请人，此前的《婚姻法解释（二）》第 6 条作了相关规定，其中在利害关系人申请确认婚姻无效的情形下，若夫妻双方均已死亡，该解释明确不列被申请人。这一做法显然不符合婚姻诉讼案件中两造对立的诉讼构造，此处应当以检察机关参与诉讼的方式加以解决，将被申请人明确规定为检察机关。《民法典婚姻家庭编解释（一）》未保留上述规定，也未对相关情形作出其他规定。

（二）对于有权申请宣告婚姻无效的当事人须区分善意和恶意

应当限制或剥夺故意在结婚时隐瞒无效情形的恶意一方当事人的申请权，仅允许善意的一方当事人或其近亲属、基层组织、检察机关等成为宣告婚姻无效的请求主体。该项规定主要是参考英美法系的禁反言原则。① 依据该项原则，若婚姻一方当事人在缔结婚姻时明知自己有法定的禁止结婚的事由，仍与不知情的对方结婚，则对于该知情方的婚姻无效的申请权应当给予限制。

（三）应当设立离婚无效之诉

1. 离婚无效之诉的适用事由

结婚是婚姻关系的建构行为，而离婚则是与之相对立的婚姻关系的解除行为，离婚无效和结婚无效在具体事由的设置方面应有重大区别。结婚无效的主要原因是违反结婚的实质要件，与此相反，离婚主要关注离婚程序是否到位以及当事人的离婚意愿是否真实。所以，离婚无效的具体事由，主要应当锁定在离婚程序是否违法以及是否违背了当事人的真实意愿，其核心是：当事人是否自愿离婚并达成一致意见。从司法实务来看，严重违反协议离婚程序的，一般都是违背当事人是否愿意离婚之意志的。② 还需指出的是，我国程序法上对于离婚裁判不予再审，笔者已对这一规定的合理性进行了质疑并提出了程序法上的解决途径。而此处离婚无效之诉的适用范围，应仅限于双方协议离婚的情形。

划分离婚无效与离婚可撤销的标准，可以参照结婚无效和结婚可撤销：是否严重违反法定程序继而严重危害公共利益。登记（即协议）离婚的一方当事人欺诈、胁迫另一方当事人而为意思表示的，受欺诈和胁迫的一方当事人可以申请撤销离婚登记。③

关于离婚无效的具体事由，从离婚的特点来考察，主要包括以下几种情形：双方当事人在办理离婚登记时一方或双方为无行为能力人或限制行

---

① 该原则的具体内容为：一方当事人将一事实作虚伪的意思表示予相对人，相对人信其意思表示为真实，而为一定的作为或不作为致自身受损，在此情况下，法院禁止虚伪意思表示的当事人再为任何与其之前虚伪表示相左之陈述或主张。参见杨桢：《英美契约法论》，北京大学出版社2000年版，第146页。
② 参见王礼仁：《婚姻诉讼前沿理论与审判实务》，人民法院出版社2009年版，第550页。
③ 《日本民法典》第764条规定：本法第747条的规定（即因欺诈、胁迫结婚的，可请求法院撤销其婚姻），准用于协议离婚。参见王爱群译：《日本民法典》，法律出版社2014年版，第120页。

为能力人、雇请假配偶冒名顶替离婚、双方当事人通谋而为虚假的意思表示以欺骗婚姻登记机关以及其他违背离婚登记的程序和实质要件的情形。① 此类情形不仅严重破坏了我国的婚姻登记制度，而且可能造成弱势配偶无家可归，侵害他人权益，危害社会稳定。其中，对于仅危害婚姻当事人个人权益、违反其离婚意愿的，如受胁迫登记离婚，可作为可撤销离婚的事由加以处理。关于可撤销离婚的具体规定，将在下文可撤销婚姻制度的部分中进行详细论述。

2. 离婚无效之诉的具体规则

在婚姻无效之诉中设立离婚无效的同时，还应当对离婚无效的申请权利人、申请期限等具体程序问题加以规定。一般来说，离婚无效的申请主体除了无过错的一方当事人以外，还应包括利害关系人及检察机关。在申请期限方面，申请离婚无效的期限应与结婚无效一样不受限制。至于其他的具体规则，一般均应准用我国现有婚姻诉讼程序中关于结婚无效的相关规定。

三、可撤销婚姻诉讼程序之完善

《民法典》第1052条取消婚姻登记机关对可撤销婚姻事件管辖，将撤销婚姻事件的管辖权统归人民法院。此外，还有疾病婚姻可撤销程序有待完善、可撤销婚姻之事由及申请主体有待扩充等问题。

（一）疾病婚姻可撤销制度之配套机制的完善建议

《民法典》关于疾病婚姻的效力修订仍未列明重大疾病的范围，也未明确当事人告知义务的履行方式及证明责任，疾病婚姻之效力认定在规则层面和实践层面的痛点尚难解决。为更好地落实疾病婚姻可撤销制度，破解《民法典》现有规定对弱势群体婚姻权利的保护限度，相关配套措施亟待完善。

1. 明确重大疾病的认定标准

《婚姻法》关于疾病婚姻的判断要件有二："婚前患有不应当结婚的疾病""婚后尚未治愈"。要件标准不明直接导致了司法实践中关于疾病婚姻性质的同案不同判现象。《民法典》中疾病婚姻可撤销的要件则为："重大疾病""未如实告知"。从表述上看，《民法典》将《婚姻法》中的

---

① 参见夏吟兰等：《21世纪婚姻家庭关系新规制》，中国检察出版社2001年版，第230页。

"不应当结婚的疾病"修改为"重大疾病"。此处将应该告知的内容限定为"重大疾病"而非全部疾病，主要有两处考量：一是若将所有疾病都作为告知义务的对象，将不利于维护个体在婚姻关系中的独立性，也有侵犯婚姻当事人隐私权之嫌；二是有些疾病本身并不会影响或妨碍双方的婚姻生活。①

然而，"重大疾病"的表述仍具有较大的自由裁量空间，若不对认定范围作出限定，该法条的实践适用难免会遭遇同案不同判的现实问题。对其进行限定的思路有二：一是直接列明具体的疾病种类，二是补充相对客观的认定规则。对于前一思路，在立法过程中也多次有相关意见认为应当对疾病范围作出明确，但《民法典》最终仍规避了这一问题。②从科学的角度考量，伴随医疗水平的提高，疾病诊疗技术在不断更新，随着旧疾病被治愈、新疾病被发现，重大疾病的范围在不同的历史时期会有不同的认定结果。考虑到立法稳定性的要求，无法对"重大疾病"作出明确列举，具体的认定标准需要司法机关和有关部门、单位在司法实践中达成统一。③既然无法直接列明疾病的种类，则应当退而求其次，考虑给出相对客观的认定方法。关于"重大疾病"的认定方法，在搜集立法意见时也有不同观点，如：授权卫生部门作出规定、具体评估疾病影响后确定范围；更多的立法意见指出可沿用《母婴保健法》中严重的传染病、精神病或者遗传性疾病的范围。④

考虑到《民法典》和《婚姻法》在疾病婚姻效力规定上保护的法益不同，"重大疾病"与"不应当结婚疾病"在范围上也不应等同。具体地说，《婚姻法》牺牲患病方配偶的缔结婚姻自由权以保护未患病方的健康权及生育权、以提高全民族的身体素质，⑤而《民法典》则更侧重于保护未患病方的知情权。这一法益保护的差别在修法过程中即有体现。在《民法典》草案的审稿意见中，有学者建议，将该条款修改为："……如

---

① 参见江必新主编：《民法典重点修改及新条文解读（下）》，中国法制出版社2020年版，第813页。
② 有观点指出：如果要规定禁婚疾病，要明确是哪些疾病，具有可操作性。若不能明确，建议删除关于禁婚疾病的内容。编写组：《民法典立法背景与观点全集》，法律出版社2020年版，第514~515页。
③ 参见黄薇主编：《中华人民共和国婚姻家庭编解读》，中国法制出版社2020年版，第63页。
④ 《民法典婚姻家庭编部门座谈会简报》，载编写组：《民法典立法背景与观点全集》，法律出版社2020年版，第618页。
⑤ 全国人大常委会法工委研究室编：《中华人民共和国婚姻法条文释义及实用指南》，中国物价出版社2001年版，第29页。

不如实告知且婚后尚未治愈的，另一方可以向人民法院提起民事诉讼请求撤销该婚姻。"① 该条建议未被采纳，便是侧重保护未患病方配偶知情权而非健康权的有力证明：即便婚后疾病治愈，被隐瞒的配偶仍有权撤销该段婚姻。从立法保护未患病方配偶之知情权的角度出发理解"重大疾病"的范围，应以具体案件中被隐瞒配偶的主观感受为判断标准，即"重大疾病"应理解为会对未患病方的结婚意愿产生重大影响的疾病：若在婚前对该疾病知情，则不会愿意作出结婚的意思表示。这一观点在《关于〈民法典各分编（草案）〉的说明》的表述中有所体现，"现行婚姻法规定，患有医学上认为不应当结婚的疾病者禁止结婚。这一规定在实践中很难操作，且在对方知情的情况下，是否患有疾病并不必然影响当事人的结婚意愿"。② 立法者将"是否影响当事人的结婚意愿"作为引入重大疾病条款的重要考量。因此，"重大疾病"的范围应当大于"禁婚疾病"的范围。禁婚疾病必然会影响民事主体的结婚意愿，而非禁婚疾病也极有可能产生此种影响，由此出发，只要疾病具有恶化至严重程度的可能性，就可能会对对方当事人的结婚意愿产生重大影响。

然而，仅将"影响当事人结婚意愿"作为"重大疾病"的界定标准，又难以解决司法实践中的认定困难，相关司法解释仍应对"重大疾病"的具体疾病类型作阶段性的列举说明。这一界定可尝试从婚姻之功能实现的角度入手。婚姻的功能主要包括生产、生育、性生活、情感交往、经济、扶养等。结合《母婴保健法》对疾病的列举和分类，《民法典》第1053条所指的重大疾病大致有：影响生育和性生活的疾病如梅毒、艾滋病等；影响情感交往的疾病如智力低下、精神疾病等；影响家庭生产生活、需要巨额医疗费用的疾病如白血病、恶性肿瘤等。以上疾病的列举并不全面，尤其是需要巨额医疗费用之疾病的判断，可能因家庭经济能力和负担水平的不同而在司法实践中出现差异化的认定。对于此种情况，可根据各省各地区经济发展水平和收入水平，探索制定差异化的认定标准，如以每年的治疗费用与当地年平均工资的比例来判断某项疾病是否属于"重大疾病"的范围。

综上所述，为保护未患病方配偶的知情权，"重大疾病"所囊括的疾病范围应大于"禁婚疾病"。相关司法解释应尽快从家庭功能之实现的角度对相关疾病作出例示。指导性案例、最高人民法院公报或相关裁判指引

---

① 编写组：《民法典立法背景与观点全集》，法律出版社2020年版，第660页。
② 编写组：《民法典立法背景与观点全集》，法律出版社2020年版，第26页。

也应及时发布涉及"重大疾病"认定的代表性案例,对实践中的有益经验进行总结。

2. "如实告知"之证明责任的实现

缔结婚姻是重大的身份行为,事关本人重大利益,准配偶的身体健康状态不仅关系到另一方配偶健康权的维护,更关系到婚姻的长久稳定和后代的健康状况。因此,《民法典》在保障弱势群体婚姻权利的同时,更要重点保护未患病方配偶的知情权。[①] 若出现婚前故意隐瞒重大疾病的情形,未患病方可行使撤销权,向法院提出撤销婚姻之诉。疾病婚姻之可撤销的要件有二:"重大疾病"和"未如实告知"。"重大疾病"的证明相对简单,在司法解释出台相关疾病例示的基础上,患病方的病例、处方、体检报告、鉴定意见等证据均可直接证明身体状态进而完成该项要件的证明责任。相较于此,"未如实告知"的证明则颇为困难。尤其是对于未患病方主体来说,若患病方有欺诈行为,如提供虚假体检报告、告知虚假健康信息等,相关的证据资料还有迹可循,若双方在婚前未就健康情况进行过交流或仅限于口头交流,则该要件的证明则较为不易。鉴于"如实告知疾病"是《民法典》在赋予患病主体婚姻缔结权的同时要求其必须履行的对等义务,从公平合理地分配证明责任的角度看,该项义务的履行情况应由患病方承担证明责任。综上所述,疾病婚姻撤销之诉的证明责任应当作如下分配:未患病方主体对"配偶婚前患有严重疾病"承担证明责任,患病方主体对"已履行如实告知义务"承担证明责任。

在划定证明责任的基础上,为减轻当事人的证明负担,降低实践中待证要件真伪不明的风险,同时更好地保护未患病方主体的知情权,规避骗婚等道德风险,可探索在婚姻登记环节加强对患病方如实告知义务的释明,甚至直接要求其履行如实告知义务。具体来说,《婚姻登记条例》第七条要求婚姻登记机关对结婚登记当事人出具的证件、证明材料进行审查并询问相关情况。在此环节可增加询问双方当事人的身体状况,要求其对重大疾病进行告知。询问结果由当事人签名并存档,若婚后发现对方患有重大疾病,可申请调取该份询问笔录,作为对方隐瞒病情的证据。在要求患病方履行如实告知义务的同时,为维持婚姻关系的稳定,避免知情的未患病方在婚后反悔、滥用婚姻撤销权,对患病方的疾病状况知情的未患病方也应在婚姻登记时声明对对方所患疾病清楚认知并仍愿缔结婚姻的意思

---

① 参见蒋月:《准配偶重疾告知义务与过错方撤销婚姻和赔偿请求权——以〈民法典〉第1053条和第1054条为中心》,载《法治研究》2020年第4期。

表示。

婚姻是家庭成立的前提，婚姻权利也是民事主体各项家事权利的基础，《民法典》第1041条明确规定，婚姻家庭受国家保护。《婚姻法》从优生优育、提高人口素质之政策角度出发，长期限制患特定疾病弱势群体的婚姻缔结权，继而影响了该类群体其他家事权利的行使。随着社会经济文化的发展，婚姻观念也发生了较大变化，生育不再是婚姻的首要目的，情感满足、经济支撑、相互扶养等功能成为当事人缔结婚姻的重要考量，婚姻的上述功能对于弱势群体保护同样意义重大。有鉴于此，《民法典》第1053条有条件地承认疾病婚姻的效力：在相互知晓对方身体健康状况的情况下，疾病婚姻合法有效；一方违反婚前重大疾病告知义务缔结的婚姻，对方配偶有权申请撤销。遗憾的是，原则性的权利宣示对弱势群体婚姻权利的保护力度有限，为更好地推动疾病婚姻可撤销制度的实践适用，降低同案不同判的发生概率，相关司法解释应在借鉴既有审判经验的基础上明确"重大疾病"的认定标准、界定"告知义务"的证明责任，婚姻登记机关应加强对重大疾病如实告知义务的释明。以上配套机制的完善可为疾病弱势群体之婚姻权利的实践保障提供助益。

（二）应将符合特定条件的"登记离婚"纳入可撤销婚姻的适用范围

上文已述，我国现行可撤销婚姻与婚姻无效事件一样，仅指"可撤销结婚"，可撤销的事由为受胁迫而结婚。我国的法定离婚方式有向登记机关申请离婚登记或向法院提起离婚之诉。相较而言，婚姻登记机关在办理离婚登记时一般仅对形式要件进行审查，对实体性问题的审查远不及离婚之诉中法院的审查清晰。与此同时，登记离婚中也会出现与登记结婚相同的欺诈、胁迫之情形，故受胁迫离婚的一方当事人也应被赋予申请撤销离婚的权利。

1. 可撤销离婚的具体事由

"婚姻自由"是我国《民法典》的基本原则，婚姻自由既包括结婚自由，也包括离婚自由。一方不同意离婚的，另一方当事人不得强迫其离婚，而只能通过诉讼程序，由人民法院判决是否准予离婚。鉴于我国在婚姻诉讼上将胁迫结婚规定为可撤销婚姻的具体事由，因此，胁迫离婚也可准用胁迫结婚的规定，作为可撤销离婚处理。

参照《民法典婚姻家庭编解释（一）》第18条对于"胁迫"的定义，"胁迫离婚"的概念可以表述为：一方婚姻当事人以另一方婚姻当事人为对象或第三人以双方婚姻当事人为对象以婚姻当事人另一方或双方本人或其近亲属的生命、健康、自由、名誉、财产等方面造成损害为要挟，迫使另一方婚姻当事人违背真实意愿而离婚的情形。

2. 可撤销离婚的请求期限

笔者认为，相较于可撤销结婚申请权的一年除斥期间而言，可撤销离婚的请求期限可以更短一些。因为婚姻一旦解除，一方可能再婚，如果请求撤销离婚的期限规定得过长，容易引发社会矛盾。为促使当事人尽快行使权利，受胁迫的一方应当自离婚登记之日起3个月或6个月内提出撤销请求；对于被非法限制人身自由的当事人，应当自恢复人身自由之日起3个月或6个月内提出撤销请求。该期间为不变期间，不适用中止、中断或延长之规定，超过该期间的，其申请权灭失。

3. 可撤销离婚的申请主体

可撤销离婚的申请主体，应当仅限于受胁迫的双方或一方的婚姻当事人本人。胁迫离婚不仅存在婚姻一方当事人胁迫另一方当事人的情形，还有可能存在婚姻双方当事人之外的第三人对双方当事人进行胁迫的可能。在此情形下，双方均可以申请撤销离婚。

四、离婚诉讼程序之完善

在我国婚姻诉讼程序框架内，案件数量最多、所涉程序最完整的无疑是离婚诉讼程序，该类规则的完善乃是构建我国婚姻诉讼程序的重中之重。

(一) 制定特殊的管辖规则

为应对婚姻诉讼案件的特殊审判要求，应当把婚姻案件的管辖从普通管辖中分离出来，明确规定其适用特殊地域管辖乃至专属管辖的原则，以最大限度地方便当事人进行诉讼。2015年《民诉法解释》第12~17条明确了离婚诉讼作为特殊地域管辖案件的具体规则。而无效婚姻案件和可撤销婚姻案件的管辖规定应与之相同。

(二) 审判组织的组成

笔者认为，离婚诉讼案件的合议庭应当由审判员和陪审员共同组成；在陪审员的选择方面，可以邀请婚姻当事人所在地有较高威望的长者或当地村民委员会、居民委员会的成员参加，也可以邀请婚姻家庭问题方面的专家参与；在保证庭审活动之严肃性的前提下尽量营造一个宽松的环境。由上述人员组成合议庭，有利于帮助当事人分析问题、调整观念、疏导心理，促使双方当事人积极妥善地处理问题，防止相关纠纷的再次发生。①

（三）当事人之特别规定

前已述及，婚姻诉讼程序强调当事人本人参与，同时应当扩大当事人的诉讼能力。一般而言，夫妻一方或双方为限制民事行为能力人的，在婚姻诉讼案件中应认定其具有完全的诉讼能力。"未成年人可以就身份关系的效力或者身份关系是否存在提起诉讼。"②

（四）关于起诉的特别规定

与普通民事案件相比，婚姻诉讼案件在起诉方面较为复杂，法律为求与婚姻有关之诉讼能够同时得到解决，特就诉之合并、变更、追加、反诉设置特别规定，而不受通常诉讼程序的拘束。③ 在我国婚姻诉讼程序的构建上也应对于起诉规定予以明确，具体应包括：其一，各类婚姻诉讼请求可以任意合并提起，如婚姻无效之诉、撤销婚姻之诉、离婚之诉，可以任意为诉的合并，也可在第一审或第二审言词辩论终结前进行诉的变更、追加或反诉；④ 其二，与具体婚姻诉讼有关的财产权请求（如离婚损害赔偿）可以与离婚事件合并提起，尽管有关财产权的请求应当适用普通诉讼程序进行处理，但因其与具体婚姻事件密切相关，合并审理可以简化诉讼，故在遵从当事人意愿的前提下，法律应当特许该类诉讼合并提起；其三，对于未成年子女的监护问题可附带提出请求，因婚姻关系的解除和变更会涉及无辜的未成年子女，故在婚姻诉讼中，当事人得于一审或二审言词辩论终结前附带提出关于未成年子女监护的事项以保护其合法利益。

（五）离婚诉讼中的调解前置程序

在我国的婚姻诉讼程序中，由于各类案件性质的不同及所涉权利的私益或公益性质的差别，调解前置程序仅可在离婚诉讼中加以适用，婚姻无

---

① 参见郭丽红：《冲突与平衡：婚姻法实践性问题研究》，人民法院出版社2005年版，第372页。
② 江伟主编：《民事诉讼法典专家修改建议稿及立法理由》，法律出版社2008年版，第349~350页。
③ 参见王甲乙、杨建华、郑健才：《民事诉讼法新论》，台湾三民书局出版公司2005年版，第810页。
④ 参见江伟主编：《民事诉讼法典专家修改建议稿及立法理由》，法律出版社2008年版，第352页。

效和婚姻可撤销中均未设相关规定。① 最高人民法院于 2005 年 5 月颁布的《关于增强司法能力、提高司法水平的若干意见》中强调：要大力加强诉讼调解，坚持"能调则调、当判则判、调判结合、案结事了"的要求，尽量通过诉讼调解达到平息纠纷的目的。这也是现阶段处理婚姻诉讼调解的基本原则。

离婚诉讼中的法院调解有两方面作用，一是实现调解和好，使婚姻双方当事人放弃离婚的意愿，继续维持婚姻关系；二是虽不能达到调解和好，也可以促使双方当事人平息怨恨、减少敌对，对今后的生活给予充分的考虑，在离婚所带来的相关事项如子女抚养、财产分割等方面达成一致意见，从而解决矛盾，避免产生后续纠纷。调解不仅是离婚案件不可或缺的程序性要件，也是法官判断应否准予离婚的实质性要件，只有当夫妻"感情确已破裂，调解无效"时，法院才可准予离婚。② 基于上述功能，我国现有法律明确规定调解是办理离婚案件不能省略的必经程序，承办人员在裁判作出之前都可依职权主动进行调解。③

离婚调解的程序和期限同样需要作出明确规制。调解程序和期限的缺失会导致当事人无法根据对调解结果的合理预见来行使权利，保护自身的合法利益。因此，为规范离婚案件的诉讼调解，有必要以婚姻案件为立足点制定相应的调解规程，包括调解的基本程序、调解的期限、调解人员以及对调解效力的明确。建议将婚姻调解程序的启动设定在开庭审理之前，当事人在调解人员的帮助下彼此协商争议问题。当然，庭前调解与开庭后的调解并不冲突，法官在裁决前都应积极调解争议。庭前调解的期限不宜过长，以 15 日为宜，从而督促调解人及当事人积极参与，提高调解的效率。婚姻诉讼调解达成的调解协议一经签字即生效力，当事人可在特定条件下对其申请确认无效。④

（六）离婚案件不应一概适用简易程序处理

按照我国现行规定，一般的离婚诉讼案件以及可撤销婚姻案件，若满足"事实清楚、权利义务关系明确、争议不大"，法院可适用简易程序审

---

① 如前所述，婚姻无效案件中排除调解的适用，可撤销婚姻诉讼中不强制调解的适用。相应地，离婚无效及离婚可撤销亦同。
② 参见郭丽红：《冲突与平衡：婚姻法实践性问题研究》，人民法院出版社 2005 年版，第 377 页。
③ 参见曹诗权主编：《婚姻家庭继承法学》，中国法制出版社 1999 年版，第 263 页。
④ 参见蒋月：《构建婚姻家庭诉讼司法调解制度》，载《甘肃社会科学》2008 年第 1 期，第 40 页。

理，而对于宣告婚姻无效案件的程序规定则更为简化，不适用调解且一审终审。但是对照我国《民法典》上关于法定离婚事由的规定似乎都不能满足"事实清楚、权利义务关系明确、争议不大"的适用要件。第一类情况从双方当事人的离婚事由来看属于过错离婚，即重婚、家庭暴力、赌博吸毒，过错方须承担离婚损害赔偿责任，因此，该方当事人一般不会主动承认自己的过错。在此情形下，双方会有大量的举证、质证、辩论等诉讼行为，这类案件显然不应纳入简易程序的适用范围。第二类情形是双方当事人因分居满两年而诉讼离婚，由于我国尚未建立分居制度，分居需要满足的条件及需要提供的证明材料等相关内容尚不清晰，因此在诉讼中同样会产生复杂的举证、质证问题，这类案件也不属于简易程序的适用范围。最后一类情况也是司法实务中适用最多的情形，即因为"其他导致夫妻感情破裂的情形"而离婚，此种情况恰恰是最难判断的。最高法院曾在 1989 年颁布了《感情破裂具体意见》，但不可能囊括所有的婚姻不幸情形，这些不幸是否能够弥补，双方当事人是否还可能共同生活，法官都无法在短时间内作出迅速判断。由此看来，此类情形也是不宜适用简易程序的。日本学者松冈义正也表达了人事诉讼案件不宜适用简易程序的态度："人事诉讼，均须用严重之方法，不得援用简易手续。故裁判官对于人事诉讼之注意程度，与刑事诉讼同。"①

当然，我们不能排除在实际生活中存在符合简易程序适用条件的离婚案件的可能，但相较于大量的复杂离婚案件来说，这类案件并不具有普遍性。当事人无法达成协议的情形主要包括：是否同意离婚、子女由谁抚养、共同财产如何分割以及共同债务如何承担等问题。以上种种，都直接关系到当事人的切身利益，婚姻当事人可能对以上问题中的一个甚至几个争执不下，是否解除婚姻关系、如何解除婚姻关系往往无法简单判断。因此，司法实务中大量的普通离婚案件不符合简易程序的适用条件，对此应当在立法中作出明确规定。

（七）离婚诉讼案件应当一律不公开审理

在《民事诉讼法》的现有规定中，涉及国家秘密和个人隐私的案件属于应当不公开审理的范围，而离婚案件和涉及商业秘密的案件则一起被归类为可以不公开审理的范围，不公开审理需要当事人申请。此种安排着

---

① ［日］松冈义正口述、熊元襄编：《民事诉讼法》，上海人民出版社 2013 年版，第 209 页。

实不妥，因为离婚案件的审理必然涉及婚姻当事人的个人隐私，当事人之间有不愿他人知悉的私密，若被迫公开，不但可能侵害当事人的隐私及名誉，而且也不利于纠纷的妥善平息，故本应属于应当不公开审理的范围。因此，需要在法条中明确：离婚案件应当不公开审理，无需当事人的申请。无效婚姻及可撤销婚姻也应参照此项规定予以办理。

（八）设立职权探知主义为主、辩论主义为辅的审理原则

为还原当事人的"内心真实"，不仅要求婚姻诉讼案件在程序运行方面采取职权进行主义，还要在举证质证方面采取职权探知主义，同时不完全遵循在普通民事诉讼中普遍适用的辩论主义。申言之，在辩论主义的原理之外，作若干例外或特殊规定。职权主义原则的具体措施可以有如下规定：法官依职权主动调查收集证据，如一方申请离婚的理由在于另一方有赌博等恶习，法院可以斟酌当事人未提出的事实，依职权调查收集证据；婚姻审判程序中应对当事人的认诺和不予争执的事实之效力认定作出限制，如一方申请确认婚姻无效，即使对方当事人认可该请求，法院也不能据此判决婚姻无效，而应当根据案件本身的客观事实并通过调查相关证据材料予以证实后，方可作出关于婚姻效力的裁判；为查明事实，法院可以强制当事人本人或法定代理人本人到场；在法院认为有关当事人间有和好之望时，可依职权命令暂时停止程序。①

需要注意的是，在婚姻诉讼中实行职权探知主义并不意味着当事人可以消极不作为，婚姻诉讼程序同样具有当事人主义的性质，为发现真实往往也需在某种程度上借助当事人或利害关系人的协力。

（九）保全的特别规定

婚姻诉讼中有很多涉及弱势当事人一方以及未成年子女之现实利益的情形，如感情确已破裂的判断标准中所列举的严重家庭暴力，对未成年子女施以虐待、遗弃、疏于管教等。在此类情况下，弱势的一方当事人（如未成年子女）往往没有能力或者资格提出保全申请。因此，法律应当明确在婚姻诉讼中法院在紧急情况下可以依职权裁定实施保全，并采取相关的保全措施，而无须拘泥于当事人的申请。当然，法院在依职权采取保全措施前，应当征求有一定认知能力的未成年人的意见，如果该未成年

---

① 参见郭美松：《人事诉讼程序研究》，西南政法大学 2005 年博士学位论文。

没有认知能力，法院可征询有关福利机构的意见。①

(十) 离婚诉讼中的缺席判决

我国既有规则中对于离婚诉讼缺席判决的规定共有六处：（1）《民事诉讼法》第 65 条规定：离婚案件中当事人本人应亲自出庭，一般不能缺席审理，但当事人因特殊情况无法出庭的，必须提交书面意见；（2）《民法典》第 1079 条规定：一方被宣告失踪，另一方提出离婚诉讼的，应准予离婚；（3）2015 年《民诉法解释》第 217 条保留了 1992 年的规定：夫妻一方下落不明，另一方诉至人民法院，只要求离婚，不申请宣告下落不明人失踪或者死亡的案件，人民法院应当受理，对下落不明人公告送达诉讼文书；（4）2015 年《民诉法解释》第 234 条保留了 1992 年的规定：无民事行为能力人的离婚诉讼，其法定代理人应当到庭；法定代理人不能到庭的，人民法院应当在查清事实的基础上，依法作出判决。（5）1989 年《感情破裂若干意见》第 12 条规定：一方下落不明满两年，对方起诉离婚，经公告查找确无下落的，视为夫妻感情确已破裂；（6）1989 年 8 月 22 日最高人民法院《关于对一方当事人下落不明未满两年的离婚案件是否受理的公告送达问题的批复》的规定：对于夫妻一方下落不明，另一方诉至法院，只要求离婚不申请宣告死亡的案件，不论下落不明人出走时间长短，法院均应受理，并应按照普通程序进行审理，法律文书的送达依照公告送达的规定进行。由此可见，我国目前对于公告离婚的适用条件是一方下落不明，不需要进行失踪宣告，也不限制下落不明时间的长短。以上对我国离婚案件可以缺席判决的相关规定可以归纳为四种情形：夫妻一方因特殊原因无法亲自到庭的可以在提交书面意见后缺席审理；夫妻一方被宣告失踪，应当缺席判决离婚；无行为能力人的法定代理人不能到庭的，可以缺席判决；夫妻一方下落不明即便不满 2 年，也可以缺席判决。除以上情形外，其他离婚案件不得适用缺席判决。

2001 年《婚姻法》第 32 条（被《民法典》第 1079 条继受）明确了只有在夫妻一方被宣告失踪的前提下才可以作出缺席判决、适用公告离婚，即对离婚诉讼缺席判决的适用范围作出了具体限制。实体法作出修改后，相关的程序规定一直未作变动，即便是 2015 年初颁布的《民诉法解释》，对于夫妻一方下落不明另一方起诉离婚的情况，仍然准许人民法院缺席判决。"下落不明"显然比"宣告失踪"的范围大、要求低，这一实

---

① 参见陈爱武：《人事诉讼程序研究》，法律出版社 2008 年版，第 151 页。

体法和程序规则不一致的现状造成司法实践中法院对婚姻一方下落不明但未被宣告失踪而另一方起诉要求离婚的情形没有统一的适用标准,有的法院会依程序法及最新司法解释的规定对案件进行受理并缺席判决离婚,有的法院则会严格依照实体法的规定不予受理并告知当事人先申请宣告失踪再起诉离婚。

前文已述,婚姻诉讼司法实务中之所以会造成婚姻一方当事人救济无门的大量"被离婚"案件,多是由于法院在一方当事人下落不明的情形下受理另一方当事人的离婚请求并未尽审查义务,作出离婚判决。湖北某基层法院2009—2010年共审理离婚案件547件,其中适用公告送达、缺席判决的有127件,占全部离婚案件的23.2%,其中判决准予离婚的106件,占83.5%。① 实际上,审判实践中一方当事人故意隐瞒对方居住地、人为制造"下落不明"、滥用公告送达的情形屡见不鲜,严重侵害了被离婚一方当事人的合法权益。并且,考虑到程序法与实体法对同一事项应当统一规定的要求,在婚姻诉讼程序立法中应当对离婚诉讼中缺席判决的适用条件予以明确,统一规定为:"夫妻一方当事人被宣告失踪,另一方当事人提出离婚请求的,人民法院应当受理并依法作出离婚判决。"

(十一) 裁判的效力

婚姻诉讼的生效判决具有对世效力,此点应在立法上予以明示,即婚姻诉讼的生效判决不仅对双方当事人产生效力,而且其效力及于第三人。同时,对于解除婚姻关系的生效判决、调解书,应当弃用现行《民事诉讼法》中第209条的规定,在婚姻诉讼程序立法中规定可以对其进行再审以纠正错误的生效离婚判决、调解书,保护婚姻当事人的合法权益。

第五节 家事审判改革背景下婚姻纠纷的多元化解机制

最高院在《家事改革意见》中强调:要转变家事审判理念,发挥家事审判的诊断、修复、治疗作用,实现司法功能和社会功能的有机结合。在婚姻家事纠纷的处理上,仅凭法院一己之力恐难实现上述目标。为克服

---

① 参见陶勇:《关于规范离婚案件缺席审判工作的几点建议》,湖北法院网2010年7月20日发布。

司法手段的局限性，应当充分动员其他社会力量，加强民政、妇联、公安等部门的协调联动，积极探索建构婚姻家事纠纷多元协同机制。

一、建立婚姻家事纠纷处理信息平台

在智慧司法建设的大背景下，婚姻家事诉讼的信息化建设同样十分关键。从案件的处理主体上看，无论是家事调查员、家事调解员等审判辅助人员，还是公安、民政、心理咨询机构等相关单位的工作人员，虽然其职责内容与婚姻家事纠纷的处理密切相关，但因隶属不同部门，法院与之缺乏透明稳定的沟通渠道，往往难以形成合力。家事纠纷多元协作机制的有效落实取决于上述主体间的熟悉程度，虽然有以各部门间联合发文的文件作为依据，但往往缺乏具体可行的实施措施和监督机制，导致相关文件的落实情况不尽如人意，未能形成实质意义上功能互补、有序衔接的协同机制。

为进一步凝聚各部门的合力，充分发挥婚姻家事纠纷多元协同机制的优势，可探索设置各部门间的信息平台。信息技术的发展使婚姻家事纠纷协同处理信息平台的建设成为可能，智慧法院和互联网法院的建设成果也可为相关信息平台的建设提供有益经验。该平台可探索在地市一级设置，将公安、法院、民政、妇联等必要单位纳入其中，实现婚姻家事纠纷的登记、调解、心理疏导、诉讼等环节的信息化，显著提高各单位之间的协作效率。以家庭暴力案件为例，法院签发人身安全保护令后，可通过协同信息平台直接向公安部门送达该份命令，并同时提醒公安、户政、社区等部门留意被申请人的动态，预防家庭暴力的再次发生。又如，针对矛盾冲突较为激烈的婚姻家事案件，可由妇联、民政、基层群众性自治组织在社区设立心理疏导工作站，法院或其他调解机构将相关判决、调解书在平台发布后，社区工作站可主动从系统上了解所在社区的婚姻家庭纠纷，便于进行诉后跟踪、心理辅导、家庭关系修复等工作。值得注意的是，协同信息平台的建设要兼顾纠纷的高效解决和当事人隐私权保护之间的关系，保障信息来源的权威性、流通环节的安全性和信息使用环节的保密性。

二、提升非诉力量的参与力度

婚姻家事案件的有效解决不能仅依靠法院的司法力量，更是需要多个机关团体、社会组织乃至家庭单位通力配合。在相关部门的牵头下，应充分厘清并动员现有的"社会力量"，致力于家事纠纷解决能力的全面提升。在特定纠纷的多元解决机制中，司法救济是最后一道防线，应是穷尽自力救济和社会救济后的解决途径。若家事纠纷在诉讼之前可以得到最大程度的化解，便可缓解婚姻家事诉讼的司法负担，搭建稳定的纠纷解决结构。社会救济一般包括和解、调解和仲裁，和解仅依靠当事人的力量，而婚姻、收养等家事纠纷又不可申请仲裁，因此，调解便成为家事纠纷最主要的非诉解决方式。在法院调解之外，对口处理家事案件调解工作的机构还包括人民调解委员会、民政局、妇联等。婚姻家事案件多元纠纷解决机制的建立需要充分动员以上调解资源。

我国的人民调解委员会分布广泛且数量众多，在2018年机构数量即达到了76万余个，群众基础扎实，应当成为多元纠纷解决机制的中坚力量。作为人民调解委员会的设置主体，村委会、居委会是最基层的群众自治组织，也是家事纠纷发现和解决的首要平台。因此，村委会、居委会的人民调解委员会是设置家事纠纷调解中心的适当场所。该中心负责基层群众自治组织片区内的家事纠纷预防、调解、回访、帮扶等工作，提供婚姻咨询、亲子关系指导、法律政策宣讲等服务。借助纠纷处理信息平台，此类中心可以与法院形成联动，参与判决不准离婚、调解和好的抚养赡养案件的回访和帮扶，进而更好地保护法院裁判的社会效果，预防家事矛盾的发生和激化。

妇联、民政等部门也是重要的家事纠纷非诉力量。民政部分主要针对离婚纠纷及夫妻财产分割、未成年子女抚养权属等纠纷，妇联则主要解决以妇女、儿童为权利主体的财产权利、家庭暴力等婚姻家庭纠纷。根据案件的不同种类，可在民政机构设置"婚姻家事辅导中心"，对办理结婚登记的夫妻进行婚姻指导，对办理离婚登记的夫妻进行感情辅导、离婚调解等服务；可在妇联设置家事纠纷人民调解委员会，提供离婚调解、法律咨询、帮助联系法律援助中心、预防家庭暴力等对口服务。

近年来，公证机构成为新兴的家事纠纷非诉力量。《最高人民法院关于进一步推进案件繁简分流优化司法资源配置的若干意见》（法发2016第21号）第20条明确：完善多元纠纷解决机制，推动公证机构等主体发挥预防和化解矛盾纠纷的作用。在家事纠纷多元解决机制的诸多改革主体中，也出现了公证机构的改革尝试。如长春市国安公证处于2018年设置"家事法律服务中心"，以人文关怀为特色，为离婚后财产纠纷、夫妻财产约定纠纷、继承纠纷等提供调解、科学化采证及公证服务。作为调解的新生力量，公证调解具有先天优势：与人民调解相比，公证调解的主体更具专业性进而保障调解结果的适法性；与律师调解相比，公证调解的中立性更强，有助于婚姻家事矛盾的缓和；与法院调解相比，公证调解简单易获取且不收取费用，有效降低了纠纷解决成本。公证调解的有益经验应在家事审判改革中作进一步推广，充分发挥公证机构在预防纠纷、化解矛盾、分流诉讼等方面发挥的积极作用。

结　语

为因应以婚姻案件为代表的家事事件的审判需要，诸多学者一致呼吁在我国构建人事诉讼或家事诉讼程序，以期改变我国司法实践中依普通民事案件通用的诉讼法理来处理婚姻家庭身份关系纠纷的现状。这一建议的正当性是毋庸置疑的，但是在可行性方面却略显尴尬。域外相关国家和地区的人事诉讼或家事诉讼程序经过了长期发展才达到现在的体系和规模，而我国的制度现状、理论储备等因素的局限性决定了在短期内无法建构相对完善的人事诉讼或家事诉讼程序。在家事审判改革所涉及的各项纠纷中，婚姻身份关系纠纷无疑是数量最多且最为基础的一类纠纷；在我国现有的民事规则中，对比亲子关系、扶养关系等，针对婚姻关系的相关规则是最完善的一类；从域外相关国家和地区已有的人事诉讼或家事诉讼程序规定来看，又多是以婚姻诉讼程序为主要适用对象。因此，笔者建议，在我国的民事诉讼程序框架内，立足我国婚姻诉讼程序方面的现有法律规定，借鉴域外婚姻诉讼程序较为成熟的国家和地区的立法经验与理论基础，吸收家事审判改革的有益成果，从立法模式、特别原则、适用范围、管辖机构、具体规定等多个方面进行系统规制，率先构建独立、完善的婚姻诉讼程序。这不仅有助于解决司法实务中的诸多婚姻家庭纠纷，更重要的是可以为我国人事诉讼或家事诉讼程序的架构提供理论基础、立法建议及实践经验。

本书对婚姻诉讼程序理论进行了较为深入的探讨：厘清了婚姻诉讼程序的概念和性质；梳理了我国婚姻家庭程序的发展脉络；总结了两大法系国家和地区在婚姻诉讼程序方面具有代表性的理论和规则；审视了我国婚姻无效诉讼、可撤销婚姻诉讼和离婚诉讼的具体规定和不足之处，结合《民法典》婚姻家庭编的最新修订内容，对疾病婚姻可撤销诉讼的具体诉讼规则和弱势当事人保护进行深入探讨；结合离婚诉讼的实践困境和家事改革现状，对离婚诉讼中"错误的离婚判决、调解书不得再审"的规定提出了质疑；在家事审判改革既有程序和先进经验的基础上，提出了构建我国婚姻诉讼程序的具体设想，以期对婚姻诉讼程序体系的研究和构建有所助益。

参考文献

一、中文原著

1. 马起：《中国革命与婚姻家庭》，辽宁人民出版社1959年版。
2. 戴炎辉、戴东雄：《中国亲属法》，台湾三民书局出版有限公司1988年版。
3. 陈鹏：《中国婚姻史稿》，中华书局1990年版。
4. 本书编写组：《中华人民共和国民事诉讼法释义》，中国政法大学出版社1991年版。
5. 王怀安主编：《中国民事诉讼法教程》，人民法院出版社1992年版。
6. 陈荣宗、林青苗：《民事诉讼法》，台湾三民书局出版有限公司1996年版。
7. 《马克思恩格斯选集》第4卷，人民出版社1995年版。
8. 江伟主编：《民事诉讼法学原理》，中国人民大学出版社1999年版。
9. 夏吟兰：《美国现代婚姻家庭制度》，中国政法大学出版社1999年版。
10. 曹诗权主编：《婚姻家庭继承法学》，中国法制出版社1999年版。
11. 史尚宽：《亲属法论》，中国政法大学出版社2000年版。
12. 杨桢：《英美契约法论》，北京大学出版社2000年版。
13. 夏吟兰等：《21世纪婚姻家庭关系新规制》，中国检察出版社2001年版。
14. 全国人大常委会法工委研究室编：《中华人民共和国婚姻法条文释义及实用指南》，中国物价出版社2001年版。
15. 汪玢玲：《中国婚姻史》，上海人民出版社2001年版。
16. 巫昌祯主编：《中华人民共和国婚姻法讲话》，中央文献出版社

2001 年版。

17. 巫昌祯：《我与婚姻法》，法律出版社 2001 年版。

18. 杨立新：《大清民律草案民国民律草案》，吉林大学出版社 2002 年版。

19. 马原主编：《新婚姻法条文释义》，人民法院出版社 2002 年版。

20. 杨大文：《亲属法》，法律出版社 2003 年版。

21. 史尚宽：《亲属法论》，中国政法大学出版社 2003 年版。

22. 谭兵主编：《民事诉讼法学》，法律出版社 2004 年版。

23. 欧福永：《英国民商事管辖权制度研究》，法律出版社 2004 年版。

24. 张希坡：《中国婚姻立法史》，人民出版社 2004 年版。

25. 赵文宗、李秀华、林满馨：《中国内地、香港婚姻法实务》，人民法院出版社 2005 年版。

26. 高凤仙：《亲属法：理论与实务》，台湾五南图书出版公司 2005 年版。

27. 郭丽红：《冲突与平衡：婚姻法实践性问题研究》，人民法院出版社 2005 年版。

28. 王甲乙、杨建华、郑健才：《民事诉讼法新论》，台湾三民书局出版公司 2005 年版。

29. 陈苇：《外国婚姻家庭法比较研究》，群众出版社 2006 年版。

30. 杨大文、龙翼飞主编：《婚姻家庭法学》，中国人民大学出版社 2006 年版。

31. 陈计男：《民事诉讼法论》，台湾三民书局出版公司 2006 年版。

32. 黄松有主编：《婚姻家庭司法解释实例释解》，人民法院出版社 2006 年版。

33. 张学仁：《香港法概论》，武汉大学出版社 2006 年版。

34. 李浩：《民事诉讼法学》，高等教育出版社 2007 年版。

35. 巫昌祯、夏吟兰主编：《婚姻家庭法学》，中国政法大学出版社 2007 年版。

36. 余延满：《亲属法原论》，法律出版社 2007 年版。

37. 夏吟兰：《离婚自由与限制论》，中国政法大学出版社 2007 年版。

38. 蒋月等译：《英国婚姻家庭制定法选集》，法律出版社 2008 年版。

39. 杨大文主编：《婚姻家庭法》，中国人民大学出版社 2008 年版。

40. 唐德华主编：《新民事诉讼法条文释义》，人民法院出版社 2008 年版。

41. 陈爱武：《人事诉讼程序研究》，法律出版社 2008 年 9 月版。

42. 江伟主编：《民事诉讼法典专家修改建议稿及立法理由》，法律出版社 2008 年版。

43. 李喜蕊：《英国家庭法历史研究》，知识产权出版社 2009 年版。

44. 陈苇：《澳大利亚家庭法》（2008 年修正），群众出版社 2009 年版。

45. 辞海编辑委员会：《辞海》（第六版彩图本），上海辞书出版社 2009 年版。

46. 金眉：《唐代婚姻家庭继承法研究：兼与西方法比较》，中国政法大学出版社 2009 年版。

47. 许莉：《〈中华民国民法·亲属〉研究》，法律出版社 2009 年版。

48. 王礼仁：《婚姻诉讼前沿理论与审判实务》，人民法院出版社 2009 年版。

49. 金眉：《中国亲属法的近现代转型——从〈大清民律草案·亲属编〉到〈中华人民共和国婚姻法〉》，法律出版社 2010 年版。

50. 陈爱武：《家事法院制度研究》，北京大学出版社 2010 年版。

51. 张玉敏主编：《新中国民法典起草五十年回顾与展望》，法律出版社 2010 年版。

52. 单国军主编：《婚姻法司法解释理解与运用·典型案例裁判理由》，中国法制出版社 2010 年版。

53. 巫昌祯：《改革开放三十年（1978—2008）中国婚姻家庭继承法研究之回顾与展望》，中国政法大学出版社 2010 年版。

54. 何家弘主编：《当代美国法律》，社会科学文献出版社 2011 年版。

55. 张晓茹：《家事裁判制度研究》，中国法制出版社 2011 年版。

56. 程维荣、袁奇钧：《婚姻家庭法律制度比较研究》，法律出版社 2011 年版。

57. 杨立新主编：《最高人民法院婚姻法司法解释（三）理解与运用》，中国法制出版社 2011 年版。

58. 陈苇：《当代中国内地与港、澳、台婚姻家庭法比较研究》，群众出版社 2012 年版。

59. 白红平著：《中澳婚姻家庭法律制度比较研究》，法律出版社 2012 年版。

60. 杨大文主编：《婚姻家庭法》，中国人民大学出版社 2012 年版。

61. 全国人大常委会法制工作委员会民法室编：《〈中华人民共和国民

事诉讼法〉条文说明、立法理由及相关规定》，北京大学出版社 2012 年版。

62. 陈祺宗、黄宗乐、郭振恭著：《民事亲属新论》，台湾三民书局出版公司 2013 年版。

63. 姜世明：《家事事件法论》，台湾元照出版公司 2013 年版。

64. 郭钦铭：《家事事件法逐条解析》，台湾元照出版公司 2013 年版。

65. 吴明轩：《中国民事诉讼法》，台湾三民书局出版公司 2013 年版。

66. 林家祺：《例解民事诉讼法》，台湾五南图书出版公司 2013 年版。

67. 赵蕾：《非讼程序论》，中国政法大学出版社 2013 年版。

68. 林秀雄：《亲属法讲义》，台湾元照出版公司 2013 年版。

69. 王丽丽、李静：《中国诸法域婚姻家庭法律制度比较研究》，中国政法大学出版社 2013 年版。

70. 杨立新：《家事法》，法律出版社 2013 年版。

71. 姚秋英：《婚姻效力研究》，中国政法大学出版社 2013 年版。

72. 来文彬：《家事调解制度研究》，群众出版社 2014 年版。

73. 陈顾远：《中国婚姻史》，商务印书馆 2014 年版。

74. 齐树洁主编：《台港澳民事诉讼制度》，厦门大学出版社 2014 年版。

75. 赵钢、占善刚、刘学在：《民事诉讼法》（第三版），武汉大学出版社 2015 年版。

76. 蒋月：《20 世纪婚姻家庭法：从传统到现代化》，中国社会科学出版社 2015 年版。

77. 张民安：《法国民法》，清华大学出版社 2015 年版。

78. 杨大文主编：《婚姻家庭法（第六版）》，中国人民大学出版社 2015 年版。

79. 石磊：《英国现代离婚制度研究》，群众出版社 2015 年版。

80. 孟祥刚主编：《家事审判研究——"德州杯"家事审判论坛优秀论文选》，人民法院出版社 2018 年版。

81. 最高人民法院民法典贯彻实施工作领导小组：《〈中华人民共和国民法典〉婚姻家庭编继承编理解与适用》，人民法院出版社 2020 年版。

82. 国家法官学院、最高人民法院司法案例研究院：《中国法院 2020 年度案例》，中国法制出版社 2020 年版。

83. 中国审判理论研究会民事专业委员会：《民法典婚姻家庭编条文理解与司法适用》，法律出版社 2020 年版。

84. 夏吟兰等：《中国民法典释评·婚姻家庭编》，中国人民大学出版社 2020 年版。

85. 张晓远：《民法典关联法规与权威案例提要·婚姻家庭编、继承编》，中国法制出版社 2020 年版。

86. 江必新主编：《民法典重点修改及新条文解读（下）》，中国法制出版社 2020 年版。

87. 编写组：《民法典立法背景与观点全集》，法律出版社 2020 年版。

88. 黄薇主编：《中华人民共和国民法典婚姻家庭编解读》，中国法制出版社 2020 年版。

二、中文译著

1. ［英］莫里斯著：《法律冲突法》，李东来等译，中国对外翻译出版公司 1990 年版。

2. ［日］三月章：《日本民事诉讼法》，汪一凡译，台湾五南图书出版公司 1997 年版。

3. ［日］中村英郎：《新民事诉讼法讲义》，陈刚、林剑锋、郭美松译，法律出版社 2001 年版。

4. ［法］让·文森、塞尔日·金沙尔：《法国民事诉讼法要义》，罗结珍译，中国法制出版社 2001 年版。

5. ［日］谷口安平：《程序的正义与诉讼》，王亚新、刘荣军译，中国政法大学出版社 2002 年版。

6. ［美］威廉·伯纳姆：《英美法导论》，林利芝译，中国政法大学出版社 2003 年版。

7. ［日］棚濑孝雄著：《纠纷的解决与审判制度》，王亚新译，中国政法大学出版社 2004 年版。

8. ［美］凯特·斯丹德利：《家庭法》，屈广清译，中国政法大学出版社 2004 年版。

9. ［日］梶村太市、德田和幸编：《家事事件手续法》，有斐阁 2005 年版。

10. ［德］卡尔·拉伦茨：《法学方法论》，陈爱娥译，商务印书馆 2005 年版。

11. ［日］高桥宏志：《重点讲义民事诉讼法》，张卫平、许可译，法律出版社 2007 年版。

12. ［德］罗森贝克、施瓦布、戈特瓦尔德著：《德国民事诉讼法》，李大雪译，中国法制出版社 2007 年版。

13. ［日］新堂幸司：《新民事诉讼法》，林剑锋译，法律出版社 2008 年版。

14. ［英］J. A. 乔罗威茨：《民事诉讼程序研究》，吴泽勇译，中国政法大学出版社 2008 年版。

15. ［美］哈里·D·格劳斯：《美国家庭法精要》，陈苇等译，中国政法大学出版社 2010 年版。

16. ［德］迪特尔·施瓦布著：《德国家庭法》，王葆莳译，法律出版社 2010 年版。

17. ［日］松本博之：《日本人事诉讼法》，郭美松译，厦门大学出版社 2012 年版。

三、期刊论文

1. 李杰：《完善我国身份关系诉讼制度的构想》，载《中国法学》1990 年第 6 期。

2. 宋雷：《英国家事法》，载《现代法学》1993 年第 2 期。

3. 韩松：《婚姻权及其侵权责任初探》，载《中南政法学院学报》1993 年第 3 期。

4. 张学军：《离婚诉讼中的调解研究》，载《法学研究》1997 年第 3 期。

5. 马忆南：《婚姻家庭法的弱者保护功能》，载《法商研究》1999 年第 4 期。

6. 刘引玲：《论离婚诉权及其行使》，载《法商研究》2000 年第 4 期。

7. 马忆南：《中国婚姻家庭法的传统与现代化——写在婚姻法修改之际》，载《北京大学学报（哲学社会科学版）》2001 年第 1 期。

8. 张荣芳：《论生育权》，载《福建大学学报（哲学社会科学版）》2001 年第 4 期。

9. 赵钢、刘学在：《婚姻无效之诉与撤销婚姻之诉研究》，载《民商法论丛》2002 年第 2 号。

10. 王礼仁：《设立人事诉讼制度之我见》，载《法律适用（国家法官学院学报）》2002 年第 10 期。

11. 李青：《中日"家事调停"的比较研究》，载《比较法研究》2003 年第 1 期。

12. 喻怀峰：《论离婚诉讼中诉讼标的的认定》，载《甘肃教育学院学报》2003年第2期。

13. 梁宏辉、张德峰：《论我国人事诉讼程序之建构》，载《广西政法管理干部学院学报》2003年第5期。

14. 李昌麒：《弱势群体保护法律问题研究——基于经济法与社会法的考察视角》，载《中国法学》2004年第2期。

15. 蔡虹：《非讼程序的理论思考与立法完善》，载《华中科技大学学报（社会科学版）》2004年第3期。

16. 马忆南：《离婚救济制度的评价与选择》，载《中外法学》2005年第2期。

17. 姬新江：《中国内地与香港诉讼离婚法律制度比较研究》，载《政法学刊》2005年第4期。

18. 冯彦君：《社会弱势群体法律保护问题论纲》，载《当代法学》2005年第4期。

19. 张生：《民国〈民律草案〉评析》，载《江西社会科学》2005年第8期。

20. 江伟：《略论检察监督权在民事诉讼中的行使》，载《人民检察》2005年第9期（下）。

21. 陈爱武：《人事诉讼程序的法理与实证》，载《金陵法律评论》2006年第1期。

22. 马霞：《唐代婚姻家庭制度的法律文化意义及其当代启示》，载《宁夏社会科学》2006年第2期。

23. 张晓茹：《我国应设立家事事件程序》，载《法律适用》2006年第4期。

24. 张晓茹：《家事事件程序的法理分析》，载《河北法学》2006年第6期。

25. 刘敏：《论我国民事诉讼法修订的基本原理》，载《法律科学》2006年第4期。

26. 高留志：《婚姻与生育的分离——与我国婚姻制度的改革》，载《河北法学》2006年第9期。

27. 张晓茹：《检察机关参与"人事诉讼"制度刍议》，载《人民检察》2006年第11期。

28. 陈爱武、赵莉：《婚姻无效之诉若干问题研究》，载《江海学刊》2007年第1期。

29. 张晓茹：《论婚姻诉讼中诉的变更与合并》，载《政治与法律》2007 年第 5 期。

30. 陈爱武：《家事调解：比较借鉴与制度重构》，载《法学》，2007 年第 6 期。

31. 杨莉：《简析当代婚姻家庭发展的新趋势》，载《学习与实践》2007 年第 7 期。

32. 蒋月：《家事审判制：家事诉讼程序与家事法庭》，载《甘肃政法学院学报》2008 年第 1 期。

33. 邱联恭：《诉讼法理与非讼法理之交错适用》，载《民事诉讼法之研讨（十五）》，台湾三民书局出版有限公司 2008 年版。

34. 蒋月：《构建婚姻家庭诉讼司法调解制度》，载《甘肃社会科学》，2008 年第 1 期。

35. 陈爱武：《日本人事诉讼法的修订及其对我国的启示》，载《金陵法律评论》2008 年第 2 期。

36. 白红平、杨志勇：《澳大利亚家庭法院的特点及对我国的启示》，载《山西大学学报（哲学社会科学版）》2008 年第 2 期。

37. 张晓茹：《日本家事法院及其对我国的启示》，载《比较法研究》2008 年第 3 期。

38. 吴志刚：《家事诉讼制度基本范畴研究》，载《温州大学学报（社会科学版）》2008 年第 6 期。

39. 郭美松：《日本人事诉讼案件一元化审理模式及启示意义》，载《贵州民族学院学报（哲学社会科学版）》2008 年第 6 期。

40. 陈群峰：《我国应当建立家事诉讼纠纷调解前置程序》，载《人民司法》2008 年第 13 期。

41. 巫昌祯、夏吟兰：《改革开放三十年中国婚姻立法之嬗变》，载《中华女子学院学报》2009 年第 1 期。

42. 郭美松：《人事诉讼判决效力的扩张与第三人程序保障》，载《现代法学》2009 年第 2 期。

43. 刘敏：《论家事诉讼程序的构建》，载《南京大学法律评论》2009 年第 2 期。

44. 曾琼：《建国初期婚姻诉讼的特点和理念探析》，载《学术界》2009 年第 3 期。

45. 谢冬慧、王鹏：《民国时期人事诉讼程序考察》，载《湖北社会科学》2009 年第 3 期。

46. 孙永军：《诉讼事件非讼化：含义、法理基础与界限》，载《甘肃政法学院学报》2009 年第 3 期。

47. 余文唐：《论婚姻诉讼之程序衡平》，载《福建法学》2009 年第 4 期。

48. 郭美松：《设立具有中国特色人事诉讼程序之构想》，载《重庆大学学报（社会科学版）》2009 年第 5 期。

49. 曾琼：《建国初期婚姻诉讼制度之渊源分析》，载《求索》2009 年第 5 期。

50. 郭美松：《人事诉讼中传统当事人适格理论之嬗变——兼析检察官以当事人身份参与人事诉讼》，载《西南民族大学学报（人文社科版）》2009 年第 6 期。

51. 曾琼：《婚姻家事案件对诉讼程序的特殊需求》，载《湖北社会科学》2009 年第 6 期。

52. 滕威：《对我国设立家事诉讼程序制度的宏观思考》，载《金陵法律评论》2010 年第 1 期。

53. 苏力：《关于能动司法与大调解》，载《中国法学》2010 年第 1 期。

54. 喻芳：《我国家事纠纷多元化解决机制的评析与构建》，载《成都大学学报（社会科学版）》2010 年第 2 期。

55. 陶岩：《婚姻诉讼实务分析》，载《理论观察》2010 年第 3 期。

56. 郭美松：《论人事诉讼中辩论主义与职权探知主义的协同模式》，载《甘肃政法学院学报》2010 年第 3 期。

57. 陈爱武：《检察机关参与人事诉讼程序》，载《政治与法律》2010 年第 4 期。

58. 陈桂明、赵蕾：《中国特别程序论纲》，载《法学家》2010 年第 6 期。

59. 汤鸣：《澳大利亚家事调解制度：问题与借鉴》，载《法律适用》2010 年第 10 期。

60. 章武生：《我国法院调解制度的发展与规范》，载《公民与法》2010 年第 12 期。

61. 王礼仁：《解决婚姻行政诉讼与民事诉讼打架之路径》，载《法律适用》2011 年第 2 期。

62. 严军、刘琳：《我国家事案件发展现状及诉讼程序的独立构建》，载《兰州大学学报（社会科学版）》2011 年第 2 期。

63. 章武生:《非讼程序的反思与重构》,载《中国法学》2011 年第 3 期。

64. 陈苇、曹贤信:《澳大利亚家事纠纷解决机制的新发展及其启示》,载《河北法学》2011 年第 8 期。

65. 周良勇:《论我国部分结婚禁止条件的"解禁"》,《西南科技大学学报(哲学社会科学版)》2012 年第 2 期。

66. 石雷:《现代英国家事案件审判体制的变迁及其启示》,载《时代法学》2012 年第 5 期。

67. 刘宏恩:《台湾离婚调解制度的演变——兼论"家事事件法"关于调解程序的若干疑问》,载《台湾法学杂志》2012 年第 6 期。

68. 傅郁林:《家事诉讼特别程序研究》,载《法律适用》2011 年第 8 期。

69. 杨冰:《从理念转变到多元协作——略论美国家事纠纷解决机制新发展》,载《河北法学》2011 年第 12 期。

70. 陆晴:《钢铁巨头之妻"被离婚"案》,载《三联生活周刊》2011 年第 24 期,总第 635 期。

71. 陈爱武:《论家事审判机构之专门化——以家事法院(庭)为中心的比较分析》,载《法律科学》2012 年第 1 期。

72. 周良勇:《论我国部分结婚禁止条件的"解禁"》,载《西南科技大学学报(哲学社会科学版)》2012 年第 2 期。

73. 张晓茹:《家事事件程序初探》,载《社会科学论坛》2012 年第 6 期。

74. 邱联恭:《"家事事件法"之解释、适用应遵循之基本方针与审理原则》,载《月旦法学杂志》2012 年第 10 期。

75. 邹郁卓:《香港家事调解制度述评》,载《司法改革评论》2012 年版。

76. 覃海逢:《关于我国协议离婚制度若干问题研究》,载《学术论坛》2013 年第 5 期。

77. 江必新:《严格依法办事——经由形式正义的实质法治观》,载《法学研究》2013 年第 6 期。

78. 许士宦:《家事审判之事证收集原则(下)》,载《月旦法学教室》2013 年 12 月第 134 期。

79. 孙永军:《诉讼事件非讼化新探》,载《现代法学》2014 年第 1 期。

80. 陈爱武：《家事诉讼程序：徘徊在制度理性与实践理性之间》，载《江海学刊》2014 年第 2 期。

81. 齐树洁、邹郁卓：《我国家事诉讼特别程序的构建》，载《厦门大学学报（哲学社会科学版）》2014 年第 2 期。

82. 黄丹翔：《家事诉讼：比较借鉴与制度完善》，载《黑龙江省政法管理干部学院学报》2014 年第 2 期。

83. 许少波：《家事纠纷类型化分析》，载《江海学刊》2014 年第 3 期。

84. 孙永军：《论非讼法理在家事诉讼中的适用》，载《青海社会科学》2014 年第 4 期。

85. 蒋月、冯源：《台湾家事审判制度的改革及其启示——以"家事事件法"为中心》，载《厦门大学学报（哲学社会科学版）》2014 年第 5 期。

86. 陈薇：《"被离婚者"的缺席审判》，载《中国新闻周刊》2015 年第 5 期，总第 695 期。

87. 崔拓寰：《广东法院家事审判制度改革的实证分析》，载《东南司法评论》2016 年版。

88. 赵蕾：《家事审判中的特殊规则——以家事审判方式改革为背景的分析》，载《河南财经政法大学学报》2016 年第 4 期。

89. 刘白露：《疗伤与祛痛：北京家事审判的变革之道》，载《法周刊》2017 年 5 月 22 日第 1 版。

90. 任容庆：《论家事诉讼中家事"三员"协作体系的构建》，载《法律适用》2017 年第 19 期。

91. 邱联恭：《诉讼法理与非讼法理之交错适用》，载《法学丛刊》126 期。

92. 王琦：《聚焦我国家事审判改革的几个面向》，载《政法论丛》2018 年第 1 期。

93. 马忆南：《民法典视野下婚姻的无效和撤销——兼论结婚要件》，载《妇女研究论丛》2018 年第 3 期。

94. 郭剑平：《我国离婚冷静期制度构建的法理学思考》，载《社会科学家》2018 年第 7 期。

95. 申晨：《论婚姻无效的制度构建》，《中外法学》2019 年第 2 期。

96. 柯阳友、李琼：《我国家事审判改革的重点》，载《辽宁师范大学学报（社会科学版）》2019 年第 9 期。

97. 刘敏：《论家事司法中的家事调查员制度》，载《法治现代化研究》2020 年第 4 期。

98. 蒋月：《准配偶重疾告知义务与过错方撤销婚姻和赔偿请求权——以〈民法典〉第 1053 条和第 1054 条为中心》，载《法治研究》2020 年第 4 期。

99. 马忆南：《民法典时代妇女权益保障的进展与挑战》，载《中华女子学院学报》2021 年第 1 期。

四、外文文献

1. ［日］三月章：《诉讼事件非讼化及其界限》，载《民事诉讼研究》，1972 年第 5 期。

2. ［日］冈恒学、吉村德重：《注释人事诉讼手续法》，青林书院 1987 年版。

3. ［日］山本克己：《外国法の探査・適用に伴う民事手続法上の諸問題——（西）ドイツ法の素描》，载《法学論叢》130 卷 1 号，1991 年 10 月。

4. ［日］鈴木経夫：《調停離婚・審判離婚》，村重慶一编：《現代裁判法大系》第 10 卷，新日本法規出版社 1998 年版。

5. ［美］Harry D. Krause, Family Law，法律出版社 1999 年版。

6. ［日］梶村太市：《家事审判制度研究》，有斐阁 2007 年版。

7. ［德］Leo Rosenberg, Karl Heinz Schwab, Peter Gottwald, *Zivilprozessrecht（Großes Lehrbuch）*, 17. Auflage, Verlag C. H. Beck, 22. Februar 2010.

8. ［日］和波宏典：《家事事件等の概況と家庭裁判所の課題について》，载《法の支配》，2013 年 10 月总第 171 号。

9. ［德］Thomas Rauscher, Katharina Hilbig-Lugani etc., *Münchener Kommentar zum FamFG*, 2. Auflage, Verlag C. H. Beck, 29. Juli 2013.

10. ［德］Keidel, *FamFG*, 18. Auflage, Verlag C. H. Beck, 2014.

11. ［德］Musielak/Borth, *FamFG*, 5. Auflage, Verlag C. H. Beck, 2015.

12. ［德］Saenger, *Zivilprozessordnung*, 6. Auflage, Verlag Nomos, 15. Januar 2015.

13. ［德］Hahne/Munzig, *Beck´scher Online-Kommentar FamFG*, 18. Auflage, Verlag C. H. Beck, 1. Januar 2016.

14. ［日］垣内秀介：《ドイツにおける新たな家事事件・非訟事件手続法の制定》，載《法の支配》2009 年 10 月総第 155 号。

五、外国法典

1. ［俄］《苏俄民事诉讼法典》，梁启明、邓曙光译，法律出版社 1982 年版。

2. ［日］《日本新民事诉讼法》，白绿铉编译，中国法制出版社 2000 年版。

3. ［法］《法国新民事诉讼法典》，罗结珍译，法律出版社 2008 年版。

4. ［法］《法国民法典》，罗结珍译，北京大学出版社 2010 年版。

5. ［日］《日本民法典》，王爱群译，法律出版社 2014 年版。

6. ［德］《德国民法典》，陈卫佐译，法律出版社 2015 年版。

7. ［德］《德国民事诉讼法》，丁启明译，厦门大学出版社 2015 年版。

8. ［德］Gesetz über das Verfahren in Familiensachen und in den Angelegenheiten der freiwilligen Gerichtsbarkeit.

六、其他资料

1. 《最高法院进行重大机构改革》《加快改革进程确保司法公正》，载《法制日报》2000 年 8 月 9 日第 1、2 版。

2. 蒋惠岭：《现代司法理念基本问题·一》，载《人民法院报》2003 年 1 月 20 日。

3. 张晓茹：《家事裁判制度研究》，中国政法大学 2004 年博士学位论文。

4. 郭美松：《人事诉讼程序研究》，西南政法大学 2005 年博士学位论文。

5. 来文彬：《家事调解制度研究》，西南政法大学 2010 年博士学位论文。

6. 韩芳、任慧娟：《珠海发出第一份反家暴"远离令"》，载《人民法院报》2012 年 2 月 26 日第 3 版。

7. 黄丹翔：《台湾地区家事调解制度的新发展》，载《人民法院报》2014 年 1 月 10 日第 8 版。

8. 石雷：《英国现代离婚制度研究》，西南政法大学 2014 年博士论文。

9. 孙宗龙：《从诉讼档案看民国时期婚姻纠纷及其裁断》，西南政法大学 2016 年博士学位论文。

10. 章雨润：《论弱势群体的刑法保护》，东南大学 2017 年博士学位论文。

11. 胡夏冰：《积极推进建立家事调查员制度》，载《人民法院报》2017 年 3 月 21 日第 2 版。

12. 费文斌：《打造家事审判改革的"柳州模式"》，载《中国法院报》2018 年 9 月 13 日第 5 版。